Christian Hiller
von Gaertringen

AFRIKA ist das neue Asien

Ein Kontinent im Aufschwung

Hoffmann und Campe

1. Auflage 2014

www.hoca.de
Satz: Dörlemann Satz, Lemförde
Gesetzt aus der der Albertina
Druck und Bindung: Friedrich Pustet, Regensburg
Printed in Germany
ISBN 978-3-455-50323-4

HOFFMANN
UND CAMPE

Ein Unternehmen der
GANSKE VERLAGSGRUPPE

Inhalt

Ein überholtes Bild

Im deutschen Fernsehen lebt die Kolonialzeit weiter, als wäre diese ein Idyll gewesen und als wäre diese alte Welt nie untergegangen. Die Savanne, wilde Tiere und verwegene Abenteurer mit weichem Kern dienen da gerne als Kulisse für rührende Gefühlsdramen. Sie heißen *Kein Himmel über Afrika*, *Mein Traum von Afrika*, *Das Traumhotel Afrika*, *Buschpiloten küsst man nicht* oder *Afrika, mon amour*. Die Geschichten werden nach einem fast immer gleichen Schema erzählt: Eine weiße Frau landet in Afrika, um den armen, aber glücklichen Menschen dort zu helfen und sich dabei nach einer großen Enttäuschung selbst zu finden. Am Anfang ist es schwer, zum Verzweifeln schwer, sich in diese Wildnis einzufinden. Doch dann verliebt sich die weiße Frau – nein, selbstverständlich nicht in einen Afrikaner, sondern meist in den weißen Abenteurer oder den Chefarzt der Buschklinik.

In der ZDF-Produktion *Wohin mein Herz mich trägt* lebt eine 80 Jahre alte Deutsche glücklich auf ihrer Farm in Namibia, als wäre das Kolonialregime des Deutschen Kaiserreichs nie zu Ende gegangen. Umringt von freundlichen, stets dienstbereiten Schwarzen und einer Vielzahl von Kindern, die fröhlich in dieser Kolonialidylle leben, sorgt sie sich um ihre Farm. Da reist ihre längst erwachsene Enkelin zu ihr, um den Ort ihrer glücklichen Kindheit zu besuchen – und trifft ihre große Liebe wieder. Hans heißt der Mann, der in der Zwischenzeit geheiratet hat, und seine Frau ist durch einen tragischen Unfall an den Rollstuhl gefesselt. »Mit jedem Tag, den Antonia länger auf der Farm bleibt, gewinnt die Liebe zu Hans neue Kraft – doch beide wissen, dass ihre Liebe nicht wieder auflodern darf«, heißt es in der offiziellen Filmbeschreibung. Erst nach vielen Verwicklungen finden die beiden doch wieder zueinander.

Keine deutsche Schauspielerin von Rang scheint das Genre Afrika-Schnulze in ihrer Laufbahn auszulassen: Veronica Ferres, Iris Berben, Alexandra Neldel, Jutta Speidel oder Christine Neubauer – sie alle haben ihre Rolle in diesem Repertoire.

Das deutsche Afrika-Bild hat sich trotz der Verwicklungen seit dem Ende der deutschen Kolonialzeit nach dem Ersten Weltkrieg erstaunlich gut gehalten. Viele der alten Klischees leben bis heute fort, immer wieder neu belebt von Afrika-Romanen und Fernsehromanzen, von Spendenorganisationen und Tierfilmern. Das deutsche Afrika setzt sich zusammen aus Strohhütten, dem Staub der Savanne, der schwülen Hitze von Tropenwäldern, Wasserfällen, wilden Tieren und armen Kindern, von Hunger, tropischen Krankheiten, Epidemien, Kindersoldaten und brutalen Mördern.

Es ist ein sehr einseitiges Bild, das den Deutschen den Blick auf den Aufschwung verstellt, der den Kontinent erfasst hat. Auf unserem Nachbarkontinent im Süden, der von Europa nur durch die schmale Straße von Gibraltar getrennt ist, gehen seit mehr als zehn Jahren Veränderungen vor sich, wie sie die 54 offiziell anerkannten Staaten dieses Kontinents seit ihrer Unabhängigkeit nicht erlebt haben. Mit einer wirtschaftlichen Dynamik, die noch vor 20 Jahren wohl niemand für möglich gehalten hätte, ist der Kontinent dabei, wirtschaftlich zu jenen Ländern aufzuschließen, die wir gerne als entwickelte bezeichnen. In Afrika entstehen gerade die Schwellenmärkte der nahen Zukunft. Begleitet von einem spürbaren Rückgang der bewaffneten Konflikte, einer Verbesserung der politischen

Regime und höherer Rechtssicherheit wächst Jahr für Jahr der Wohlstand auf diesem Kontinent.

Afrika ist dabei, die unglaubliche Wachstumsgeschichte, die Asien in den vergangenen 20 Jahren erlebt hat, zu wiederholen. Seit mehr als einem Jahrzehnt liegt das durchschnittliche Wirtschaftswachstum aller afrikanischen Länder Jahr für Jahr bei mehr als 5 Prozent – ungeachtet aller Wirtschafts-, Finanz- und Schuldenkrisen, die in dieser Zeit Europa, Nordamerika, Asien oder Lateinamerika durchstehen mussten.

Deutschland und die deutsche Wirtschaft nehmen an diesem Aufschwung – gemessen an anderen Ländern – so gut wie nicht teil. Deutsche Unternehmen zeigen sich zufrieden mit ihren Erfolgen in China und ignorieren bisher weitgehend, was in Afrika vor sich geht. Das neue Afrika, das gerade entsteht, ist in Deutschland weitgehend unbekannt.

Den Luxus, diese Entwicklung zu ignorieren, kann sich die deutsche Wirtschaft nicht länger leisten. Deutschland braucht Afrika, wenn es seinen Wohlstand auf Dauer erhalten will. Diese Aussage mag überraschen oder gar Entrüstung provozieren. Und in der Tat könnte der Kontrast zwischen Afrika und Deutschland kaum größer sein. Im kalten Norden sitzt eine alternde Mittelschicht in wohltemperierten Reihenhäusern und lebt der Rente entgegen. Unten im Süden streben viele Millionen junger Menschen danach, eine gute Ausbildung zu bekommen und voranzukommen. Sie wollen Familien gründen, ihren Kindern eine gesicherte Zukunft bieten und eines Tages zu den Erfolgreichen auf diesem Erdball zählen.

Afrika ist noch immer der unbekannte Kontinent. Allein schon die in Deutschland gebräuchlichen Weltkarten zeigen ein verzerrtes Bild. Dort ist Afrika auf einen Fleck kaum größer als Grönland zusammengestaucht. Dabei ist die Strecke von Frankfurt am Main nach Osten über Warschau, Minsk, Moskau, Kasan, Ufa, Omsk, Nowosibirsk, Krasnojarsk, Ulan Bator bis nach Peking in etwa so lang wie die Nord-Süd-Entfernung von Algier nach Kapstadt.

12 000 Kilometer sind es mit dem Auto von der Nordspitze Afrikas bis ans Kap der Guten Hoffnung. 165 Autostunden müssen laut den gängigen Routenplanern für diese Strecke eingeplant werden. Die Tour führt durch die Sahara in den Norden Nigerias, durch die Zentralafrikanische Republik nach Ruanda, Burundi, den Osten der Demokratischen Republik Kongo nach Sambia, Simbabwe und dann hinein nach Südafrika. Allein die letzte Strecke von Johannesburg nach Kapstadt misst noch einmal rund 1400 Kilometer. Während die Europäische Union auf eine Fläche von etwa 4,4 Millionen Quadratkilometer kommt, bedeckt die afrikanische Landmasse gut 30 Millionen Quadratkilometer der Erde. Während die Europäische Union etwas mehr als 500 Millionen Einwohner zählt, kommt Afrika heute schon auf gut 1,1 Milliarden Menschen. Ihre Zahl wird sich in wenigen Jahrzehnten noch einmal verdoppeln auf dann mehr als das Vierfache der Bevölkerung in der EU.

Auf einer Fahrt von Algier nach Kapstadt begegnet dem Reisenden ein Kontinent mit einer enormen Vielfalt an unterschiedlicher Natur und Klimazonen und einem unerschöpflichen kulturellen Reichtum. Afrika wird in Deutschland oft als eine homogene Landmasse mit einer homogenen Bevölkerung wahrgenommen – das jedoch ist falsch. Ein Xhosa aus Südafrika hat mit einem Ghanaer aus der Ashanti-Region, mit einem Igbo aus Nigeria oder einem Kikuyu aus Kenia kaum etwas gemeinsam. Sie vereint weder eine gemeinsame Sprache noch eine geteilte Geschichte oder dieselben Bräuche.

Manche glauben Afrika fest in der Hand chinesischer Investoren. Sie sind der Ansicht, China habe den Kontinent schon längst erobert und sich ihn einverleibt. Doch beides ist nicht richtig. China kontrolliert weder den Kontinent noch einzelne Regierungen. Und der Kontinent ist auch nicht aufgeteilt. Im Gegenteil: Mehr und mehr Länder sind dabei, ihr Schicksal in die eigenen Hände zu nehmen und sich eben gerade von ausländischem Einfluss, Hilfsgeldern, Spenden und Almosen unabhängiger zu machen. Das chinesische Engagement ist, wie wir sehen werden, vielschichtig und hat sich im Laufe der

Jahre stark verändert. Für die chinesische Regierung ist das Engagement in Afrika Teil der Lösung der demographischen Probleme, auf die China zusteuert.

Es ist nicht so, dass China durch unlauteren Wettbewerb andere Unternehmen oder andere Länder aus Investitionen in Afrika gedrängt hätte. Chinesische Manager und Unternehmer zeigen dort Präsenz, wo deutsche Wirtschaftsvertreter mit Abwesenheit und Desinteresse glänzen. Chinesische Unternehmen bauen dort Straßen und setzen die verrotteten Eisenbahnlinien der früheren Kolonialherren instand, wo kein deutscher Konkurrent bereit war, zu investieren.

Ein Engagement in Afrika halten viele deutsche Unternehmer und Manager für einen Luxus, den die allermeisten von ihnen sich nicht leisten wollen. Die Frage, die sich der deutschen Wirtschaft stellt, wird in wenigen Jahren nicht mehr sein: Muss sich ein Manager wirklich Afrika antun, mit all den Unbequemlichkeiten, die Reisen und Investitionen auf diesem Kontinent mit sich bringen mögen? Die Frage wird sein: Kann ein Unternehmen es sich erlauben, Afrika auszusparen?

Das größte Handicap für Afrika ist nicht mehr die Armut. Es sind auch nicht die drei großen »K«: Korruption, Kriege, Krankheiten. Das größte Hindernis, das Afrika zu überwinden hat, ist die Vergangenheit. Sie sorgt dafür, dass die meisten Betrachter aus Europa oder Nordamerika bei Afrika immer noch an all die Katastrophen der vergangenen Jahrzehnte denken, an korrupte Machthaber, die in obszöner Weise ihren Reichtum zur Schau stellen, an abgemagerte Mütter, die ihre Kinder nicht mehr ernähren können, an Kindersoldaten, die ihre Machete oder Kalaschnikow präsentieren.

Diese Bilder sind nicht erfunden. Sie spiegeln eine Realität, die den Kontinent nach wie vor zerreißt. Afrika ist auf Katastrophenhilfe aus dem Norden angewiesen und wird es noch auf viele Jahre bleiben. Auch wird der wirtschaftliche Aufschwung an vielen Menschen in Afrika vorbeiziehen, ohne dass sie in irgendeiner Weise unmittelbar von ihm profitierten. Der einseitige Blick aus Deutschland auf dieses menschliche Leid verstellt jedoch die Sicht auf die wirtschaftliche Dynamik, die den Kontinent erfasst hat. Aus Deutschland betrachtet, ist Nigeria in erster Linie das Land von Boko Haram, islamistischem Terror und einer beispiellosen Umweltverschmutzung durch die Ölförderung. Aus afrikanischer Perspektive ist Nigeria vor allem ein Land mit beeindruckenden wirtschaftlichen Erfolgen und Unternehmern, zu denen viele Afrikaner voller Bewunderung aufschauen. Dieses Buch will diese bisher verkannte Seite Afrikas zeigen, ohne die andere relativieren zu wollen.

Denn: Das Image von Afrika ist heute schlechter als die Realität. Und Afrika leidet daran. Hungernde Kinder mit eingefallenen Wangen und großen traurigen Augen sind ein gängiges Afrika-Bild, dem die Deutschen in Bussen, Straßenbahnen, in Zeitschriften und auf Plakatwänden am häufigsten begegnen. Afrika ist das Reservat der großen Hilfsorganisationen auf der Suche nach öffentlichen Aufträgen und Spenden. »Weniger ist leer« – mit diesem Slogan wirbt die Organisation Brot für die Welt um Spenden und zeigt einen Teller mit ein paar Reiskörnern darauf. Solche Werbung schockiert viele Afrikaner. Diesem Afrika-Bild würden sie gerne entgegensetzen: »Afrika ist mehr«, mehr als dieses einseitige Bild. Die Organisationen der Entwicklungs- und Katastrophenhilfe, von der niederländischen Journalistin Linda Polman als »Mitleidsindustrie« bezeichnet,[1] zeichnen nur einen Ausschnitt aus der vielfältigen Lebenswirklichkeit der Afrikaner.

Daneben stehen als gängiges Klischee die Idylle der Savanne, friedliche Elefanten oder dösende Löwen im Schatten eines Baobab-Baums. So werben Reiseveranstalter gerne für Safari-Touren nach Südafrika, Namibia oder Kenia – zu Recht übrigens. Die Tierwelt Afrikas zählt zu den großen Naturwundern dieser Erde.

Die Konturen eines neuen Afrikas, das mit dem alten wenig gemein hat, dringen nur langsam ins öffentliche Bewusstsein: Dank der Entschuldungsinitiativen der 1990er Jahre und des Rohstoffbooms in den Jahren nach 2000 hat sich in Afrika eine wirtschaftliche Dynamik entfaltet, die auch anhielt, nachdem die Weltmarktpreise für Rohstoffe nach 2012 zum größten Teil zu fallen begannen.

Ist Afrika von Europa aus betrachtet ein Kontinent des Elends, sieht dies aus afrikanischer Sicht ganz anders aus: eine Region voller Hoffnung, voller Optimismus, voller Zuversicht, die Zukunft zu meistern. Die Menschen dort sehen selbstverständlich all die Unzulänglichkeiten der Gegenwart. Doch sie strengen sich an, damit es ihnen besser gehen wird und ihre Kinder eine gute Ausbildung bekommen. Diese Energie, mit der die Menschen dort ihr Leben anpacken, ist mitreißend. Afrika hat im Laufe der Jahre beeindruckende Unternehmerpersönlichkeiten hervorgebracht. Einige von ihnen werden in diesem Buch vorgestellt. Es gibt noch viel mehr. Die wenigsten von ihnen sind in Europa bekannt.

Afrikas Wirtschaft hat das meiste, was sie benötigt: Der Kontinent hat Rohstoffe im Überfluss. Die wenigsten von ihnen sind auch nur annähernd erschlossen. Der Kontinent hat optimistische Konsumenten und Millionen ehrgeiziger Arbeitskräfte. Der Kontinent bekommt die politische Stabilität und die rechtliche Zuverlässigkeit, die den notwendigen Rahmen für einen dauerhaften Aufschwung der Wirtschaft schaffen.

Was die afrikanische Wirtschaft braucht, ist Kapital und einen besseren Zugang zu Know-how. Die nächste Etappe auf der Entwicklung des Kontinents ist seine Industrialisierung. Chinas Unternehmen beginnen schon damit, Fertigungsstätten aus Südostasien nach Afrika zu verlagern, weil in China und zunehmend in den angrenzenden Ländern die Lohnkosten steigen.

Eine Spirale des Erfolgs zieht den Kontinent nach oben: Unternehmen öffnen neue Märkte, schaffen Arbeitsplätze und Einkommen. Diese kreieren Nachfrage nach neuen Produkten, nach Bildung, nach Gesundheitsvorsorge, nach Wohnungen, Autos, Konsumgütern. Diese Nachfrage bietet anderen Unternehmen neue Chancen und setzt Anreize, Fabriken in Afrika zu bauen.

Die deutsche Wirtschaft vergewissert sich gerne selbst, dass sie ja in Afrika mehr tun könnte, wenn sie wollte. »Made in Germany« habe in Afrika einen guten Klang, heißt es dann zur Selbstbestätigung. Doch der Aufschwung auf dem Kontinent findet weitgehend ohne die Deutschen statt. Es fehlen Leuchtturminvestitionen und Unternehmen, die mutig vorangehen. Die deutsche Wirtschaft hat ihren Radius in den vergangenen 20, 25 oder 30 Jahren mit großem Erfolg nach Asien verlegt und wie die Wirtschaft kaum eines anderen Landes in Europa Nutzen aus dem Aufschwung in Asien und speziell in China gezogen. Dies gilt es nun, in Afrika zu wiederholen. Denn Afrika ist das neue Asien.

Mein Buch will einen Beitrag dazu leisten, das neue Afrika besser kennenzulernen. Denn auf diesem Kontinent könnte ein Schlüssel liegen, um die Schwierigkeiten zu meistern, die Deutschland in den kommenden Jahrzehnten zu bewältigen hat. Entstanden ist das Buch auf der Grundlage von vielen Reisen, die mich quer über den Kontinent geführt haben – in staubige Dörfer mitten in Äthiopien, in die keine Straßen führen, sondern nur ein von Hand gezogenes Floß, in das Bankenviertel von Lagos, in die Fabriken rund um Nairobi, an die Südspitze des Kontinents nach Kapstadt, in die entlegenen Rohstoffgebiete Malis. Das Buch geht zurück auf unzählige Gespräche mit Bankern, Unternehmern, einfachen Bauern, Studenten, Professoren, Managern und Vertretern von Hilfsorganisationen. Ihnen allen sei hier für ihre Unterstützung, für ihre Einschätzungen und Ansichten, die sie mit mir teilten, gedankt.

Der Exportriese Deutschland zeigt Schwächen

I

An diesem Nachmittag entlang der Ausfallstraße der äthiopischen Universitätsstadt Adama, auch als Nazret bekannt, in Richtung Süden drängen sich Hunderte von Jungen und Mädchen, in den unterschiedlichsten Schuluniformen: grüne Röcke, rote Blazer, blaue Hosen, manche tragen gelbe Halstücher, andere Mützen. Überall sind junge Menschen zu sehen, Erstklässler wie Teenager, die nach ihrem Schulschluss gemeinsam den Weg nach Hause antreten und ausgelassen Fangen spielen oder aufgeregt Neuigkeiten austauschen.

Afrika ist ein junger Kontinent. In vielen Ländern stellen Menschen unter 20 Jahren die Bevölkerungsmehrheit. Die Alten dagegen sind in der Minderheit. Welch ein Kontrast zu Deutschland. Hierzulande diskutiert man über barrierefreie Haltestellen, Treppenlifte und Kassenzuzahlungen für Slipeinlagen bei Inkontinenz. Die öffentlich-rechtlichen Fernsehsender spezialisieren sich auf Krimikomödien und Liebesschnulzen für ältere Damen. Die Anzeigen vieler Zeitschriften werden von Mitteln gegen erhöhten Harndrang oder zur Erhöhung der Konzentrationsfähigkeit dominiert.

Wollte ein Anleger in aussichtsreiche Aktien in Deutschland investieren, sollte er wohl Hersteller von Hörgeräten oder Rollatoren auswählen. Leider ist keiner von ihnen an der Börse notiert. Auf den

Aktienmärkten in Afrika hingegen dominieren Unternehmen, die in junge Konsumenten investieren. Hersteller von Haarmode, von Mitteln zur Körperpflege, von Kosmetika, von Trendgetränken oder von Immobiliengesellschaften, die Wohnungen für die aufstrebende Mittelschicht bauen – das sind die Aktien, die den wirtschaftlichen Aufschwung Afrikas tragen und die an den Börsen des Kontinents gefragt sind.

Während Europa auf dem Weg ist, das Altersheim des Planeten zu werden, strotzt Afrika vor Jugend, Kraft und Zuversicht. In Städten wie Lagos oder Nairobi wechseln die Konsumtrends so schnell, dass die Unternehmen Mühe haben, mitzuhalten. Ein Sänger oder eine Band kann einen Augenblick lang der Hit und kurze Zeit später schon wieder in Vergessenheit geraten sein. Neue Wörter entstehen so schnell und Bedeutungen ändern sich in einer Geschwindigkeit, dass Außenstehende kaum folgen können. Außenstehende – das sind auch ganz schnell diejenigen, die nur mal für ein paar Monate weg sind. In Nairobi sprechen die Jugendlichen Sheng, eine eigene Sprache, die in den Elendsvierteln entstand und über die Musik rasch Verbreitung im ganzen Land und darüber hinaus fand. Sheng verändert sich im Tempo des Aufschwungs im Osten des Kontinents. Nichts steht fest in Afrika. Alles befindet sich in einem beständigen Fluss der Veränderung.

Was haben die Alterung Europas und die Jugend in Afrika miteinander zu tun? Weshalb sollte sich jemand in Deutschland dafür interessieren, was fernab in Afrika geschieht? Es ist ganz einfach: Während die deutsche Wirtschaft dabei ist, sich auf die Rente vorzubereiten, entsteht in Afrika die Zukunft des Planeten. Afrika ist der letzte Kontinent, der nach Europa, Nordamerika, Lateinamerika und Asien dabei ist, sein wirtschaftliches Potenzial freizusetzen, und verringert den Abstand zur entwickelten Welt in großen Schritten.

In Afrika wird gerade das letzte Kapitel dieser enormen wirtschaftlichen Umwälzung geschrieben, die vor etwa 200 Jahren begann, die in unglaubliche technische Innovationen und schließlich in die Globalisierung mündete, in das Zusammenwachsen der Welt, das Ende abgeschotteter Wirtschaftsräume.[1] Diese Umwälzung verwandelte Agrarländer in Industrienationen, führte zur Ablösung von Diktaturen und Tyrannei durch Demokratie und eröffnete Millionen Menschen den Weg zu gesünderen Lebensverhältnissen, Bildung und Selbstentfaltung, zu einem Leben in Wohlstand und Sicherheit.

Afrika ist der letzte Kontinent, der sich auf diesen Wandel macht, von einem Agrarerzeuger, der nur wenige Millionen Menschen dauerhaft ernähren konnte, zu einer modernen Wirtschaftsregion, die in der Lage ist, jener Milliarde Menschen, die heute schon Afrika bevölkert, ein gutes Auskommen zu sichern.

Die deutsche Wirtschaft kann es sich nicht leisten, jenen Kontinent zu ignorieren, auf dem sich das Wachstum der Weltwirtschaft der kommenden Jahrzehnte abspielen wird, auf dem heute Unternehmen aus China, Indien, Malaysia oder Brasilien die Marktanteile von morgen verteilen.

Die Erfolge der deutschen Wirtschaft in den vergangenen Jahren sollten nicht täuschen. Deutschland profitierte einige Jahre lang vom Boom in China und anderen Schwellenländern. Deutsche Maschinen, deutsche Autos, deutsche Chemie waren in Südostasien gefragt wie nie. Das relativ kleine Deutschland ist zu einem der wichtigsten Handelspartner des mächtigen China geworden. Während Südeuropa im Zuge der Schuldenkrise in den Jahren nach 2009 am Boden lag, strotzte die deutsche Industrie vor Kraft. Dieser Erfolg hat grundlegende Schwächen überdeckt. Deutschlands längerfristiges Wachstumspotenzial ist gar nicht so stark, wie oft behauptet wird, schrieb der Journalist des *Wall Street Journal Deutschland*, Simon Nixon, im August 2013.[2] »Geringe Investitionen, eine schwache Arbeitsproduktivität und eine schrumpfende Bevölkerung drohen die Wirtschaft zu bremsen«, befürchtete Nixon.

Findet in der deutschen Wirtschaft kein Umdenken statt, droht sie im internationalen Wettbewerb zurückzufallen. Chinesische Unternehmen drängen in Hightech-Branchen vor, indische Unternehmen in moderne Gesundheitstechnik, und brasilianische Unternehmen bauen irgendwann Autos für die Massenmärkte in Afrika. Ein Niedergang kann lange dauern. Oft beginnt er kaum merklich, dann beschleunigt er sich, ohne dass er die Menschen beunruhigt und veranlasst umzudenken. Wird er allgemein sichtbar, ist es oft zu spät, gegenzusteuern. Deshalb wäre es verfehlt, sich auf den Erfolgen der Vergangenheit auszuruhen und die Chancen auf dem afrikanischen Kontinent liegenzulassen, weil die Reisen dorthin zu beschwerlich sind, die Geschäftspartner unbekannt, die Sitten und Gebräuche fremd und die Justiz unberechenbar. Will die deutsche Industrie ihre Spitzenposition in der Welt halten, kann sie den Aufschwung Afrikas nicht länger ignorieren.

Ganz andere Sorgen treiben die Unternehmer zwischen Algier und Kapstadt um. Aus europäischer Sicht sind es Luxussorgen. Die Nachfrage nach ihren Produkten ist oft so unersättlich groß, dass die Unternehmen bis an die Grenze ihrer Produktionskapazitäten gefordert werden. Nestlé beispielsweise hat die auch in Deutschland so beliebte Maggi-Suppenwürze nach Nigeria gebracht. Bei den afrikanischen Frauen war dieses Allerweltsprodukt ein solcher Erfolg, dass die Regale in den Supermärkten regelmäßig leergefegt waren. Nestlé hatte Mühe, mit der Produktion nachzukommen. Diese Erfahrung machen viele Unternehmen in Afrika: Eine junge Bevölkerung, die weiter wächst, und ein damit ständig wachsender Konsummarkt peitschten die Wirtschaft immer weiter voran.

Während in Deutschland viele Marketingmanager verzweifelt überlegen, mit welchen Ideen sie zusätzlichen Umsatz auf diesen übersättigten Märkten erzeugen können, werden die Unternehmen in Afrika von einer überwältigend großen Nachfrage gezogen. In Afrika bilden die Verbraucher eine immense Nachfragemacht, die nur darauf wartet, Produkte in verlässlicher Qualität zu bezahlbaren Preisen zu erhalten. Deutsche Unternehmer und Politiker haben dies lange verkannt. In Zukunft werden deutsche Unternehmen auf Afrika angewiesen sein. Denn auf den Boom allein in den anderen Schwellenländern wie China, Russland oder Brasilien sollte sich die deutsche Wirtschaft nicht verlassen. Die atemberaubend hohen Wachstumsraten der vergangenen Jahre könnten bald der Vergangenheit angehören. Schon heute flacht sich die Wachstumskurve in bedeutenden Schwellenländern wie China, Russland, Brasilien oder Indien ab. Afrika dagegen wird dank seiner jungen Bevölkerung und dem starken Bevölkerungswachstum in wenigen Jahren das sein, was China in den vergangenen Jahrzehnten war: ein manchmal chaotischer, aber dynamischer Wachstumsmotor für die Weltwirtschaft.

Die Sättigung vieler Märkte in Europa hat viel mit dem Wohlstand zu tun, der hier in den vergangenen Jahrzehnten erwirtschaftet worden ist. Doch noch mehr wird die demographische Entwicklung zu einer Belastung für die Sozialsysteme. Die Zahl der Geburten ist so niedrig, dass sie inzwischen unter der Zahl der Sterbefälle liegt. 673 570 Kinder in Deutschland wurden 2012 laut dem Statistischen Bundesamt lebend geboren.[3] Diesen Geburten standen 869 582 Sterbefälle gegenüber. Damit liegt die Zahl der Geburten um rund 196 000 unter der Zahl der Verstorbenen – Deutschland schrumpft.

Einige Jahre lang wurde dieser Effekt dadurch überlagert, dass die geburtenstarken Jahrgänge – die in den 1960er Jahren geborenen Kinder des Babybooms – in das Alter kamen, in denen sie selbst Familien gründeten und Kinder zeugten. Dementsprechend hoch war die Zahl der Geburten. Doch dieser vorübergehende Anstieg ändert nichts daran, dass viele Erwachsene in Deutschland keine oder nur wenige Kinder in die Welt setzen. In Deutschland bekommt eine Frau weniger als 1,5 Kinder. 2011 lag die Geburtenrate bei 1,36 Kindern je Frau. Notwendig wäre, um die Bevölkerungszahl langfristig stabil zu halten, ein Wert von 2,1 oder noch besser 2,2. Dieser wird jedoch nur in wenigen Industrieländern erreicht. Das angeblich so gebärfreudige Frankreich schafft gerade einmal die Marke von 2,1, und selbst in Israel, wo der Staat besonders gut für Kinder und ihre Eltern sorgt, liegt die Rate im Landesdurchschnitt bei 2,7.

Die Gebärfreudigkeit der Menschen hat Folgen für die wirtschaftliche Zukunft eines Landes. Schon heute kostet die Überalterung Deutschlands nach OECD-Schätzungen Jahr für Jahr ein halbes Prozent Wirtschaftswachstum. Das ist viel angesichts der Tatsache, dass in Deutschland die jährliche Wachstumsrate in den vergangenen Jahren regelmäßig unter 1,5 Prozent lag. Dabei steht die große demographische Herausforderung erst bevor, dann nämlich, wenn die Babyboom-Kinder in Rente gehen. Die Folgen der niedrigen Geburtenraten in Deutschland werden sich kaum umkehren lassen, herrscht dieser Trend doch seit Jahrzehnten vor. »Seit 1983 war die Geburtenrate in Deutschland nicht mehr höher als 1,5 Kinder pro Frau«, stellt die OECD fest.[4]

Die Überalterung Deutschlands wird das Wachstum bremsen. Bis 2025 wird die deutsche Wirtschaft bestenfalls um ein Prozent jährlich wachsen, warnte das Wirtschaftsforschungsinstitut Prognos 2010 in seinem Bericht *Deutschland Report 2025*.[5] »Die wirtschaftliche Dynamik geht zurück«, warnte der Geschäftsführer von Prognos, Christian Böllhoff, bei der Vorstellung des Berichts. »Langfristig bremst vor allem die demographische Entwicklung.«

Abschied vom Rekordwachstum – das wird die bittere Folge des Bevölkerungsrückgangs in Deutschland sein und viele neue Konflikte schaffen. Wachstum löst viele soziale Auseinandersetzungen. Fordert die eine soziale Gruppe mehr Geld, muss sie dazu anderen Gruppen nichts oder nur wenig wegnehmen, solange die Wirtschaft wächst. Herrscht jedoch Stagnation oder Flaute in der Wirtschaft, muss der Staat den einen etwas wegnehmen, um den anderen etwas geben zu können. Schärfere Verteilungskämpfe werden die Folge niedrigen Wachstums sein. Wer füllt beispielsweise die Rentenkassen auf, wenn immer mehr Alte sie leeren und die künftigen Einzahler nicht mehr geboren werden?

Dass der demographische Trend in Deutschland das Wirtschaftswachstum dämpfen wird, ist unter den Ökonomen unstrittig. Nicht nur die jährlichen Wachstumsraten werden sinken. Die deutsche Wirtschaft wird auch krisenanfälliger werden. »Bisher gab es nur in Ausnahmefällen, alle fünf bis zehn Jahre mal eine Rezession«, sagt Harald Preißler, Chefvolkswirt der Fondsgesellschaft Bantleon in Hannover.[6] »In der Zukunft könnte uns das alle zwei Jahre blühen.« Mit einer schrumpfenden Bevölkerung hält er es kaum für möglich, ein hohes Wachstumstempo zu halten. »Der größte Treiber des Wirtschaftswachstums war in der Vergangenheit die Demographie«, meint Preißler. Um durchschnittlich 3,5 Prozent im Jahr sei die Weltwirtschaft in den vergangenen drei Jahrzehnten gewachsen. »Knapp 2 Prozent davon gingen allerdings allein auf das Bevölkerungswachstum zurück, also mehr als die Hälfte«, sagt der Volkswirt.

Damit wird auf den Kapitalmärkten der Treibstoff knapp, der die Kurse nach oben bewegt. Denn das Sparaufkommen der zusätzlichen Bevölkerung hat bisher die Kurse auf den Finanzmärkten getrieben. Dieser Zustrom wird versiegen. Als Erstes wird sich dies auf den Aktienmärkten zeigen. »Wer in der Vergangenheit noch langfristige Wertentwicklungen von 7 bis 8 Prozent an den Börsen einkalkulierte, der wird sich künftig mit durchschnittlich 4 bis 5 Prozent begnügen müssen«, sagt Preißler voraus. Das ist der Blick auf Aktien insgesamt. Noch gravierender werden die Folgen innerhalb der Aktienmärkte sein: Manche Märkte oder Branchen werden zu den Gewinnern zählen. Viele Unternehmen jedoch werden überdurchschnittlich stark unter dem Rückgang des Bevölkerungswachstums leiden.

Auch wenn die deutsche Wirtschaft auf das geringere Wachstumspotenzial im Inland mit noch höheren Ausfuhren reagierte, es würde wenig helfen. Schließlich schafft sich eine auf Export ausgerichtete Wirtschaft wie Deutschland eigene Probleme. Das Gegenstück zu starken Exporten sind hohe Geldforderungen gegenüber dem Ausland. Jede Ausfuhr von Waren oder Dienstleistungen geht mit einer Forderung gegenüber dem Ausland einher, oft auch noch, wenn der Abnehmer seine Rechnung schon bezahlt hat, denn jeder amerikanische Dollar auf deutschen Bankkonten stellt eine Forderung gegenüber den USA dar. Der Mittelständler, der eine Maschine nach China verkauft, erhält eine Forderung. Diese erlischt, sobald der Käufer sie abgetragen hat und der Erlös in Euro getauscht ist. Beim Export von Konsumgütern kann dies schnell geschehen. Bei großen Industrieprojekten wie dem Bau eines Zementwerkes, eines Flughafens oder einer Autofabrik kann sich dies über viele Jahre hinziehen. Oft sind die deutschen Exporte an kreditfinanzierte Projekte gebunden, die über einen langen Zeitraum abbezahlt werden. Auf der gesamtwirtschaftlichen Ebene besitzt eine Nation wie Deutschland, die mehr exportiert, als sie importiert, stets mehr Forderungen gegenüber dem Ausland als Schulden. Das bedeutet aus einer anderen Perspektive betrachtet: Die Devisen, die aus dem Export von deutschen Industriegütern ins Inland fließen, werden in Deutschland nicht vollständig für die Bezahlung von Importen benötigt.

Deutschland ist wegen seiner Exportstärke Jahr für Jahr Netto-Exporteur von Kapital. Nur weil Deutschland gleichzeitig das für den Kauf seiner Produkte notwendige Kapital bereitstellt, kann die heimische Wirtschaft ihre Exportstärke ausspielen. Deshalb ist Deutschland mehr als andere Länder darauf angewiesen, dass es seinen Schuldnern im Ausland wirtschaftlich gutgeht, damit diese ihre Rechnungen bezahlen können. Wie sehr Deutschland durch seine Exportüberschüsse auf gute Auslandsbeziehungen angewiesen ist, hat sich in den vergangenen Jahren während der Griechenland-Krise gezeigt. Die starke Ausrichtung der deutschen Wirtschaft auf den Außenhandel schafft viele Vorteile, aber auch ganz besondere Risiken.

Die deutsche Wirtschaft hat sich in ihren Handelsbeziehungen zu sehr von einigen wenigen Ländern abhängig gemacht. Europa ist

Abnehmer für rund die Hälfte der deutschen Exporte. Dort, vor allem in den Krisenländern im Süden, wird wegen der Notwendigkeit, die öffentlichen Haushalte zu sanieren, auf Jahre hinaus wenig Wachstum zu erwarten sein. Das gilt auch für die Vereinigten Staaten. In China, das mit seinem starken Wachstum in den vergangenen Jahren die deutsche Wirtschaft stark gezogen hat, werden sich die Wachstumsraten zwangsläufig abflachen.

Der Fall der Wachstumsraten in China spielt sich freilich in Höhen ab, die für die deutsche Wirtschaft unerreichbar geworden sind. Wenn von einem Rückgang der Wachstumsraten in China oder anderen Schwellenländern die Rede ist, meinen die Ökonomen keinen Absturz auf deutsches Niveau von weniger als 1,5 Prozent. Die amerikanische Wirtschaftszeitung *Wall Street Journal* hatte im Juli 2013 eine Umfrage unter Ökonomen durchgeführt und kam als Ergebnis auf längerfristige Wachstumserwartungen für China von rund 7,5 Prozent jährlich.[7] Das ist immer noch beachtlich. Doch fast die Hälfte weniger als die 14,2 Prozent Wachstum, die China im Jahr 2007 erreicht hatte.

Fast 30 Jahre lang ist es China gelungen, die Wirtschaftsleistung des Landes um 10 Prozent jährlich und manchmal sogar noch mehr zu steigern. Das ist eine unglaubliche Leistung, die wohl noch keinem Land zuvor über einen so langen Zeitraum gelungen ist. In den vergangenen gut 20 Jahren lagen die Hoffnungen vieler deutscher Unternehmen auf China. Wohl kein anderes westliches Land hat so stark in diesem Riesenreich investiert wie Deutschland. Besonders die Hersteller von Industriegütern suchten dort neue Kunden. China wurde ein beliebter Absatzmarkt, der Produkte »Made in Germany« gierig aufsog. Von den Fließbändern deutscher Autobauer rollen die Autos, nach denen die aufstrebende Mittel- und Oberschicht in Asien verlangt. Immer mehr werden sie nicht nur direkt vor Ort montiert, sondern komplett gebaut. Der von der Shanghai Volkswagen Automotive Company gebaute Santana ist aus chinesischen Großstädten kaum noch wegzudenken. 1984 kam er dort auf den

Markt und wurde dort das, was der VW Käfer jahrzehntelang in Deutschland war: das Auto für jedermann. Im Frühjahr 2013 kam eine neue Generation des Erfolgsmodells auf den Markt. Und deutsche Konzerne liefern die Hightech-Produkte, die sich China zunehmend leisten kann. Jedes Jahr bringt der Volkswagen-Konzern mehr als eine Million neue Fahrzeuge auf den chinesischen Markt.

Immerhin ist China seit 2009 das Land, das jährlich die meisten Autos auf der Welt produziert. Davon profitieren nicht nur die Autohersteller, sondern auch die Automobilzulieferer, größere und kleinere, Maschinenbauer, Elektrounternehmen und andere Unternehmen aus dem deutschen Mittelstand. Viele von ihnen haben mutig im Fernen Osten investiert und Märkte dort aufgebaut. Die vielen deutschen Unternehmer und Ingenieure produzieren die Maschinen, die Chinas Unternehmen für den Aufbau ihrer Industrie brauchen.

Je mehr sich die chinesische Wirtschaft entwickelt, desto weniger werden chinesische Unternehmen auf deutsche Technik angewiesen sein. Auch wollen immer mehr Chinesen die Früchte ihrer Anstrengungen genießen. Sie wollen mehr konsumieren und weniger arbeiten. Das schafft neue Absatzmöglichkeiten für konsumorientierte Unternehmen, während es für Hersteller von Investitionsgütern, die gerade die Wirtschaftsstärke Deutschlands ausmachen, schwerer werden dürfte. Auch wenn sich die pessimistischeren Prognosen für China nicht bewahrheiten sollten, wäre es fatal für die deutsche Wirtschaft, weiterhin so sehr auf China zu setzen wie in den vergangenen zwei Jahrzehnten. Deutschland sollte auf jeden Fall seine wirtschaftlichen Außenbeziehungen breiter fächern.

Allein aus dem Grund einer breiteren Streuung der deutschen Exporte wäre es klug, einen Teil der Engagements deutscher Unternehmen im Ausland nach Afrika umzulenken und in den Kontinent zu investieren. Afrika bietet die Märkte, die Deutschland in Zukunft braucht. Denn jedes Kind, das zur Welt kommt, sorgt für neue

Nachfrage. Es braucht Kleidung, Medikamente, Milch, Essen, Getränke. Es wird Bildung erhalten, Medien, Bücher, Zeitschriften konsumieren und später vielleicht einmal reisen, ein Auto kaufen, ein Haus bauen und schließlich eine eigene Familie gründen. Ältere Menschen haben von allem schon das meiste. Sicher können sich Unternehmen auf diese Zielgruppe einstellen und diesen Menschen vermehrt Produkte anbieten, die auf ihre speziellen Bedürfnisse abgestimmt sind. So haben manche Hersteller von Babykost in Europa oder den Vereinigten Staaten Fertiggerichte für Senioren in ihr Angebot aufgenommen. Doch es wird auf Dauer unmöglich sein, in Deutschland jene Wachstumsraten zu erzielen, wie sie in den aufstrebenden Märkten Afrikas möglich sind. Deutsche Unternehmen müssen, wenn sie weiter wachsen wollen, auf den Wachstumsmärkten der Welt vertreten sein. Das wird in Zukunft Afrika sein.

Doch die Wachstumsstory der Schwellenländer hat Kratzer bekommen. Ende Juni 2013, mitten in einer Hitzewelle aus Afrika, die Deutschland zum Schwitzen brachte, platzte eine Nachricht, die Tausende Anleger aufschreckte und Hunderte Volkswirte verunsicherte. Ben Bernanke, damals noch der Präsident der mächtigen amerikanischen Notenbank Fed, deutete zaghaft an, dass er daran denke, eines Tages von seiner extrem lockeren Geldpolitik abzuweichen. Vielleicht werde die Fed dann nicht mehr ganz so viele amerikanische Staatsanleihen kaufen, wie sie es auf dem Höhepunkt der Finanzkrise im Herbst 2009 begonnen hatte und seitdem Monat für Monat tat. 85 Milliarden Dollar wandte er bis dahin jeden Monat auf, um amerikanische Staatsanleihen zu kaufen und auf diese Weise die amerikanischen Zinsen niedrig zu halten, die Wirtschaft mit Liquidität zu versorgen und zu stabilisieren. Um 10 bis 15 Milliarden Dollar auf dann vielleicht 70 oder 75 Milliarden Dollar wolle er möglicherweise irgendwann diese Käufe drosseln. Dieser Betrag ist immer noch unvorstellbar hoch.

Diese Überlegungen genügten, um für einen Augenblick in diesem Sommer 2013 die Weltbörsen in Panik zu stürzen. An der Wall

Street stürzte der Dow-Jones-Index, der Pulsmesser der Weltbörsen, um 1,4 Prozent. Die asiatischen Aktienmärkte erlebten den größten Kursverfall seit anderthalb Jahren. Der Aktienindex MSCI Asien verlor an einem Tag mehr als 3,5 Prozent. Es war zwar kein Crash, aber ein ernstzunehmender Warnschuss, auch wenn sich Bernanke daraufhin beeilte, seine Aussagen zu relativieren.

Den Akteuren in der Weltwirtschaft wurde plötzlich bewusst, wie verwundbar die Schwellenländer am Ende doch sind. Schwellenland, dieses Wort war in den Jahren zuvor gleichbedeutend mit hohem Wachstum, niedriger Staatsverschuldung, schnell expandierenden Unternehmen und vor allem sicheren Gewinnen mit Aktien und Anleihen. Der Begriff umschreibt viele Länder: Südafrika und Mexiko genauso wie Brasilien, China, die Türkei, Malaysia, die Ukraine, Polen, Ungarn, Litauen oder Russland. Der Internationale Währungsfonds (IWF) hat eine sehr großzügige Definition gewählt und zählt auch Thailand, die Philippinen und selbst Pakistan hinzu. Insgesamt kommt der IWF auf 150 Schwellenländer weltweit, mehr als drei Viertel der 193 Länder, die Mitglied der Vereinten Nationen sind.

In den Jahren nach Ausbruch der Finanzkrise in den Jahren 2007 und 2008 warf die Finanzindustrie immer mehr Fonds auf Aktien und Anleihen aus diesen Schwellenländern auf den Markt. Angesichts der Gefahr steigender Zinsen in den Vereinigten Staaten zogen internationale Investoren und Investmentfonds vom Sommer 2013 an jedoch Kapital aus diesen wirtschaftlich aufstrebenden Ländern wieder ab und brachten es in die entwickelten Länder zurück, wo sie es stärker in Sicherheit wähnten. Sollten die Zinsen in den Vereinigten Staaten steigen, so die Überlegung, werden Kapitalanlagen dort wieder attraktiver, bei geringeren Risiken als in Schwellenländern. Dann saugt der amerikanische Kapitalmarkt das Geld aus den Schwellenländern ab und hinterlässt dort Lücken, die auch diese Länder trotz der Devisenreserven, die viele von ihnen angehäuft haben, nicht so schnell schließen können.

Privatanleger, aber auch Lebensversicherer, Versorgungswerke und Pensionskassen investierten in großem Stil in »Emerging Market Funds«. In den Jahren 2009 bis 2012 flossen 4,2 Billionen Dollar privates Kapital in die Schwellenländer, meldete das *Wall Street Journal Europe* und berief sich dabei auf Zahlen des Institute of International Finance, des globalen Bankenverbands.[8] Allein in der Woche nach Bernankes Ankündigung zogen die Anleger aus Schwellenländer-Anleihen fast 6 Milliarden Dollar ab. Das war schon doppelt so viel wie in der Woche davor. Dies sei der schlimmste Ausverkauf seit 2009 gewesen, verglich das *Wall Street Journal* diese Verkaufswelle mit dem Höhepunkt der Finanzkrise.

Mit Blick auf China mischten sich ohnehin verstärkt Sorgen und Skepsis bezüglich der Wachstumsaussichten in diesem Land, seit die Staatsführung Anfang 2012 angekündigt hatte, nach dem industriellen Aufbau stärker auf die Entwicklung des privaten Konsums zu setzen. Dazu wollte sie höhere Löhne gewähren und ein langsameres Wirtschaftswachstum in Kauf nehmen. Nach den Jahrzehnten der Entbehrungen sollte der Aufstieg künftig stärker der Bevölkerung zugutekommen.

Als dann auch noch 2012 der Rohstoffboom zu Ende ging und die Preise für viele Industriemetalle zu fallen begannen, kamen Zweifel auf, wie gut eigentlich die anderen großen Schwellenländer, besonders Brasilien und Russland, dastehen. BRIC hieß das Zauberwort, das 2001 der damalige Chefvolkswirt der amerikanischen Investmentbank Goldman Sachs, Jim O'Neill, aufgebracht hatte. Das Kunstwort setzte sich aus den vier Anfangsbuchstaben jener Länder zusammen, die in den kommenden Jahrzehnten die zentralen Wachstumstreiber der Weltwirtschaft werden sollten: Brasilien, Russland, Indien, China. Hunderte BRIC-Fonds entstanden daraufhin, und ungezählte deutsche Anleger investierten seitdem in diese Aktienfonds und andere Anlageinstrumente, um am fabelhaften Aufstieg der BRIC-Länder teilzuhaben.

Diese vier Länder schrieben in der Tat eine Erfolgsgeschichte, wie sie nur selten in der Wirtschaftsgeschichte vorkommt. »In nur zehn Jahren war das Bruttoinlandsprodukt von Brasilien, Russland, China und Indien um mehr als das Fünffache auf 14,5 Billionen Dollar gewachsen«, hob die Wirtschaftszeitung *Handelsblatt* hervor.[9] »Noch 2012 trug das Quartett mehr als 60 Prozent zum weltweiten Wirtschaftswachstum bei.« Doch Bernankes Ankündigung, die amerikanische Geldpolitik vielleicht etwas weniger locker zu gestalten, traf die BRIC-Länder an ihrer empfindlichsten Stelle: »Die fatale Abhängigkeit der Schwellenländer von den internationalen Kapitalströmen könnte den einstigen Wachstumsträgern zum Verhängnis werden«, merkten die beiden *Handelsblatt*-Autoren unter Berufung auf eine Studie des Internationalen Währungsfonds (IWF) an.

Seit dem Sommer 2013 ist der Glaube der Ökonomen an den unaufhaltsamen Aufstieg der Schwellenländer, die einmal die Vereinigten Staaten als die führende Wirtschaftsmacht der Welt ablösen sollten, gebrochen. »Die BRIC-Staaten befinden sich in einer strukturellen Anpassungskrise«, meinte Joachim Fels, Chefökonom der amerikanischen Investmentbank Morgan Stanley, Ende Juli 2013.[10] »Die Wachstumsmodelle, die diese Länder in den vergangenen Jahren so erfolgreich gemacht haben, funktionieren nicht mehr.« China habe auf den Export von Industrieprodukten gesetzt. Doch die Wettbewerbsfähigkeit der Unternehmen habe sich in den vergangenen Jahren verschlechtert. Chinas Produkte sind seiner Ansicht nach im internationalen Vergleich zu teuer geworden.

Brasilien und Russland litten unter dem Verfall der Rohstoffpreise und wie China unter einem Verlust an Wettbewerbsfähigkeit der Industrie. Indien habe zu sehr auf staatlich geförderten Konsum gesetzt, was die öffentlichen Finanzen überfordert hat. Zudem werde zu wenig in die Infrastruktur investiert. »Auch Indiens Wachstumsmodell ist nicht aufrechtzuerhalten«, glaubt Fels. Für die deutsche Industrie wird es seines Erachtens große Veränderungen nach sich ziehen, dass China den Schwerpunkt von der Industrie auf den Konsum verlagert. »Deutschland wird dann nicht mehr so viele Investitionsgüter, sondern mehr Konsumgüter nach China liefern«, lautet die Hoffnung des Morgan-Stanley-Ökonomen.

Schon ist von »broken BRICs« die Rede, von zerbrochenen Ziegeln in Anspielung auf das englische Wort für Ziegel, brick, auf dem das Wortspiel BRIC beruht. Es wäre jedoch verfrüht, das Ende des Booms in den Schwellenländern auszurufen. Viele Ökonomen sehen jedoch das BRIC-Konzept als überholt an. Es spiegelte noch nie eine politische oder kulturelle Realität. Brasilien, Russland, China und Indien hatten ökonomisch nie viel mehr gemeinsam als hohe Wachstumsraten. In Zukunft könnte die Entwicklung auseinanderdriften. Wenn die Rohstoffpreise auf den Weltmärkten fallen, trifft dies in erster Linie Brasilien und Russland, die dann wichtige Einnahmen aus dem Verkauf ihrer Rohstoffe verlieren. China und Indien dagegen profitieren davon, werden für sie doch Importe der Metalle und des Öls, auf die ihre aufstrebenden Industrien angewiesen sind, günstiger.

Dauerhaft niedrigere Wachstumsraten in der Weltwirtschaft werden auch für die Schwellenländer große soziale Umwälzungen zur Folge haben. Es wird den Regierungen schwerer fallen, das Versprechen einzulösen, dass es der Bevölkerung eines Tages besser gehen wird, wenn sie die Entbehrungen der Aufbaujahre auf sich nehmen. Mit dem Boom in diesen Ländern entstand dort eine Mittelschicht, die sich bedroht sieht, wenn die Aussichten nicht mehr ganz so rosig sind. Allein in China wird die Zahl derjenigen, die der Armut entkommen sind und sich eine erfolgversprechende Karriere als Angestellter aufgebaut haben, auf 300 Millionen Menschen geschätzt. Damit ist sie allein in diesem Land, in dem vor 30 Jahren in manchen Landstrichen noch bittere Armut herrschte, heute so groß wie die gesamte Bevölkerung der Vereinigten Staaten. Es ist die Mittelschicht, die in den vergangenen Jahren in Brasilien oder in Nordafrika auf die Straße gegangen ist. Vor allem bringen nachlassende Wachstumsraten die Schattenseiten des Booms ans Licht: Die soziale Ungleichheit teilt immer noch die Gesellschaft. Die Regierungsführung und das Rechtssystem weisen große Mängel auf. Die Umweltverschmutzung hat vielerorts zugenommen und nicht abgenommen, und die Unterschiede zwischen Arm und Reich, zwischen Nutznießern des Systems und den Benachteiligten sind gewachsen.

Zudem werden die Überalterung der Gesellschaft und das Schrumpfen der Bevölkerung in BRIC-Ländern wie China und Russland zunehmend das Wachstumspotenzial beschränken. Allein Indien dürfte in den kommenden Jahren von einer steigenden Bevölkerungszahl profitieren. In Brasilien ist die Bevölkerung in den vergangenen 60 Jahren zwar von 54 Millionen auf 197 Millionen gewachsen. Doch der Anstieg der Bevölkerung ist seit den 1950er Jahren von jährlich rund drei Prozent auf heute weniger als ein Prozent gefallen. Seine höchste Bevölkerungszahl dürfte Brasilien 2050 mit 250 Millionen Einwohnern erreichen. Von da an dürfte auch dort die Bevölkerungszahl sinken. Damit folgt Brasilien, wenn auch zeitversetzt, der Bevölkerungsentwicklung in Deutschland. In China ist das schon Realität. Dort begann die Bevölkerungszahl schon 2012 zu sinken.[11]

Die Welt muss sich wohl oder übel auf ein dauerhaftes Nachlassen der wirtschaftlichen Dynamik in den Schwellenländern einstellen. Das trifft vor allem die deutsche Wirtschaft. Dort haben sich viele Unternehmen darauf verlassen, dass es der Boom in China für sie schon richten wird. Martin Winterkorn, der Vorstandsvorsitzende von Volkswagen beispielsweise, hatte schon den Bau zehn neuer Fabriken in China angekündigt.

Angesichts der sich eintrübenden Aussichten in den Schwellenländern wird die starke Abhängigkeit der deutschen Exportwirtschaft von China zunehmend zum Problem. In den vergangenen Jahrzehnten haben sich die deutschen Unternehmen generell immer mehr ins Ausland orientiert. 1991 hatten die deutschen Exporte ein Gewicht von 22,2 Prozent der deutschen Wirtschaftsleistung. Heute liegt ihr Anteil bei 41,5 Prozent.[12] Damit hat er sich in rund 20 Jahren in etwa verdoppelt und erreichte 2012 einen Wert von 1097 Milliarden Euro oder 1,1 Billionen Euro. »Nie zuvor war die deutsche Wirtschaft so stark vom Exportgeschäft abhängig wie jetzt«, kommentierte das Deutsche Institut für Wirtschaftsforschung (DIW).[13] Hinter China und den Vereinigten Staaten, zwei unvergleichlich größeren Ländern, folgt Deutschland auf dem dritten Rang der größten Exportnationen der Welt.

Autos, Maschinen, Chemie sind nach wie vor die deutschen Exportschlager. Zusammen stellen diese drei Branchen mehr als 40 Prozent aller deutschen Ausfuhren. Auf den Rängen folgen Produkte der Metallindustrie, Büromaschinen, EDV und Elektroanlagen. Damit ist Deutschland wie kaum ein anderes Land einseitig auf Industriegüter ausgerichtet. Während allein die Autoindustrie 2012 ein Gewicht von 190 Milliarden Euro im deutschen Außenhandel erreicht hatte, sind die Branchen Bekleidung mit 14 Milliarden Euro oder Textilien mit 10 Milliarden Euro Leichtgewichte. Die Bedeutung der Industriegüter im deutschen Außenhandel dürfte noch zunehmen. Der Anteil des Maschinenbaus an den deutschen Exporten wird voraussichtlich von aktuell einem Drittel bis 2030 auf mehr als die Hälfte steigen, erwartet das britische Wirtschaftsforschungsinstitut Oxford Economics, das im Auftrag der britischen Bank HSBC die internationalen Handelsströme untersuchte.[14]

In den vergangenen Jahren haben sich die deutschen Exporteure immer stärker auf China ausgerichtet. »In den Jahren von 2000 bis 2012 sind die deutschen Ausfuhren in die Volksrepublik um jahresdurchschnittlich 17,7 Prozent gestiegen«, heißt es weiter in der Studie des DIW.[15] China war 2012 mit Exporten im Wert von 66,6 Milliarden Euro der fünftwichtigste Abnehmer der deutschen Unternehmen – hinter Frankreich, das auf 104,5 Milliarden Euro kommt, den Vereinigten Staaten, Großbritannien und den Niederlanden.[16] Bei den Einfuhren folgt China schon an zweiter Stelle mit 77,3 Milliarden Euro – nach den Niederlanden mit 86,6 Milliarden Euro.

Die Abhängigkeit von China hat im Zuge der Finanzkrise, die ihren Höhepunkt im Herbst 2008 mit dem Zusammenbruch der amerikanischen Investmentbank Lehman Brothers erreicht hatte und vom Frühjahr 2010 an Griechenland mit voller Wucht traf, zugenommen. Der Anteil der Europäischen Union an den deutschen Exporten sank nach der Finanzkrise auf 57 Prozent und wird nach einer Prognose des Außenhandelsverbands BGA bis 2030 auf 50 Prozent sinken.[17] Spätestens 2030 könnte China Frankreich als wichtigsten Handelspartner Deutschlands ablösen, erwartet das britische Wirtschaftsforschungsinstitut Oxford Economics.[18] Die Autoren der Studie rechnen damit, dass der deutsche Handel mit China in den kommenden Jahren zwar weiter steigen wird. Doch das Tempo wird spürbar nachlassen. Anstatt der 17,7 Prozent jährlich in den vergangenen Jahren erwartet Oxford Economics, dass sich das Wachstum des deutschen Außenhandels mit China auf acht bis zehn Prozent jährlich verlangsamt.

Auf drei Regionen ist die deutsche Außenwirtschaft somit ausgerichtet: auf Europa, die USA und China. Dass sich die Exporte zunehmend von der Krisenregion Europa nach China, eine Region mit nachlassender Dynamik, verlagern, behebt die strukturellen Ungleichgewichte der deutschen Wirtschaft kaum. Sie bleibt einem Teil der Welt verhaftet, deren wirtschaftliche Perspektive durch steigenden Wohlstand, eine drohende Überalterung der Gesellschaft und eine schrumpfende Bevölkerung belastet sein wird.

Deutschen Wirtschaftspolitikern und Unternehmensführern sollte bei diesem Gedanken nicht allzu wohl sein, wenn sie sich vor Augen führen, dass die deutsche Exportindustrie vor allem in Regionen aktiv ist, die einen negativen demographischen Trend aufweisen, und nur unzureichend in Afrika, wo die Bevölkerung auf Jahrzehnte hinaus wachsen wird.

Die Gefahren, die auf die deutsche Industrie in den Schwellenländern lauern, liegen nicht in weiter Ferne. Sie sind bedrohlich real. Denn China hat die hohen Wachstumsraten der vergangenen Jahrzehnte genutzt, um nicht nur das Land zu modernisieren, sondern auch um in Bereiche hochqualitativer Produkte vorzustoßen, die bisher die Domäne deutscher Wertarbeit waren. Es lässt sich nicht mehr verdrängen: In den Schwellenländern erwächst der deutschen Industrie bedrohliche Konkurrenz. China ist heute nicht mehr der Hersteller von billigem Plastikspielzeug, von schäbigen Massentextilien und elektronischem Tand. Die Unternehmen im Fernen Osten stoßen in Hightech-Branchen vor. Da China immer wohlhabender, aber auch teurer werde, werde das Land voraussichtlich auf komplexere Industrien setzen, erwartet die britische Bank HSBC.[19] Simplere Produktionen wie die von Textilien würden dann stärker in Länder wie Vietnam oder Bangladesch abwandern. In Zukunft werden diese Fertigungen zunehmend von afrikanischen Arbeiterinnen und Arbeitern übernommen.

Schon heute verdrängen chinesische Unternehmen ihre deutschen Konkurrenten. Vor allem in großen Schwellenländern wie Indien oder Brasilien ist dies zu beobachten. Genauso wie deutsche Maschinenbauer im 19. Jahrhundert die englischen Fabrikanten ausstachen, indem sie deren Produkte kopierten, so drängen nun chinesische Hersteller in die Stammindustrien deutscher Qualitätsfertigung: in die Autoproduktion, in den Maschinenbau, in die Herstellung von Hochgeschwindigkeitszügen, in die mechanische Industrie. Selbst in Frankreich, Großbritannien und Italien geht der deutsche Anteil am Import von Chemieprodukten zurück, während China in diesen drei Ländern Marktanteile gewinnt, brachte eine Studie der Bertelsmann-Stiftung und des Prognos-Instituts zutage.[20] Auch im Maschinenbau verlieren deutsche Unternehmen in Italien Marktanteile an chinesische Konkurrenten.

Außerhalb Europas sind die Exporterfolge der chinesischen Maschinenbauer noch klarer zu sehen: In den Vereinigten Staaten und Japan sind sie an den deutschen Ingenieuren vorbeigezogen. Dasselbe gilt laut der Studie von Bertelsmann-Stiftung und Prognos für die Chemieindustrie, für die Medizintechnik sowie für die Mess- und

Steuerungstechnik. Auch in Indien hat China im Maschinenbau und in der Chemie die Marktführerschaft erobert. »Es besteht kaum Hoffnung, dass Deutschland hier Boden gutmachen kann«, lautet das düstere Fazit der Studie. China werde seinen Vorsprung ausbauen und der deutsche Marktanteil sinken. Auch in der Autoindustrie, dem deutschen Exportmotor par excellence, liegen in Indien und Brasilien Hersteller aus Korea, Japan und selbst Argentinien vor der deutschen Konkurrenz.

Die deutsche Industrie ist dabei, ohne größeren Widerstand wichtige Positionen im Welthandel aufzugeben. Ohne den Außenhandel wird sich der Wohlstand in Deutschland nicht halten lassen, und der deutsche Außenhandel besteht, wie wir gesehen haben, zum großen Teil aus Industriegütern. Die deutschen Unternehmen müssen sich deshalb dem Wettbewerb mit den neuen Konkurrenten aus den Schwellenländern stellen und neue Märkte erschließen. In Afrika hat »Made in Germany« nach wie vor einen guten Klang. Deutsche Produkte gelten als teuer, aber zuverlässig. Deshalb werden Afrikaner gerne Kunden deutscher Produkte, sobald sie es sich leisten können. Denn deutsche Wertarbeit ist in den wirtschaftlich aufstrebenden Ländern der Erde ein Statussymbol.

Es ist unverständlich, warum die deutsche Wirtschaft bisher kampflos ihren chinesischen Konkurrenten die afrikanischen Märkte überlassen hat. Afrika bietet alles, was deutsche Unternehmen brauchen, um dort erfolgreich zu sein:

- Die Wachstumsraten sind hoch, höher als in vielen anderen Schwellenländern.
- Die Wirtschaftsdynamik wird, getrieben von einem weiteren Anstieg der Bevölkerung, auf absehbare Zeit hoch bleiben.
- Das politische Umfeld in Afrika ist in den vergangenen Jahren stabiler geworden, in vielen Ländern stabiler als in anderen aufstrebenden Ländern der Erde.

- Die Kunden in Afrika wollen deutsche Produkte und erwirtschaften zunehmend die Kaufkraft, um sich diese leisten zu können.

Gleich wie sich die Wirtschaft im Fernen Osten in den kommenden Jahren entwickeln wird, ist es an der Zeit für die deutschen Unternehmen, ihre Abhängigkeit von den asiatischen Märkten zu verringern. Es geht nicht darum, den chinesischen Markt aufzugeben und alle Ressourcen auf Afrika zu richten. Es geht darum, die Absatzmärkte zu diversifizieren, Exportrisiken breiter zu streuen und neue Märkte zu erschließen.

Dass Afrika seine ganz eigenen wirtschaftlichen Risiken bietet, zeigen die Streikwelle, die seit Jahren die südafrikanische Wirtschaft erschüttert, und die inneren Unruhen, die Ägypten seit Jahren durchlebt. Auch der islamistische Terror im Norden Nigerias ist keine Werbung für den Wirtschaftsstandort Afrika. In vielen Ländern ist es ungleich schwerer, Geschäft zu machen als in Europa. Doch mit den meisten dieser Risiken können Auslandsinvestoren zurechtkommen. Die Schwierigkeiten sind in Afrika nicht größer als in Indien oder China.

Zudem wird die Zahl der erfolgreichen, verlässlichen und sicheren Länder in Afrika von Jahr zu Jahr größer. Selbst in Somalia, das seit mehr als 20 Jahren wie kein anderes Land in Afrika für Terror, Gewalt, Faustrecht und Seepiraterie steht, investieren manche Unternehmen mit großem Erfolg. Der Norden Somalias hatte sich schon 1991 vom Rest des Landes abgespalten und sich einseitig zur Republik Somaliland und Hargeysa zu ihrer Hauptstadt erklärt. Zwar ist der Staat bis heute international nicht anerkannt. Dennoch ist es dem Land an der Südküste des Roten Meeres gelungen, in diesem Landstrich trotz all der Wirren im südlichen Somalia Ruhe, Ordnung, demokratische Grundstrukturen, Sicherheit und ein günstiges Klima für Investitionen zu schaffen.

»Doch auch hier im Norden lief nach der Implosion des nachkolonialen Somalia nicht alles friedlich ab«, hat der langjährige Afrika-Korrespondent der *Süddeutschen Zeitung* Michael Birnbaum beobachtet.[21] »Es gab Kämpfe, Milizen, Krieg und den Zerfall in Einzelinteressen.« Allerdings habe der Norden den traditionellen Weg der somalischen Konfliktlösung eingeschlagen. »In endlosen Palavern sprachen die Klanältesten alles aus.« Somaliland funktioniere heute wie ein ordentlicher Staat. »Es gibt eine Regierung, Ministerien, Parteien, eine Polizei, zwei mäßig ausgestattete Krankenhäuser, ein jämmerliches Staatsfernsehen sowie einen staatlichen Rundfunk«, berichtete Birnbaum schon 2002. Und Somaliland funktioniert auch heute. Die ehemalige britische Kolonie könnte ein afrikanischer Vorzeigestaat sein, wäre er international anerkannt.

Es lohnt sich, in Afrika genauer hinzuschauen. Die 54 Länder des Kontinents, die international anerkannt sind, oder 56 Länder nach Zählung jener, die das marokkanisch besetzte Westsahara und Somaliland hinzuzählen, ähneln sich nur wenig. Historisch, kulturell, sprachlich, wirtschaftlich und religiös ist dieser Kontinent mindestens so vielfältig wie Europa, das ja auch auf kleinstem Raum einen kaum zu überschauenden Reichtum unterschiedlicher Kulturen bietet.

Manche Länder in Afrika haben in wirtschaftlicher Hinsicht oder politischer Stabilität viele andere Schwellenländer und selbst europäische Länder, im Süden oder im Osten, überholt. Es wäre verhängnisvoll, wenn die deutsche Wirtschaft länger ignoriert, dass direkt im Süden Europas, vor ihrer Haustür, eine Wirtschaft entsteht, die in Zukunft die Wachstumslokomotive der Weltwirtschaft sein wird.

Vielen deutschen Unternehmern sind die Risiken eines Engagements in Afrika zu groß. Sie fürchten, dass sie viel Geld ausgeben, um wenig zu erreichen, Opfer von Korruption oder inkompetenten Verwaltungsapparaten werden oder dass unzuverlässige Geschäftspartner sie ausnehmen werden. Exporteure fürchten, dass die Zollbehörden langsam und ineffizient arbeiten und dass sich ohne Bestechung dort nichts erreichen lässt. Diese Befürchtungen sind nicht unbegründet. Kein Unternehmer sollte sich in Afrika engagieren, ohne sich die notwendige Ortskenntnis anzueignen oder sich von zuverlässigen Partnern begleiten zu lassen. Gilt dies jedoch nicht für alle Exportmärkte, für China genauso wie für Lateinamerika oder Russland?

Die deutsche Wirtschaft hat jedoch keine Wahl. Der unausweichlich kommende Mangel an Fachkräften in Deutschland wird eine gravierende Folge haben: Wenn in einem Land die Arbeit knapp ist und der Kapitalstock – die Fabriken und vor allem die Maschinen – hoch, dann wird der Kapitalstock entwertet. Hier liegt die große Gefahr für die deutsche Wirtschaft. Afrika dagegen hat das umgekehrte Problem: Es hat einen Überschuss an Arbeitskräften, allerdings hat die Wirtschaft einen geringen Kapitalstock. Dem Kontinent fehlt es an Fabriken und Maschinen.

Bei sieben bis acht Prozent jährlich werden in Afrika die wirtschaftlichen Wachstumsraten liegen – und das nicht in dem einen oder anderen Jahr, sondern in den kommenden Jahrzehnten.[22] Dieses Wachstum wird sicher nicht alle Länder des Kontinents und auch nicht alle Lebensbereiche gleichermaßen erfassen. Die sozialen Ungleichgewichte werden enorm bleiben. Doch Stück um Stück wird sich der Wohlstand auf dem Kontinent ausbreiten.

Die beiden Regionen – Europa im Norden und Afrika im Süden – ergänzen sich auf hervorragende Weise. Afrika bietet die Absatzmärkte und die Arbeitskräfte, die Deutschlands Unternehmen dringender denn je brauchen werden. Deutsche Investitionen können maßgeblich dazu beitragen, Afrika wirtschaftlich weiterzuentwickeln. Damit könnten sie eine Aufwärtsspirale in Gang setzen, die beiden Seiten nutzt. Die Herausforderung der kommenden Jahrzehnte wird sein, die Ressourcen in Deutschland – den hohen Kapitalstock – durch die Ressourcen Afrikas – Arbeitskräfte in Überfülle – zum beiderseitigen Vorteil zu nutzen.

Afrikas neue Partner

2

Im Frühjahr 2012 ist die Lage in Bamako, der Hauptstadt Malis, trotz des Kriegs, der seit Monaten im Norden des Landes herrscht und Reisen in diese Teile des Landes unsicher macht, noch ruhig. Ausländer sollen Timbuktu schon besser meiden. Auf den Straßen Bamakos fahren Hunderte, Tausende kleiner Mopeds. Sie sind das beliebteste Fortbewegungsmittel in der Millionen-Metropole geworden. Erst seit kurzem wuseln die Malier mit diesen kleinen Zweirädern durch die Straßen der Hauptstadt. Vor fünf, sechs Jahren begannen die Chinesen, diese Mopeds in Mali und anderen Ländern Westafrikas zu verkaufen. Sie sind billig und zuverlässig. Rund 400 bis 450 Euro koste ein solches Moped nun, berichtet ein Malier. Kurz zuvor hat die Regierung den Importzoll für die kleinen Motorräder heraufgesetzt. Davor kosteten sie rund 350 Euro.

Ein Blick auf einige am Straßenrand abgestellte Gefährte zeigt: Das Logo »MTK« prangt auf den Mopeds. Liebhabern von Cross-Motorrädern in Europa ist der Name geläufig. MTK ist ein österreichischer Traditionshersteller. Auch mit Mountainbikes machte sich MTK einen Namen. Allerdings geriet das Unternehmen nach der Jahrtausendwende in wirtschaftliche Schwierigkeiten und wurde schließlich von einem chinesischen Unternehmen übernommen.

Schon bald darauf begannen die Chinesen diese günstigen Mopeds herzustellen, die seitdem in der marokkanischen Hafenstadt Tanger montiert und in ganz Westafrika verkauft werden – zu einem Bruchteil dessen, was ein solches Moped oder ein kleiner Motorroller in Europa kostet. Nördlich des Mittelmeers ist ein solches Gefährt neu kaum unter einem Preis von 1300 Euro zu finden. Für die Einwohner Bamakos ist die Übernahme von MTK durch die Chinesen deshalb ein Glücksfall. Denn einen wirklich funktionierenden öffentlichen Nahverkehr gibt es in der Stadt am Südrand der Sahara nicht. 1,8 Millionen Einwohner leben offiziell in der Stadt. Tatsächlich dürften es viel mehr sein. Vor allem jedoch leben sie weit verstreut über ein riesiges Gebiet. Denn verdichtetes Wohnen in Hochhäusern ist in Bamako weitgehend unbekannt. Dank der chinesischen Gefährte, entwickelt in Österreich und montiert in Marokko, können die Einwohner der malischen Hauptstadt bequemer zur Arbeit kommen und abends die Freundin ausführen oder die Familie besuchen.

Wenige Themen sind in Deutschland mit so vielen Klischees besetzt wie das Engagement Chinas in Afrika. Das riesige Reich aus Asien wolle die Armut Afrikas nutzen, um dort die Bodenschätze zu plündern. Nur auf den eigenen Vorteil bedacht, beschränke sich chinesische Hilfe ausschließlich auf jene Projekte, die unmittelbar den Interessen des Wirtschaftsriesen aus dem Fernen Osten nützen. Die Interessen der Afrikaner selbst seien ihnen gleichgültig. Entsprechend schlecht seien die Straßen und Brücken, die chinesische Bauunternehmen in Afrika bauen. Menschenrechte, Umweltschutz, Nachhaltigkeit und all die anderen Dinge, die den Deutschen wichtig sind, gälten den Chinesen nichts. Zudem habe China den afrikanischen Kontinent schon so fest im Griff, dass Investoren aus Europa und den Vereinigten Staaten dort keine Chance mehr hätten.

Es gibt nur wenige Themen, über die so viele Klischees verbreitet werden, die auf einigen wenigen Beispielen beruhen und die außerdem oft seit Jahren schon überholt sind. Oft beruhen sie auf flüchtigen Beobachtungen von kurzen Trips nach Afrika und Anekdoten, die von einem Betrachter zum nächsten gereicht werden. Unkenntnis ist also eine Ursache für diese oft hanebüchenen Beschreibungen des chinesischen Engagements in Afrika. Daran trägt auch die Regierung in Peking einen Teil der Schuld, indem sie zu wenig Einblick in ihre Afrika-Politik gewährt.[1] Der andere Grund für die schablonenhafte Darstellung des chinesischen Engagements ist, dass europäische Manager den Erfolg chinesischer Investoren gern als Vorwand benutzen, um ihre eigene Untätigkeit zu rechtfertigen, oder dass Vertreter von spendenfinanzierten Hilfsorganisationen sie nutzen, um den angeblichen Schaden wirtschaftlich motivierter Investitionen generell bloßzustellen. Und schließlich entspringen diese negativen Schilderungen häufig auch aus dem Eindruck heraus, dass Afrika unausgesprochen als eine westliche Angelegenheit wahrgenommen wird – entweder aufgrund alter Verbindungen aus Kolonialzeiten wie im Falle Frankreichs und Großbritanniens oder aber auch, um die vielen Schäden, die der Sklavenhandel und der Kolonialismus angerichtet haben, möglichst wiedergutzumachen. Für diese Kritiker ist China in erster Linie ein Störenfried, ein ungebetener Gast am großen Tisch Afrika.

Dabei dürfte wohl kein chinesischer Investor bisher irgendein europäisches oder amerikanisches Unternehmen vom afrikanischen Markt verdrängt haben. Auch hat die chinesische Afrika-Politik noch kein europäisches oder amerikanisches Investitionsprojekt in Afrika verhindert. China ist bisher nur in jene Lücke gestoßen, die Unternehmen aus dem Westen mangels Interesse gelassen haben.

Sicher gibt es die vielzitierten Fälle von Landraub oder schlecht gebauten Straßen. Doch aus diesen Beispielen hat auch die chinesische Regierung gelernt und ihre Afrika-Strategie in den vergangenen Jahren überdacht. Unter dem Strich ist es ein Vorteil für den afrikanischen Kontinent, dass China die Region als ernstzunehmenden Wirtschaftsstandort entdeckt hat und die Aufwärtsdynamik des

Kontinents unterstützt. Für die Einwohner Bamakos lautete die Wahl nicht: Sollen sie statt europäischer Vespa-Roller oder Peugeot-Scooter künftig chinesische MTK-Mopeds kaufen? Auch kam die MTK-Führung bis zum Kauf durch die chinesischen Investoren nicht auf die Idee, günstige Mopeds für den afrikanischen Markt herzustellen. Für die meisten afrikanischen Konsumenten schafft das chinesische Interesse an Afrika überhaupt erst die Möglichkeit, Dinge zu erwerben, die für sie bis dahin unzugänglich oder unerschwinglich waren.

Das hält deutsche Politiker, Entwicklungshelfer und selbst Wirtschaftsbosse nicht davon ab, das Engagement der Chinesen in Afrika einseitig als unfair, egoistisch und ausbeuterisch darzustellen. »China sieht unsere wertegetriebene Entwicklungspolitik als Einmischung in die inneren Angelegenheiten von Entwicklungsländern«, sagte der damalige deutsche Entwicklungshilfeminister Dirk Niebel (FDP) im Februar 2013 in einem Zeitungsinterview.[2] Der Politiker rettet sich in eine fatalistische Haltung: »Wenn es um gute Regierungsführung geht, dann fragt man uns. Wenn es um große Infrastrukturmaßnahmen geht, dann fragt man China.«

Niebel wollte in diesem Gespräch dafür werben, in der Entwicklungshilfe für Afrika stärker mit China zu kooperieren. Doch die Meinung, chinesische Hilfe sei allein vom Eigennutz der aufstrebenden Wirtschaftsmacht getrieben, teilte der damalige Minister für Entwicklungshilfe offenbar auch. »Die europäische Entwicklungskooperation dient nicht der Neokolonialisierung unserer Partner, sondern der Unterstützung ihrer Entwicklungspläne«, sagte Niebel weiter und erkannte immerhin an: »Chinas Infrastrukturmaßnahmen – weit über den Abbau von Rohstoffen hinaus – haben positiven Einfluss auf die Staaten in Afrika.« Der Bau von Eisenbahnlinien, Häfen und Flughäfen sei enorm hilfreich. Deutschland könne solche Projekte gar nicht finanzieren. »Gleichwohl haben viele Regierungen längst auch erkannt, dass die chinesische ›Entwicklungspolitik‹ sich stärker an Interessen als an Werten orientiert«, wetterte der

FDP-Politiker noch einmal gegen jenes Land, mit dem er doch eigentlich kooperieren wollte.

Neokolonialismus, Eigennutz und Opportunismus – viele in Europa und den Vereinigten Staaten pflegen sorgfältig diese Klischees, Hilfsorganisationen, unter der Hand aber auch gerne Diplomaten, Wirtschaftsbosse und Politiker. Das Schema der Argumentation lautet stets, mal vornehmer, mal frontal ausgedrückt: China verhalte sich wie ein räuberischer Investor, der ausschließlich daran interessiert sei, die ohnehin schon darbenden Afrikaner noch tiefer in ihr Elend zu stoßen. Da ist dann auch gleichgültig, dass viele Unterschiede einfach weggewischt werden. Sicher gibt es in Afrika auch aus China Investoren, die skrupellos vorgehen, wie andere Geschäftemacher auf der Welt auch. Und doch gibt es viele Investoren, die Afrika nicht nur als Absatzmarkt erschließen, sondern sogar Arbeitsplätze auf dem Kontinent aufbauen, so wie MTK unter der chinesischen Führung die Mopeds für den afrikanischen Markt in Marokko produzieren lässt.

Während die Europäer und die Vereinigten Staaten auf die Einhaltung von Standards wie Korruptionsbekämpfung, gute Regierungsführung und Einhaltung der Menschenrechte achteten, verhalte sich China, so der Vorwurf, skrupellos und stütze sogar noch jene Despoten und Diktatoren mit Projekten und Geld, von denen Europa und die Vereinigten Staaten den afrikanischen Kontinent befreien wollten. Dabei war der Norden selbst nicht immer solch ein glänzendes Vorbild. Auch nach dem Ende der Kolonialherrschaft hat der Norden jahrzehntelang Despoten gestützt, selbst Menschenschlächter wie Mobutu Sese Seko, den 1997 gestorbenen Staatspräsidenten von Zaire, der heutigen Demokratischen Republik Kongo. Es mussten auch nicht immer Diktatoren von Format sein. Noch häufiger stützten die Regierungen im Norden ziemlich gewöhnliche Gauner in Despotensesseln. China, so lautet der Vorwurf heute, unterminiere die Versuche, Anstand, Moral und Maß in die Führung der afrikanischen Staaten zu bringen.

Auch in Afrika selbst machen jede Menge Gerüchte über das chinesische Engagement die Runde. China schicke vor allem Gefangene auf die Baustellen nach Afrika und lasse sie dann dort zurück, bekommen Afrika-Reisende immer wieder von ihren Gesprächspartnern zu hören. Tatsache ist, dass die meisten Chinesen für eine beschränkte Zeit in Afrika arbeiten, dass manche dauerhaft bleiben und dort dann sogar Geschäfte, Restaurants oder Unternehmen eröffnen. Manchmal heiraten sie auch afrikanische Frauen und zeugen Kinder mit ihnen, die manche Afrikaner als zweitklassig ansehen – auch Afrika ist nicht völlig frei von rassistischem Gedankengut. Dass sich Chinesen dauerhaft in Afrika niederlassen, stößt bei manchen Afrikanern auf Ablehnung. Die chinesischen Geschäftsleute machten den Einheimischen das Geschäft kaputt und verdrängten diese gezielt, ist auf den Marktstraßen allerorten in Afrika immer wieder zu hören.

Zu den vielen Gerüchten und falschen Vorstellungen über die tatsächliche Wirtschaftskraft der Chinesen in Afrika hat die Regierung in Peking mit ihrer Geheimniskrämerei selbst beigetragen. Belastbare Zahlen oder Statistiken über die chinesische Entwicklungshilfe in Afrika oder die Wirtschaftsbeziehungen veröffentlicht China kaum. Das Handelsvolumen belief sich 2012 laut einer Studie der Deutschen Bank auf etwa 198 Milliarden Dollar.[3] Damit rangiert Afrika im chinesischen Außenhandel unter ferner liefen, auch wenn die Studie hervorhebt: »Die Bedeutung Afrikas für den chinesischen Außenhandel ist in den letzten zehn Jahren stetig gestiegen.«

Angesichts des geringen Volumens der Handelsströme zwischen China und Afrika lässt sich klar sagen: Chinas Interesse an Afrika liegt nicht in der Tiefe dieser Wirtschaftsbeziehungen, sondern in ihrem strategischen Potenzial für China, das sich anschickt, die größte Wirtschaftsmacht der Welt zu werden.

Das macht auch manchen Afrikanern Angst. So zeigen sich Gesprächspartner bei einem Besuch in Nairobi im November 2012 erleichtert und auch stolz darauf, dass die Schnellstraße A2 von der Hauptstadt in die rapide wachsende Industriestadt Thika etwa 40 Kilometer im Norden von Kenias Hauptstadt nun endlich vierspurig ausgebaut ist. Doch gleichzeitig beklagen dieselben Gesprächspartner das Engagement der Chinesen im Land. Sie hätten beispielsweise nicht genügend Arbeitsplätze für Kenianer geschaffen. Auf den Einwand, dass auf der Baustelle mehr Afrikaner als Chinesen zu sehen gewesen seien, kommt die Antwort, dass dieser Eindruck auch richtig sei. Die Leitungsfunktionen seien in chinesischer Hand geblieben, und vor allem die oberen Zehntausend in Kenia profitierten von den chinesischen Investitionen. Offenbar bestehen auch zwischen einzelnen Branchen Unterschiede. »Im verarbeitenden Gewerbe greifen chinesische Firmen häufiger auf lokale Arbeitskräfte zurück und setzen dabei auf eigene Erfahrungen mit dem Aufbau der Industrie durch Firmen aus Taiwan oder Hongkong«, bestätigt eine Studie der Deutschen Bank diesen Eindruck.[4]

Tatsächlich ist chinesische Entwicklungshilfe wie Straßenbau in der Regel an die Bedingung geknüpft, dass chinesische Unternehmen einen Teil der Arbeiten ausführen.[5] Die Entwicklungshilfe macht allerdings nur einen kleinen Teil des chinesischen Wirtschaftsengagements in Afrika aus. Tatsächlich arbeiten gar nicht einmal so viele Chinesen in Afrika. 2008 seien es, Nordafrika inbegriffen, 140 000 gewesen, meint die amerikanische Expertin für internationale Entwicklung Deborah Brautigam unter Berufung auf das *China Commerce Yearbook 2008*.[6] Chinesische Unternehmen seien mit denselben Schwierigkeiten konfrontiert wie deutsche oder amerikanische: Weil in Afrika oft Mangel an gut ausgebildeten Fachkräften herrscht, bleibt den Unternehmen oft keine andere Wahl, als diese mitzubringen. Deshalb variiert die Zahl der chinesischen Fachkräfte stark je nach Einsatzort.[7]

Die A2 in Kenia ist eine der wichtigsten Verbindungen von Nairobi nach Norden. Sie führt in die wichtige Bezirksstadt Nyeri am Fuße des Mount Kenya. Noch etwas weiter im Norden gabelt sie sich bei Isiolo. Die eine Straße führt in Richtung Äthiopien, die andere zur Küste des Indischen Ozeans. Dort sind auch die Flüchtlingslager angesiedelt für jene Menschen, die sich vor den radikalislamischen Al-Shabaab-Milizen aus Somalia über die Grenze gerettet haben. So kommt die Straße, die dem Klischee zufolge China nur zur Erschließung von Rohstoffvorkommen dient, auch westlichen Hilfsorganisationen zugute.

Tatsächlich ist der Norden Kenias in den vergangenen Jahren in den Fokus gerückt, seitdem sich Südsudan vom Norden abgespalten hat und das neue Land einen Zugang zu einem Hafen braucht, um seine Rohstoffe, vor allem Öl, zu exportieren. Eine Idee ist, nahe der kenianischen Insel Lamu einen modernen Hafen zu bauen und diesen über Straßen, Eisenbahn und Pipelines an Südsudan anzuschließen. Doch dazu müsste die gesamte Infrastruktur in Kenia verbessert werden. Insofern ist es richtig, dass die chinesischen Entwicklungshelfer auch deshalb die Straßen in Kenia ausbauen, um die Rohstoffe Südsudans zu erschließen – und zunehmend auch jene Bodenschätze, die im Nordwesten Kenias entdeckt worden sind: Erdwärme, Öl, Gas und – den vielleicht wichtigsten Rohstoff der Zukunft – Wasser. Was allerdings soll falsch daran sein, eine bisher vernachlässigte Region wirtschaftlich zu entwickeln?

Selbst deutsche Politiker wie der ehemalige Entwicklungshilfeminister Niebel geben ja zu, dass die Unterstützung aus Europa zu wenig zum Ausbau der Infrastruktur in Afrika und damit zu wenig zur direkten Wirtschaftsförderung in diesem Teil der Erde beigetragen habe. Und sie haben recht: In der Vergangenheit hat sich die deutsche Unterstützung von Regierung und privaten Organisationen stark an der Stimmungslage der deutschen Geber und Spender ausgerichtet. Dadurch hat sie zu wenig den Bedürfnissen der Menschen vor Ort Rechnung getragen.

Solarlampen statt Straßen – so lässt sich als Motto zusammenfassen, was jahrelang die Politik der deutschen Entwicklungshilfe und der Spendenorganisationen bestimmte, bis Niebel jenes Bundesministerium für wirtschaftliche Zusammenarbeit übernahm, das er vor der Bundestagswahl 2009 noch hatte auflösen wollen. Entwicklungshilfe wird eben immer noch weitgehend in den Geberländern entschieden, nicht in den Empfängerländern. Vor allem die privaten Organisationen fördern in erster Linie jene Projekte, die bei den Spendern im reichen Norden gut ankommen.

Unstrittig dürfte in dieser Kontroverse sein: Das chinesische Interesse an Afrika stellt Europa und die USA vor eine neue Herausforderung. Diese zeigt schon die ersten Veränderungen. Denn mit dem stärkeren Auftritt Chinas ist ein Spieler in den Vordergrund gerückt, der andere Schwerpunkte setzt. Nun beteiligen sich auch deutsche Organisationen mehr am Aufbau einer funktionierenden Infrastruktur. Das sind erste Schritte in die richtige Richtung, denn ohne einen Ausbau von Straßen, Eisenbahnlinien, Schulen, Krankenhäusern, Flughäfen, der Wasserversorgung, der Müllabfuhr und der Stromversorgung steht Afrika bald vor gewaltigen Nadelöhren, die den Aufschwung bedrohen.

So unterstützt die staatliche Förderbank KfW in Ostafrika nun den Wiederaufbau der alten Eisenbahnlinie von der Hafenstadt Mombasa über die kenianische Hauptstadt Nairobi in die Hauptstadt Ugandas, Kampala. Eventuell soll sie dann nach Juba, der Hauptstadt Südsudans, weiterführen. Linien sind auf Landkarten schnell gezogen. Doch ob und wann das Projekt je verwirklicht wird, ist offen. Aber die Betreiber der Gesellschaft Rift Valley Railways, die heute mehrheitlich der ägyptischen Beteiligungsgesellschaft Citadel Capital gehört, gehen sehr pragmatisch vor: Sie versuchen zunächst, die Strecke wieder zu bewirtschaften und dann bei laufendem Betrieb die Strecke nach und nach zu modernisieren.

Auch den Bau eines Geothermiekraftwerks in Zentralkenia[8] oder einer großen Windkraftanlage im Norden Kenias, nahe des Turkanasees, finanziert nun die KfW, um den chronischen Elektrizitätsengpässen in dem Land entgegenzuwirken. Investitionen in Wasserkraftwerke in Äthiopien oder am Sambesi-Fluss fördert die KfW ebenfalls.[9] Mit der nigerianischen Regierung in Abuja ist die Bundesregierung gar die Deutsch-Nigerianische Energiepartnerschaft eingegangen, die zum einen beim Ausbau der Elektrizitätsversorgung in Nigeria durch deutsche Unternehmen helfen soll, die aber auch Deutschland mit Erdgas aus Nigeria beliefern und so in beiden Richtungen Nutzen stiften könnte.[10] Denn das ölreiche Land im Westen Afrikas ist noch reicher an Erdgas und könnte die deutsche Abhängigkeit von Lieferungen aus Russland mindern – eine Möglichkeit, die Deutschland bisher so gut wie gar nicht nutzt.

China verändert die Spielregeln mit all der Wirtschaftsmacht, die das Land in den vergangenen Jahrzehnten aufgebaut hat – dank seiner billionenschweren Devisenreserven in amerikanischen Dollar, die das Land mit Hilfe seiner riesigen Exportüberschüsse ansammeln konnte. China bezieht aus Afrika Erdöl, Eisenerze, Diamanten, Baumwolle, Holz, Reis, Zuckerrohr und viele andere Produkte. Zudem ist China auf den afrikanischen Kontinent zunehmend als Absatzmarkt für seine rapide expandierende Industrie angewiesen. Diese verdrängt nicht nur Waren aus Europa, sondern auch lokale Produzenten. Diese oft handwerklichen Kleinbetriebe können mit den Niedrigpreisen der chinesischen Industrieanbieter meist nicht mithalten. Die Förderung dieser kleinen Wirtschaftsstrukturen, damit diese günstiger produzieren können, hilft, der chinesischen Billigkonkurrenz Paroli zu bieten. Davon profitieren dann die Betriebe – und der afrikanische Verbraucher. Solche Projekte zur Förderung der Kleinbetriebe unterstützt beispielsweise die deutsche Entwicklungshilfeorganisation GIZ, die Teil der staatlichen Förderbank KfW ist. Das chinesische Engagement in Afrika dient in manchen Bereichen dem Wirtschaftswachstum und zwingt in anderen die Betriebe zu wachsen, um dieser neuen Konkurrenz standzuhalten. Beides fördert die Wirtschaftsdynamik auf dem Kontinent.

Sosehr das Engagement Chinas auch auf dem afrikanischen Kontinent nicht überall und immer willkommen ist, so äußern doch viele Afrikaner tiefe Bewunderung für die Leistung dieses großen asiatischen Nachbarn, der von Afrika durch den Indischen Ozean getrennt ist.

War China nicht selbst bis weit in die 1980er Jahre hinein ein armes Entwicklungsland, in dem die Masse der Bevölkerung kaum genug zu essen fand? Lebte China früher nicht in einem ähnlichen Elend wie Afrika und befreite sich aus eigener Kraft? Und gelang es China nicht gegen den Widerstand der sogenannten Ersten Welt, binnen weniger Jahrzehnte wirtschaftlich so steil aufzusteigen, dass China trotz nachlassenden Wachstumsraten auf bestem Weg ist, die Vereinigten Staaten als stärkste Wirtschaftsmacht der Welt abzulösen? Der Aufstieg Chinas zeigt vielen Afrikanern, was möglich ist. Warum sollte der Erfolg, den China erzielt hat, nicht auch in Afrika gelingen?

Diese Gedanken sind der chinesischen Staatsführung nicht unbekannt. Sie sucht deshalb in Afrika auch neue Freunde und Partner auf der Weltbühne. Welches Interesse China an Afrika hat, wurde dem Norden im November 2006 schlagartig bewusst, als Chinas Staatschef Hu Jintao eine Delegation von 48 afrikanischen Ländern zu einer großen Konferenz nach Peking einlud.[11] Auf dieser Konferenz läutete die chinesische Führung eine neue Ära in den Beziehungen zwischen China und Afrika ein. In seiner Eröffnungsrede sprach Staatschef Hu von einer neuen »strategischen Partnerschaft« und einer Vertiefung der »wirtschaftlichen Zusammenarbeit« Chinas mit den afrikanischen Ländern.[12] Der feierlichen Rede folgten rasch Taten: In Ländern wie Sambia, Malawi oder Mosambik investierten chinesische Unternehmen in großem Stil in Landwirtschaft, Infrastruktur und die Erschließung von Rohstoffvorkommen. Bald schon kamen andere Länder an die Reihe. Heute haben chinesische Unternehmen laut einer Studie der Deutschen Bank mehr als 30 Milliarden Dollar in Südafrika und Angola investiert, etwas weniger in Nigeria und nennenswerte Beträge in Ägypten, Libyen, Algerien und Gabun.[13] Präsent sind sie zudem in fast allen anderen afrikanischen Ländern. Allein 2012 habe China die Direktinvestitionen in Afrika um 34 Prozent auf 21,7 Milliarden Dollar gesteigert.

Die chinesischen Unternehmen sind in geringem Umfang in der Landwirtschaft engagiert, am stärksten im Rohstoffabbau und zunehmend in Industriegütern. Von der äthiopischen Hauptstadt Addis Abeba führt die Nationalstraße 4 in Richtung Süden. Sie ist eine der wichtigsten Verkehrsadern Ostafrikas, verbindet sie doch Addis Abeba mit Nairobi und – wichtiger noch – mit der Republik und Hafenstadt Dschibuti am Roten Meer. Die ehemalige französische Kolonie, erst 1977 unabhängig geworden, bildet Äthiopiens einzigen Zugang zum Meer. Noch dominieren Lastwagen der italienischen Marke Iveco den Verkehr auf dieser Straße. Auch Renault, Scania und Volvo sind vereinzelt zu sehen. Doch immer häufiger ist die Marke CNHTC dabei, ein chinesischer Hersteller, der den europäischen Lastwagenbauern in Äthiopien zunehmend Marktanteile abnimmt.

Eine halbe Stunde von Addis entfernt, noch vor Duka, ist am rechten Straßenrand ein riesiges Gelände mit Fabrikhallen aus weißen Fertigteilen zu erkennen. Es ist ein chinesisches Industriegebiet, die »Eastern Industry Zone«, wie ein großes Schild über dem Portal verrät, eine der vielen Sonderwirtschaftszonen, die China in Afrika aufgebaut hat. 34 000 Chinesen arbeiten angeblich dort, sagt der Reisebegleiter, ein Deutscher, der seit vielen Jahren in Äthiopien lebt. Überprüfen lässt sich die Zahl nicht, denn Besucher haben keinen Zugang zu dem Areal. Sicher ist nur: Dort haben sich ausschließlich chinesische Industrieunternehmen angesiedelt, zum Beispiel ein Telekommunikationsunternehmen. Selbst ein Autohersteller betreibt hier ein Montagewerk, in dem überdimensionierte SUVs hergestellt werden, die dem schweren Toyota Land Cruiser ähneln und immer häufiger auf Äthiopiens Straßen zu sehen sind. Ein Zementwerk ist an zwei großen blauen Silos im Hintergrund zu erkennen. Zur Straße hin wird der Zement in einem Betonfertigteilewerk weiterverarbeitet. Die dicken Betonrohre liegen schon abholbereit nahe der Straße.

Chinesische Fabriken sind in Äthiopien meist leicht zu erkennen.

Die Baracken, Container oder Hallen sind weiß gehalten, verziert mit blauer Schmuckfarbe. Nach einer Weile, schon kurz vor der Durchgangsstadt Debre Zeyit, liegt wieder ein chinesischer Betrieb am rechten Straßenrand, das Bauunternehmen China Communication Construction hat hier seinen Standort. Gleich daneben ist ein indisches Unternehmen angesiedelt, ein Kartonagenfabrikant, der Verpackungen beispielsweise für den Export von Obst, Gemüse und Blumen herstellt.

Viele chinesische Unternehmen investieren in Äthiopien zudem in die Aufbereitung von Baumwolle und in die Textilindustrie. Dabei ist Äthiopien nicht einmal ein Schwerpunktland für die chinesische Wirtschaft in Afrika. Kenia, Südsudan, Simbabwe, Malawi, Sudan oder Sambia unterhalten viel engere Wirtschaftsbeziehungen zu Peking. Auf der gesamten Fahrt von Addis Abeba in die Universitätsstadt Adama, etwa zwei Stunden südlich der Hauptstadt, kommt man immer wieder an chinesischen Betrieben vorbei, jedoch nicht an einem einzigen europäischen oder amerikanischen Unternehmen.

Während der Norden geizig jeden Euro zählt, der gewissermaßen als Almosen für Afrika abgezweigt werden muss, hat China erkannt, welches Wirtschaftspotenzial Afrika bietet. China gilt im Norden als Störenfried in einer Region, die Europa und die Vereinigten Staaten fest zu ihrem Hinterhof zählten, nachdem der Zusammenprall zwischen den Vereinigten Staaten und der Sowjetunion Ende der 1980er Jahre zugunsten des Kapitalismus entschieden wurde. Bis dahin profitierte der eine oder andere Potentat in Afrika noch davon, dass die Ost-West-Konfrontation auch in Staaten wie Angola, Südafrika, Simbabwe, Namibia, Mosambik, Äthiopien, Ägypten und dem damaligen Zaire, das sich heute Demokratische Republik Kongo nennt, ausgetragen wurde.

Doch China hält sich nicht an den Klischees auf, die im Norden über Afrika kursieren. Selbstverständlich versucht das aufstrebende

Riesenreich seinen immensen Rohstoffbedarf geopolitisch abzusichern. Und so ist die Absicherung der Versorgung mit Rohöl, Eisenerzen, Kohle, Gold, Chrom und Platin und vielen anderen Rohstoffen ein wichtiges Motiv für das chinesische Engagement in Afrika. Doch ganz so eigennützig, wie es in mancher Darstellung scheint, ist dieses strategische Interesse nicht. Viele amerikanische und europäische Unternehmen haben ihre Fertigungen nach China verlagert. Insofern ist der enorme Bedarf Chinas an Energie und Rohstoffen auch Ergebnis westlicher Industriepolitik.

Gleichzeitig haben viele chinesische Unternehmen entdeckt, dass auf dem afrikanischen Kontinent mit steigendem Wohlstand neue Konsummärkte entstehen. Jedem Afrika-Reisenden sind die bunten Kleider bekannt, mit denen sich afrikanische Frauen einkleiden. In Westafrika gehört meist ein Kopfschmuck aus demselben Muster dazu. Selbst in Europa können sich Frauen für 80 oder 90 Euro von einer afrikanischen Schneiderin ein solches Kleid anfertigen lassen. Chinesische Textilunternehmer haben hier ein glänzendes Geschäft gesehen und kopieren die Stoffe nun mit ihren Mustern in China und lassen in China Kleider daraus anfertigen – zum Bruchteil des ohnehin geringen Preises, den die Schneiderinnen in Afrika verlangen.[14] »Afrika ist zunehmend auch als Absatzmarkt attraktiv«, heißt es in einer Studie der Deutschen Bank über das chinesische Engagement in Afrika.[15] »Etwa 18 Prozent der chinesischen Exporte nach Afrika machten 2010 Textilien aus.« Nun fürchten viele dieser Kleinunternehmerinnen, dass sie aus dem Markt gedrängt werden und ihren ohnehin kargen Verdienst verlieren, von dem häufig eine ganze Familie lebt. Das chinesische Engagement fließt eben nicht nur in Wirtschaftswachstum, sondern verändert, zerstört und verdrängt althergebrachte Wirtschaftsstrukturen in Afrika – so wie die Verlagerung der europäischen Textilproduktion nach China viele Arbeitsplätze in Europa vernichtet hat. Deshalb ist Wirtschaftswachstum für die Afrikaner kein Luxus, sondern eine Notwendigkeit. Nur wenn die Wirtschaft in Afrika wächst, können die Schneiderinnen und all die anderen Handwerker neue Marktlücken auftun, selbst expandieren oder neue, vielleicht besser bezahlte Arbeitsplätze finden.

Selbst in Markten, in denen deutsche Unternehmen mit ihren hohen Qualitätsstandards in Afrika punkten könnten, waren chinesische Anbieter schneller und sind dabei, die entscheidenden Marktanteile zu besetzen. Das gilt sogar für den Maschinenbau, die Paradedisziplin deutscher Ingenieurskunst. Am Bau des neuen Hafens bei der Insel Lamu im Norden Kenias beteiligen sich deutsche Unternehmen bisher nicht einmal an der Ausschreibung, obwohl es hierzulande selbst börsennotierte Unternehmen gibt, die Hafenkräne herstellen oder Häfen betreiben.[16]

Auch wenn das chinesische Wirtschaftsinteresse an Afrika unter dem Strich positiv ist, so wird es doch von negativen Aspekten begleitet, die dem Norden wiederum Marktchancen eröffnen – wenn er sie denn nutzen würde. So machen sich chinesische Unternehmen bei ihrer Expansion gern zunutze, dass afrikanische Kunden extrem preissensibel sind. Beispielsweise versuchten chinesische Solarunternehmen in der Vergangenheit, in Afrika noch jene Solarmodule abzusetzen, die in Europa oder Nordamerika Ausschussware wären. Oft sind diese fehlerhaften Module nicht nur unbrauchbar, sondern auch hochgiftig. Häufig schaden sie den Käufern gesundheitlich, und selbst wenn dies nicht der Fall ist, landen die oft bald unbenutzbaren Module als hochtoxischer Sondermüll irgendwo in der Landschaft.

Solarpanels sind nur ein Beispiel. Ähnliches berichten Afrikaner von Spielzeug, Kleidung, Elektrogeräten, Haushaltswaren und selbst Medikamenten: Offenbar verkaufen chinesische Unternehmen in Afrika nicht einmal die zweite Wahl, sondern den Ausschuss, für den sich anderswo keine Abnehmer finden. Viele Afrikaner haben erkannt, dass Qualität einen höheren Preis erfordert – und deutsche Produkte stehen in Afrika für Qualität. Die deutsche Wirtschaft macht sich bisher so gut wie nicht zunutze, dass deutsche Waren als verlässlich und qualitativ hochwertig gelten. Die Kritik, die sich an manche chinesische Unternehmen richtet, gilt auch für indische Unternehmen und andere Anbieter aus anderen Schwellenländern. So wird für Nigeria geschätzt, dass 40 Prozent der dort verkauften Medikamente Fälschungen sind. Viele von ihnen wurden in indischen Labors hergestellt. Das wissen auch die Kunden vor Ort – und sie würden bei steigendem Einkommen allemal viel dafür geben, verlässlich wirkende Originalmedikamente aus Europa kaufen zu können. Doch so gut wie kaum ein Hersteller oder Pharmavertrieb nimmt die Chancen wahr, die der afrikanische Gesundheitsmarkt zunehmend bietet.

Den Vorteil, dass deutsche Produkte in Afrika einen guten Ruf genießen, machen sich nur erschreckend wenige heimische Unternehmen zunutze. Ist es nicht erstaunlich, wie sehr deutsche Unternehmer und Manager ihr Heil in China suchen, während chinesische Unternehmen schon längst die neuen Chancen wahrnehmen, die Afrika bietet? Was sehen diese Unternehmer, was den deutschen Geschäftsführern entgeht? Einen Kontinent, der eben schon lange nicht mehr allein durch die drei »K« – Korruption, Kriege, Krankheiten – gekennzeichnet ist, sondern auf dem in vielen Teilen bei aller Armut Aufbruchsstimmung herrscht.

Freilich agiert auch China nicht wie ein geschlossener Block. Sosehr in China ein Konflikt über die künftige Ausrichtung des Landes und die künftige Stellung der Kommunistischen Partei herrscht, so sehr beeinflusst dieser Streit die chinesische Afrika-Politik. Dieses Thema behandelte der schwedische Schriftsteller Henning Mankell in einem seiner Kriminalromane. Mankell ist bestens mit Afrika vertraut, bereist er doch den Kontinent seit 40 Jahren und verbringt jedes Jahr mehrere Monate in seinem Haus in Mosambik. Als ehemaliger Maoist hat er sich zudem intensiv mit China beschäftigt.

In seinem 2008 erschienenen Roman *Der Chinese* geht es um zwei chinesische Geschwister, wobei die Schwester die traditionelle kommunistische Linie vertritt, während der Bruder die aufstrebenden reichen Wirtschaftsführer repräsentiert. Ein fiktiver Parteiideologe namens Yan Ba entwickelt in dem Krimi den Plan, Millionen verarmter Bauern aus China im südlichen Afrika anzusiedeln.[17] Der Bruder wittert blendende Geschäfte und unterstützt dieses Projekt. Doch seine Schwester versucht, die kommunistischen Ideale hochzuhalten und hat große Zweifel.

Auf einer geheimen Reise nach Mosambik kommt es zum Konflikt: »Du stellst alles so dar, als wäre es eine Wohltat unsererseits, wenn wir unsere armen Bauern hierherschleppen«, wirft die Schwester ihrem Bruder vor. »Ich glaube, wir gehen einfach nur in den Spuren, die die Imperialisten schon immer gegangen sind. Die Kolonien unter Druck gesetzt, der Profit an uns. Ein neuer Markt für unsere Waren, eine Methode, den Kapitalismus erträglicher zu machen.«[18] Daran, wie sich Mankell den Ausgang dieses Konflikts vorstellt, lässt er keinen Zweifel: Der geschäftstüchtige Bruder beendet ihn, indem er seine parteitreue Schwester eiskalt ermordet.

Dieser Roman verdeutlicht, wie sehr sich auch die chinesische Afrika-Politik in den vergangenen Jahrzehnten entwickelt hat. Um die Verbindung zwischen China und Afrika zu verstehen, genügt der Blick auf die Gegenwart nicht. Erst ein Blick in die Geschichte hilft zu verstehen, wie sehr sich auch die Haltung Chinas gegenüber Afrika verändert. Im Norden herrscht der Eindruck vor, der große chinesische Konkurrent und Rivale sei quasi aus dem Nichts in Afrika aufgetaucht. Dem ist nicht so. Die Beziehungen diesseits und jenseits des Indischen Ozeans sind mehrere Jahrhunderte alt.

Die amerikanische Professorin für internationale Entwicklung Deborah Brautigam weist darauf hin, dass chinesische Segelschiffe schon während der Ming-Dynastie zwischen 1418 und 1433 unter General Zheng He mehrmals nach Ostafrika gefahren waren.[19] Jahrzehnte bevor der Europäer Christoph Kolumbus nach Westen aufbrach und auf der Suche nach Indien unbeabsichtigt Amerika entdeckte, stachen chinesische Segelschiffe ebenfalls nach Westen in See und landeten an der afrikanischen Küste. 28 000 Mann auf

36 Schiffen hatte Zheng He unter seinem Kommando versammelt[20] – ein unvergleichlich größeres Abenteuer als das des Kolumbus, der mit gerade einmal drei Schiffen aufbrach. Seitdem riss der Kontakt zwischen Afrika und Asien nicht mehr ab.

Als in China der Kommunistenführer Mao Zedong 1949 den Bürgerkrieg gegen die Kuomintang unter Chiang Kai-shek gewann, war China schon in den frühen Jahren der kommunistischen Herrschaft das erste Entwicklungsland, das selbst Entwicklungshilfe nach Afrika brachte. Zhou Enlai, Weggefährte Maos und von 1949 bis zu seinem Tod 1976 Premierminister Chinas, formulierte 1954 die *Fünf Prinzipien für friedliche Koexistenz*. Sie bilden bis heute den Grundpfeiler der chinesischen Außenpolitik und prägen auch die chinesische Afrika-Politik:

- Nichteinmischung in die inneren Angelegenheiten von Staaten,
- Respekt der Souveränität und der territorialen Integrität von Staaten,
- keine grenzüberschreitenden Aggressionen,
- Prinzip der Gleichheit und des wechselseitigen Vorteils,
- Prinzip der friedlichen Koexistenz.[21]

Ein Jahr darauf, 1955, fand die Bandung-Konferenz statt, an der 23 asiatische und sechs afrikanische Länder teilnahmen – Südafrika war wegen der dort herrschenden Apartheid, der systematischen Diskriminierung der Schwarzen durch die Weißen, nicht eingeladen. Dafür kamen der ägyptische Staatspräsident Gamal Abdel Nasser, der indische Premierminister Jawaharlal Nehru, der indonesische Gastgeber Achmed Sukarno und aus Europa der jugoslawische Staatschef Tito. Benannt wurde die Konferenz nach ihrem Veranstaltungsort, der indonesischen Stadt Bandung, die wegen ihrer Schönheit auch die »Stadt der Blumen« genannt wird. Stolz stellten die Teilnehmer fest, dass sie zusammen mehr als die Hälfte der Weltbevölkerung repräsentieren und dass sie jede Form von Neokolonialismus und Imperialismus ablehnen. Obwohl das kommunistisch gewordene China schwer an den Folgen des Bürgerkriegs zu leiden hatte und viele Millionen Menschen in Hunger und Armut lebten, setzte Mao die Zusammenarbeit mit den unterdrückten Völkern in Afrika weit oben auf seine politische Prioritätenliste. Ein Jahr nach der Bandung-Konferenz nahm China 1956 mit Ägypten diplomatische Beziehungen auf, dem ersten Land in Afrika.

Bald schon spannte China ein Hilfsnetz über den gesamten Kontinent. Anders als die Sowjetunion, die ihre Entwicklungshilfe auf acht Staaten vornehmlich im Norden des Kontinents konzentrierte, verteilte China seine Hilfen großzügiger in Afrika. Mao unterstützte zunächst die antikolonialen Bewegungen in Kenia oder Simbabwe sowie die sozialistischen Regierungen in Guinea, Ghana oder Mali. Es blieb nicht lange allein bei der Pflege kommunistisch inspirierter Freundschaften. Ende 1963 brach Zhou Enlai zu einer mehrmonatigen Reise in zehn unabhängig gewordene afrikanische Länder auf. Auch er verfolgte kommunistische Ziele, erklärte Afrika als »reif für die Revolution« und unterstützte Guerilla-Bewegungen.[22] In diesem Zwiespalt bewegt sich seitdem Chinas Afrika-Politik: Auf der einen Seite will die Regierung in Peking sich nicht in die inneren Angelegenheiten afrikanischer Staaten einmischen. Auf der anderen ist sie bei weitem nicht nur neutraler Beobachter. Dieser Zwiespalt prägte in den 1960er und 1970er Jahren die politischen Beziehungen zu Afrika, heute auch die wirtschaftlichen.

Dennoch brachte der Gesandte Maos damals schon auch eine ganz pragmatische Botschaft für die wirtschaftlichen Beziehungen mit: Die Fünf Prinzipien der chinesischen Außenpolitik seien auch in Afrika Leitschnur der chinesischen Diplomatie. Gleichheit, gegenseitiger Nutzen, Nichteinmischung in die inneren Angelegenheiten – und außerdem würden Darlehen nicht an Bedingungen geknüpft und seien fast oder völlig zinslos.[23] Rund 30 afrikanische Länder bedachte die chinesische Entwicklungshilfe bis in die 1970er Jahre.[24]

Anfangs standen politische Ziele im Vordergrund. So suchte China in Afrika um Unterstützung für die Aufnahme des Landes in die Vereinten Nationen anstelle des verhassten Taiwans, am besten gleich mit festem Sitz im Weltsicherheitsrat. Das gelang 1971, nicht zuletzt dank der Stimmen afrikanischer Staaten. In den siebziger Jahren verlagerte sich das Interesse stärker darauf, den sowjetischen Einfluss zurückzudrängen. Mao entwickelte eine Vorliebe für Prestigeprojekte, die vor allem Glanz auf die kommunistischen Projektentwickler in Peking werfen sollten. So ließ er von 1968 bis 1976 eine 1860 Kilometer lange Eisenbahnlinie zwischen Tansania und Sambia, »Tazara« oder auch »Tan-Zam-Railway« genannt, bauen. Vordergründig sollte sie den Export der Kupfervorkommen in Sambia weniger abhängig vom Apartheidsregime in Südafrika machen, in dessen Häfen bis dahin das Kupfer transportiert werden musste, weil Sambia keinen eigenen Meereszugang besitzt. Gleichzeitig bauten die Chinesen entlang der Eisenbahnlinie eine Strom- und Wasserversorgung auf. Doch Mao ging es bei diesem Prestigeprojekt auch noch um etwas anderes: Er vollendete damit ein Projekt, das die britische Kolonialmacht bei ihrem Abzug aus dem südlichen Afrika als unfertigen Rohentwurf hinterlassen hatte. Diese Genugtuung gegenüber Großbritannien war Mao nur noch größerer Ansporn für den Bau der Tam-Zam-Strecke.

Wie auch der Norden legte China in diesen Jahren weiter den Fokus auf großartige Protzprojekte in Afrika, pompöse Präsidentenpaläste oder überdimensionierte Sportstadien. Außer Ruhm brachten die meisten dieser Bauten China nichts. Im Gegenteil: Sie stellten eine weitere Belastung für den wirtschaftlichen Aufbau des eigenen Landes dar. In Afrika wurden Ressourcen verprasst, die China für den Aufbau seiner eigenen Wirtschaft gebraucht hätte. Diese Politik sollte sich schon bald nach Maos Tod ändern. Vorbereitet hatte die chinesische Führung diesen Schwenk in der Afrika-Politik allerdings schon zu Lebzeiten des Großen Vorsitzenden.

1975 hielt Premier Zhou Enlai eine Rede, die China lange prägen sollte. Vor den Augen Maos verkündete Zhou Enlai überraschend die »Vier Modernisierungen« und bereitete so die Abkehr vom engen Dogmatismus und Fanatismus der »Kulturrevolution« vor, um den Weg zu einem pragmatischeren Kurs zu zeichnen.[25] Zum Aufbau eines modernen Chinas müsse sich das Land von der selbstauferlegten Autarkie und der extremen Abschottung abwenden, forderte Zhou Enlai. China müsse Technologie importieren und diese mit Exporten – zum Beispiel dem Export von Rohstoffen wie Erdöl – bezahlen. Mao Zedong und Zhou Enlai, die beiden Veteranen des »Langen Marsches« an die Macht, sollten im Jahr darauf sterben. Doch die Rede Zhous veränderte China unwiderruflich – und damit änderte sich auch die Rolle, die Afrika für China spielte. In den darauffolgenden Jahren krempelte die Politikergeneration nach Mao und Zhou die chinesische Entwicklungshilfe und die Wirtschaftsbeziehungen mit Afrika grundlegend um. Künftig sollten die eigenen wirtschaftlichen Interessen stärker im Vordergrund stehen.

Nach Maos Tod leitete sein Nachfolger Deng Xiaoping 1979 eine vorsichtige Öffnung des Landes zum Westen und zu Japan hin ein. Behutsam ließ er erste marktwirtschaftliche Elemente in der festgefügten Planwirtschaft zu und betonte in den internationalen Beziehungen stärker eine »Kooperation zum gegenseitigen Nutzen«. Radikale Reformen wollte er unbedingt vermeiden und stattdessen in kleinen Schritten das Land allmählich verändern. »Nach den Steinen tastend den Fluss durchqueren« – mit diesem Bild fasste Deng seine vorsichtige Reform- und Öffnungspolitik zusammen.[26]

1982 reiste der damalige Premierminister Zhao Ziyang vier Wochen lang durch Afrika und besuchte elf Länder. Als Bundeskanzlerin Angela Merkel im Sommer 2011 Afrika bereiste, beließ sie es bei einer Stippvisite von vier Tagen in drei Ländern – Kenia, Angola und Nigeria. Und auch der amerikanische Präsident Barack Obama brach erst in seiner zweiten Amtszeit im Juni 2013 zu einer ausgedehnten Afrika-Reise auf. Auch er klapperte in kürzester Zeit drei Länder ab: Senegal, Südafrika und Tansania.

Diese beiden Reisen erinnern arg an das alte Klischee von den amerikanischen oder japanischen Touristen, die Europa in drei Tagen besuchen. Damit nicht genug: »Miserable Vorbereitung – Merkel scheitert mit ihrer Afrikareise«, überschrieb selbst die konservative Tageszeitung *Die Welt* ihren Kommentar zum Kurztrip der christlich-demokratischen Kanzlerin.[27] »Kein einziges großes Geschäft kam auf ihrer Reise zustande«, kritisierte der Autor des Artikels, Philipp Neumann. »Für die Reise einer Regierungschefin ist das mehr als ein Fauxpas. Es lässt entweder auf eine miserable Vorbereitung schließen oder auf eine besondere Hasenfüßigkeit der deutschen Wirtschaft, die offenbar Sorge hat, in Afrika Geld zu versenken.« Und während es Merkel 2011 bei einem hastigen Blitzbesuch bewenden ließ, war die chinesische Staatsführung allein in den Jahren 2005 bis 2007 auf fünf ausgedehnten, größeren Touren in Afrika unterwegs.[28]

Dabei hätten die deutsche Bundeskanzlerin und der amerikanische Präsident fast 30 Jahre zuvor bei Zhao studieren können, wie Politiker es besser machen: »Zhao wurde auf der Reise wie ein Rockstar begrüßt«, schreibt Brautigam[29] ausgerechnet über jenen Zhao, der mit seinen straff zurückgekämmten Haaren und seiner dicken Hornbrille den Inbegriff eines verknöcherten Beamten verkörperte. Zhao erneuerte auf seiner Afrika-Reise damals in der tansanischen Hafenstadt Dar es Salaam die vier Prinzipien einer neuen »Süd-Süd-Kooperation« zwischen China und Afrika:

- gegenseitiger Nutzen,
- Vorrang für Pragmatismus,
- Vielfalt in der Form,
- gemeinsamer Fortschritt.

Bemerkenswerterweise, hebt Brautigam hervor, nahm Zhao nicht ein einziges Mal das Wort »Hilfe« in den Mund.[30] Stattdessen führte er aus, dass er unter Vielfalt in der Form nicht nur gemeinsame Bauprojekte verstand, sondern auch gemeinsame Produktion und Joint

Ventures. China war dabei, ein neues Kapitel in den Beziehungen zu Afrika einzuleiten und die traditionelle Entwicklungshilfe durch bilaterale Handelsbeziehungen und wirtschaftliche Zusammenarbeit abzulösen. Diese Reise blieb im Norden damals genauso wenig bemerkt wie die Zhou Enlais in den 1960er Jahren. Zhaos Ankündigung folgten rasch konkrete Taten: Bald darauf intensivierte China die Wirtschaftsbeziehungen nach demselben Modell, mit dem es selbst seine Öffnung praktizierte: Rohstoffe gegen Technologie. Dabei befand sich China Anfang der 1980er Jahre selbst auf dem Stand eines rückständigen Entwicklungslandes. Noch im Jahr 2004 lebten in der Volksrepublik China bei geschätzten 1,4 Milliarden Einwohnern etwa 140 Millionen Menschen unterhalb der Armutsschwelle – das waren rund 10 Prozent der Bevölkerung.[31]

Die Öffnung zum Westen wurde 1989 abrupt für längere Zeit unterbrochen nach dem blutigen Massaker in Peking auf dem Platz des Himmlischen Friedens, auf dem die chinesische Armee, offiziell Volksbefreiungsarmee genannt, mit beispielloser Brutalität Kundgebungen demonstrierender Studenten niederschlug. Die politische Führung in Peking reagierte auf die Proteste aus Europa und den Vereinigten Staaten, in dem sie sich vom Westen abwandte und sich stattdessen stärker nach Afrika orientierte.

Erst Mitte der neunziger Jahre allerdings entwickelte sich in den Wirtschaftsbeziehungen zwischen dem Riesenreich im Osten und dem Kontinent im Süden eine gewisse Dynamik, die im Jahr 2000 zur Gründung des »Forum on China-Africa Cooperation« (Focac) führte. 2006 schließlich rief der damalige Präsident Hu Jintao das »Jahr Afrikas« aus. Damit begann eine intensive Reisetätigkeit der chinesischen Regierungsmitglieder. Im selben Jahr folgte ein Strategiepapier mit dem Titel *China's Africa Policy*.[32] Die deutsche Bundesregierung brauchte fünf Jahre länger, um 2011 ein ähnliches Konzept vorzulegen, das in seinen Aussagen im Vergleich zum chinesischen Strategiepapier wenig Neues oder gar Überraschungen barg und in seinen Positionen hinter denen der Chinesen blieb.[33]

Während das deutsche Papier allgemeine und unverbindliche Aussagen enthielt, entwickelte die chinesische Führung schon konkrete Programmpunkte zu einer engeren wirtschaftlichen Zusammenarbeit mit Afrika. Diese Diskrepanz hat im Übrigen nichts damit zu tun, dass der eine Staat autoritärer als der andere geführt und dieser deshalb einen größeren Einfluss auf die Wirtschaft seines Landes ausüben kann. Die Unterschiede liegen ausschließlich darin begründet, dass Afrika für Peking einen ungleich höheren Stellenwert als für Berlin hat.

Quer über den Kontinent, an der Ostküste wie auch in der Sahelzone im Westen, ist China heute aktiv, im Ölhandel mit Südsudan genauso wie im Anbau von Baumwolle in Mali, im Ackerbau in Sambia oder in der Autoproduktion in Äthiopien. Von weniger als 10 Milliarden US-Dollar im Jahr 2000 stieg das Volumen der Handelsbeziehungen zwischen China und Afrika bis Ende 2006 auf mehr als 50 Milliarden Dollar[34] und erreichte bis 2012 sogar 198 Milliarden Dollar – Tendenz weiter steigend.[35] China ist so zwar nach den Vereinigten Staaten und Frankreich erst der drittwichtigste Handelspartner Afrikas, doch der tatsächliche Einfluss ist viel größer. Der Blick auf den Kontinent als Ganzes verdeckt die Bedeutung, die China für einzelne Länder eingenommen hat – beispielsweise ist Angola dabei, Saudi-Arabien als Chinas wichtigsten Öllieferanten abzulösen.[36]

Die chinesische Afrika-Politik hat sich in den vergangenen Jahren stark gewandelt. Diese Tatsache wird in der oft oberflächlichen Kritik in Europa an der chinesischen Afrika-Politik gern verkannt. Ein bedeutender Wandel besteht darin, dass Afrika für China zunehmend als Absatzmarkt attraktiv wird, wie Hannah Levinger, Autorin einer Studie der Deutsche Bank Research, hervorhebt.[37] Im Jahr 2011 ist laut Deutscher Bank schon fast die Hälfte der chinesischen Investitionen in Afrika aus dem Privatsektor gekommen. Offenbar hat sich Chinas Engagement in Afrika in den vergangenen Jahren stärker gewandelt als seine Wahrnehmung in Europa. In Peking, Schanghai, Chongqing oder Guangzhou nehmen die Unternehmer Afrika offenbar nicht als rückständigen Kontinent wahr, der in erster Linie unseres Mitleids bedarf, sondern sie erkennen einen Kontinent, der wie China jahrzehntelang in Armut verharrte und nun an der Schwelle zu seinem wirtschaftlichen Aufbruch steht, einen aufstrebenden Kontinent, in dem jetzt die entscheidenden Marktpositionen besetzt werden.

Es wäre auch völlig verkehrt, die Beziehungen über den Indischen Ozean hinweg auf einfache Klischees reduzieren zu wollen, von Neokolonialisten oder Rohstoffräubern auf der einen Seite zu reden und ohnmächtigen Ausgebeuteten auf der anderen Seite. Viele Afrikaner sehen es mit Genugtuung, von der chinesischen Seite als gleichwertige Partner betrachtet zu werden und nicht als Empfänger von Entwicklungshilfe, die ihnen aus ihrer angeblichen Unterentwicklung helfen soll. Entwicklungshilfe hat immer etwas Herablassendes an sich. Wirtschaftsbeziehungen dagegen können nur auf Augenhöhe funktionieren.

Heute gehen die Beziehungen zwischen Afrika und Asien weit über das im Norden verbreitete Bild hinaus. An der Johann-Wolfgang-Goethe-Universität in Frankfurt am Main wurde im Februar 2013 ein mehrjähriges Forschungsprojekt namens »Afraso« ins Leben gerufen, auf dessen Ergebnisse man gespannt sein darf, soll es doch darum gehen, die vielfältigen Beziehungen zwischen Afrika und Asien erstmals gründlich und systematisch zu erforschen.[38]

Europas Blick auf Chinas Engagement in Afrika verstellt zudem leicht, dass sich nicht China allein für Afrika interessiert und dass der afrikanische Kontinent auch zu vielen anderen Ländern in Asien enge Wirtschaftsbeziehungen unterhält. Der japanische Autokonzern Toyota dominiert in vielen afrikanischen Ländern den Markt für Personenwagen und Kleinbusse, die Marke Isuzu den Markt für Kleinlastwagen. In Südafrika oder Kenia stellen indischstämmige Bevölkerungsgruppen den größten Anteil unter den Minderheiten. Andere Beispiele: Die größte Supermarktkette Kenias, Nakumat, befindet sich in indischer Hand. Und Kamlesh Pattni war der größte Betreiber von Duty-Free-Geschäften auf dem Flughafen in Nairobi, bis die kenianischen Behörden im Sommer 2013 seine Läden schlossen.

Viele südasiatische Unternehmen expandierten in den vergangenen Jahren nach Afrika. In der äthiopischen Universitätsstadt Nazret – auch Adama genannt, eine der schönsten Städte des Landes, in die viele Äthiopier aus der Hauptstadt regelmäßig zur Sommerfrische fahren – dominieren kleine dreirädrige Mopeds das Straßenbild. Diese Gefährte ähneln den italienischen Lastenrollern Piaggio Ape und werden hier nur »Bajaj« genannt, nach dem Namen ihres indischen Herstellers. Auch der indische Autohersteller Mahindra & Mahindra ist immer häufiger auf Afrikas Straßen zu sehen.

Die Beziehungen Afrikas zu Indien sind wie auch die zu China viel älter als die britische Kolonialzeit. Dazu dürfte beigetragen haben, dass die Monsunwinde die Seefahrt über den Indischen Ozean erleichtern. Im Alten Ägypten sind aus der ptolemäischen Zeit, die um etwa 330 vor unserer Zeitrechnung begann und kurz vor ihrem Beginn endete, Handelsdelegationen nach Indien belegt, woraus ein bilateraler Handel entstand.[39] In einer Schrift namens *Periplus Maris Erythraei*, die vermutlich im ersten nachchristlichen Jahrhundert entstanden ist, berichtet der anonym gebliebene Autor von Handelsbeziehungen zwischen dem Königreich von Aksum, im heutigen Äthiopien gelegen, und dem alten Indien.[40] Damals wurden hauptsächlich Baumwolle und Glasperlen gegen Gold und Elfenbein getauscht. Bis zum Mittelalter entwickelte sich aus diesen Kontakten ein regelmäßiger Handel zwischen Arabien, Afrika und Indien.

Nach dem Zweiten Weltkrieg und mit der Unabhängigkeit der afrikanischen Staaten mündeten diese uralten Beziehungen zum Teil in engere politische Kontakte, war doch Indien eine tragende Säule der blockfreien Staaten, die eine dritte, friedliche Kraft im Kalten Krieg zwischen den Vereinigten Staaten und der Sowjetunion bilden wollten. Viele afrikanische Staaten wie beispielsweise Ägypten oder Ghana schlossen sich den Blockfreien an und vertieften auf diese Weise ihre uralten Beziehungen zu Indien.

Während die chinesische Afrika-Politik über viele Jahre hinweg stark in staatlicher Hand lag und zentral gesteuert wurde, folgte die indische Wirtschaft in Afrika zu keinem Zeitpunkt einem groß angelegten Generalplan. Die Afrika-Beziehungen indischer Unternehmen entstanden meist aus individueller Initiative, erhielten jedoch mehr und mehr Unterstützung durch die Regierung, die in ihrer bis dahin praktizierten Passivität einen Nachteil gegenüber den chinesischen Konkurrenten erkannt hat. 2008 – zwei Jahre nachdem die Regierung in Peking zu einer großen Afrika-Konferenz eingeladen hatte, die seitdem alle zwei Jahre abwechselnd in Peking oder Afrika stattfindet – hatte auch die Regierung in Neu-Delhi zu einem »India-Africa Forum Summit« geladen. Dieses erste Gipfeltreffen fand vier Tage lang im April 2008 statt und sollte eine neue Form der »Süd-Süd-Kooperation« Indiens mit Afrika einleiten.[41] Auch Indien entdeckte nun, dass eine ausgedehnte Reisediplomatie gut fürs Geschäft ist: In den vergangenen acht Jahren bereiste der indische Premierminister Manmohan Singh viermal den Nachbarkontinent auf der anderen Seite des Ozeans.

Auf das neue Interesse Indiens an Afrika wurde die Welt schon zwei Monate nach dem ersten Gipfeltreffen, im Juni 2008, aufmerksam: Da übernahm der indische Telekommunikationskonzern Bharti Airtel den afrikanischen Mobilfunkbetreiber Zain Africa – eine Transaktion im Wert von 9 Milliarden Dollar.[42] Abgesehen von der Höhe des Übernahmepreises zeigte diese Akquisition auch, dass indische Unternehmen die Phase des reinen Handels mit Afrika überwinden und mit großangelegten Investitionen einsteigen wollten.

Damit tritt Indien nun in Afrika in direkten Wettbewerb mit China. »Indien beginnt Handelsgespräche mit afrikanischen Ländern, um mit China zu konkurrieren«, lautete 2011 eine Überschrift in der englischen Tageszeitung *The Guardian*.[43] Der Bericht handelte vom Auftritt des indischen Premiers Manmohan Singh auf dem »India-Africa Forum Summit« in der äthiopischen Hauptstadt Addis Abeba, zugleich Sitz der Afrikanischen Union. Der neue Sitz, aus Marmor und 20 Stockwerke hoch, sollte 2012 ein 150 Millionen Euro teures Geschenk der chinesischen Regierung an die Afrikanische Union werden. Doch ein Jahr vor der Einweihung sollte Singh seinen großen Auftritt in Addis Abeba haben. »Afrika taucht als ein neuer Wachstumspol in der Welt auf, während sich Indien auf einem Pfad nachhaltiger und schneller Wirtschaftsentwicklung befindet«, zitierte *The Guardian* aus der Rede des indischen Premiers, dessen Reise von Seminaren zur Geschäftsanbahnung, Kulturprojekten und einer Handelsmesse eingerahmt wurde.[44]

Indien hat viele Interessen in Afrika: So bezieht das Land rund 70 Prozent seines Ölbedarfs aus den drei Ländern Nigeria, Sudan und Angola, um die Abhängigkeit vom Nahen Osten zu verringern. Zudem braucht das Land Uran für sein ehrgeiziges ziviles Atomprogramm.[45] Und schließlich hofft die indische Diplomatie, mit afrikanischer Unterstützung einen festen Sitz im Sicherheitsrat der Vereinten Nationen zu bekommen, so wie dies ja schon der Volksrepublik China 1971 nicht zuletzt dank afrikanischer Unterstützung gelang.

Das Schaulaufen der beiden großen asiatischen Mächte in Afrika löste in manchen afrikanischen Ländern die Sorge aus, Indien und China wollten an alte, eigentlich überkommene Kolonialtraditionen anschließen. Haiyan Wang, Gründerin des China-India Institutes in Washington, hält diese Befürchtungen für einen Ausdruck alter Vorurteile.[46] Es seien immense Unterschiede festzustellen zwischen den heutigen Aktivitäten Indiens und Chinas in Afrika und der alten Zeit, als Kolonialoffiziere nach Afrika entsandt worden sind, um Rohstoffe zu sichern, sagte sie in diesem Interview. Außer in Öl- und Gas-Pipelines investiere China in Infrastrukturprojekte wie Straßen, Brücken und Häfen, aber auch in den Bau von Krankenhäusern und Kraftwerken. Indiens Beitrag ginge darüber hinaus. »Indien bringt sein Unternehmertum mit und seine besten Ideen, um Arbeitsplätze zu schaffen«, wird Haiyan Wang weiter zitiert.

Im Wettstreit zwischen China und Indien sieht der an der Universität von Texas in den Vereinigten Staaten lehrende Professor für internationale Beziehungen, Vaidhyanatha Gundlupet-Venkataramu, Indien in der Gunst der Afrikaner vorn. »Indien ist in Afrika beliebter als China«, wird er in einem Beitrag des öffentlich-rechtlichen Radio- und Fernsehsenders *Deutsche Welle* zitiert.[47] Das chinesische Engagement in Afrika gründe auf engen Kontakten zu den Regierungen. Indien dagegen entsende eine weniger straff organisierte Mischung aus verschiedenen Branchen wie Tata, Godrej, Mobilfunk und Energieerzeuger.[48]

»Indien versucht massiv, zu China in Afrika aufzuschließen, und will sich erst seit jüngster Zeit ernsthaft auf dem Kontinent engagieren«, sagte Brahma Chellaney, Professor am Centre for Policy Research in der indischen Hauptstadt Neu-Delhi.[49] »Aber es versucht, politische und wirtschaftliche Verbindungen zu knüpfen, und positioniert sich anders als China, das ein Image als eine neue Imperialmacht errungen hat.«

Aufgrund der großen Unterschiede zwischen Indien und China in ihrer Afrika-Politik bezweifelt Sujit Dutta, Politikwissenschaftler an der Jamia Millia Islamia University in Neu-Delhi, dass es überhaupt einen Wettstreit zwischen den beiden neuen Wirtschaftsmächten gibt: »Indien und China sind in Afrika keine Rivalen«, meint er. »Sie sind auf verschiedenen Gebieten tätig, haben unterschiedliche Stärken und ergänzen sich in diesem Sinne.«[50] Doch gleichgültig, ob China und Indien in Afrika um Rohstoffe und Märkte konkurrieren oder sich eher ergänzen: Der Leidtragende dürfte die deutsche Wirtschaft sein, wenn indische und chinesische Unternehmen Marktanteile unter sich aufteilen, die den deutschen Unternehmen versperrt sein werden, wenn diese irgendwann zu spät den afrikanischen Kontinent für sich entdecken.

Zudem sind auch die Inder und Chinesen nicht allein in Afrika. Viele auf dem Kontinent erfolgreiche Unternehmen kommen heute aus anderen Schwellenländern, aus Brasilien oder Russland, aber auch aus der Türkei, aus Indonesien und Malaysia. Die beliebteste Ketchup-Marke in Äthiopien, »Safa«, kommt aus Saudi-Arabien – und somit aus einem Wüstenland, das nicht gerade für Tomatenanbau bekannt ist. Doch weil in Äthiopien die Kapazitäten zur Weiterverarbeitung von Tomaten fehlen, wird ein großer Teil der Ernte über das Rote Meer nach Saudi-Arabien verschifft und kommt dann als Tomatenpaste oder Ketchup der Marke »Safa« zurück.

Die Wirtschaftsbeziehungen Afrikas mit Arabien und Asien beschränken sich nicht auf Investitionen und Handel. Europa öffnet zwar seine Tore für afrikanische Studenten und selbst für erfolgreiche Unternehmer. Allerdings gehen sie nur einen Spaltbreit auf. Nur wenige Studenten oder Praktikanten können sich in Europa aus- und weiterbilden. Durch seine restriktive Visumspolitik löst Europa in Afrika Frust und Verärgerung aus. Ganz anders dagegen die asiatischen Länder: Sie nehmen gern Studenten aus Afrika auf und knüpfen so enge Beziehungen zur nächsten Generation von Entscheidungsträgern des aufstrebenden Kontinents. Nicht nur in China oder Indien, selbst in Malaysia studieren heute rund 23 000 Studenten aus Afrika.[51]

Ungezählte afrikanische Studenten kehren mit Universitätsabschlüssen und technischer Ausbildung von Indien nach Afrika zurück.[52] Europa ist damit auf dem Weg, eine große Chance zu vertun. Denn nur die wenigen Studenten, die beispielsweise an den Technischen Hochschulen in Deutschland ihre Ausbildung erhalten haben, werden zeitlebens eine enge Verbindung zu ihrer Alma Mater, zu ihrer alten Universität, und zu ihrem Gastland unterhalten. Asiatische Wirtschaftsförderer dagegen haben erkannt, dass diese afrikanischen Studenten neben akademischem Wissen auch ihr Gastland besser kennenlernen und so wertvolle Führungskräfte für ihre Unternehmen in Afrika werden.

Während es vielen Europäern schwerfällt, Mali und Malawi auseinanderzuhalten oder Liberia und Nigeria, sind Indien und China kulturell und wirtschaftlich viele Schritte weiter. Bis 2015 solle der bilaterale Handel auf 90 Milliarden Dollar gesteigert werden, kündigte der indische Minister für Handel und Industrie, Anand Sharma, im Mai 2012 an.[53] 2011 lag das Handelsvolumen bei 62 Milliarden Dollar. »Das ist eine entscheidende Steigerung, wenn man bedenkt, dass der Handel vor zehn Jahren bei gerade einmal 3 Milliarden Dollar lag«, sagte Minister Sharma auf dem zweiten »India-Africa Business Council«.

Der indische Handelsminister hat schon genaue Vorstellungen davon, wie er das erreichen will. So will er in Afrika einen Cluster, einen integrierten Schwerpunkt, aufbauen. Der soll 350 Millionen Dollar Investitionen anziehen und 60 000 Menschen Arbeit geben. Dieses Projekt soll die gesamte Wertschöpfungskette in der Textilindustrie abdecken mit einer vorbildlichen Infrastruktur und auf einer engen Partnerschaft zwischen öffentlicher Hand und Privatwirtschaft basieren.[54] Flankiert wird das Projekt von Hilfsprogrammen für den Baumwollanbau in Ländern wie Burkina Faso, Nigeria und Uganda. Und schließlich soll der bilaterale Handel durch einen Abbau der Zölle für Schlüsselprodukte und anderer Handelshemmnisse gefördert werden.

Bald nach dieser Konferenz im Mai 2012 reiste Handelsminister Sharma mit einer 200 Kopf starken Handelsdelegation zu einer »India Show« in die Hauptstadt Ghanas, nach Accra.[55] »Uns geht es nicht nur darum, den Handel mit den westafrikanischen Ländern zu vertiefen, sondern wir sind auch an Kooperationen im Öl- und Gassektor interessiert«, sagte Sharma. »Wir schauen auf Afrika als ein Ganzes, um unsere Partnerschaft auf ein neues Niveau durch unterschiedlichste Projekte auf verschiedenen Gebieten zu heben.« Konkretes Ergebnis der Handelsshow in Accra war der Abschluss eines Absichtsabkommens über den Bau einer Fabrik zur Herstellung von Kunstdünger im Wert von 1,2 Milliarden Dollar. Beteiligt sind Rashtriya Chemicals and Fertilizers und die Ghana National Petroleum Corporation.[56]

In den sechziger Jahren waren Unternehmen aus dem deutschsprachigen Raum durchaus in Afrika präsent. Ältere Kenianer erinnern sich noch gut an Unternehmen wie Mannesmann Röhrenwerke oder Strabag. Im Zuge der schwierigen achtziger und neunziger Jahre, als niedrige Rohstoffpreise, Misswirtschaft und immense Staatsschulden dem Kontinent zu schaffen machten, haben sich viele deutsche Investoren zurückgezogen. Seitdem haben sich nur wenige wieder auf den afrikanischen Kontinent getraut – und diese wenigen oft nur zögerlich. Dagegen China und Indien: Rund 250 Unternehmen aus seinem Land zählte der indische Handelsminister Sharma, die vor allem in Branchen wie der Telekommunikation, der Chemie und dem Rohstoffabbau aktiv sind.[57] Obwohl die Deutsche Entwicklungsgesellschaft (DEG), eine Tochtergesellschaft der staatlichen deutschen Förderbank KfW, maßgeblich zum Aufbau des Mobilfunks in Ostafrika beigetragen hatte,[58] wollte sich kein deutsches Unternehmen daran beteiligen. Dabei war es ein Projekt, das Maßstäbe setzte.

Der Kontinent wird nicht auf die deutschen Unternehmen warten. Die Afrikaner werden ihre Chance ergreifen. Und ungezählte Unternehmer im ganzen Kontinent sind dabei, dies zu tun. Nicht Rohstoffe, seine Unternehmer dürften auf Dauer gesehen der größte Trumpf des afrikanischen Kontinents sein.

Ein Kontinent voller Zuversicht

3

In vielen Ländern Afrikas existieren noch keine Buchhandlungen. Gibt es sie doch, haben sie ihre ganz eigenen Bestseller-Listen. Im Eingangsbereich der größten Buchhandlung im Zentrum von Nairobi, Bookpoint in der Moi Avenue, fallen große Stapel mit Selbsthilfe-Büchern in den Blick. Darunter finden sich internationale Klassiker, die auch europäische Buchhandlungen bestücken, wie man erfolgreich Unternehmer wird, wie man erfolgreich seine Zeit besser nutzt oder wie man durch mentales Training positiv zu denken lernt.

How to Be Rich in Africa & Other Secrets of Survival heißt eines davon. Geschrieben hat es Alfred Mutua, eine der bekanntesten Persönlichkeiten des öffentlichen Lebens in Kenia. Er war bis September 2012 Sprecher des damaligen kenianischen Staatspräsidenten Mwai Kibaki und trat dann zurück, um sich etwa 60 Kilometer südwestlich von Nairobi als Gouverneur des Bezirks Machakos zur Wahl zu stellen. Dort wurde er geboren, und dort gewann er die Wahl mit mehr als 70 Prozent der Stimmen.

Alfred Mutua ist so etwas wie der Golden Boy Kenias. 1970 geboren, legte er erst einen Bachelor in Journalismus ab, dann den Master in Kommunikation und schließlich den Doktor (PhD) in Kommunikation und Medien. Er zählt zu den wenigen glücklichen Afrikanern, die um die ganze Welt gereist sind. Er lebte in Kenia, in den Vereinigten Staaten, in Australien, in Dubai und in Abu Dhabi. Was er auch anfasst, scheint vom Erfolg gekrönt zu sein.

Auf seiner Internetseite präsentiert er sich als bescheidener, ehrlicher und integrer Familienmensch. Damit beschreibt Mutua eine Facette seiner Persönlichkeit. Die andere ist, dass er nicht nur einer der umtriebigsten Unternehmer Ostafrikas ist, sondern auch eine Art Karriere vom Tellerwäscher zum Millionär repräsentiert. Er wuchs in den Slums von Nairobi auf, im Viertel Kawangware. Dennoch schildert er seine Kindheit als glücklich und seinen Vater als unbefangen fröhlich. Ein älterer Mann aus seiner Kirchengemeinde bezahlte seine Schulgebühren, sodass Mutua das Abitur ablegen konnte. Im Alter von 20 Jahren gründete er sein erstes Unternehmen, Golden Dreams Company Ltd., mit dem er Zeitschriften und Zeitungen verlegen wollte. Er gründete die christliche Zeitung *Golden Times* und brachte es schließlich zu einer Show im kenianischen Fernsehen. *How to Be Rich* hieß diese. Seitdem führte ihn sein Lebensweg nur nach oben.

Jeder, der in Afrika investiere, so lautet die zentrale Botschaft seines Buches, könne sicher sein, eine Rendite von 30 bis 60 Prozent zu erzielen.[1] »Der Kontinent hungert nach Entwicklung«, heißt es da weiter. »Und wie der hungrige Löwe eine Gazelle jagt, will diese nicht enden, bevor die Jagd Erfolg hatte.« Jeder könne erfolgreich sein, gleichgültig ob reich oder arm. Man müsse nur einen Traum haben und den Willen, ihn zu verwirklichen.[2]

Tausende, ja Millionen Afrikaner verfolgen den Traum, auf irgendeine Weise erfolgreich zu sein. Wer durch Afrika reist, wird immer wieder von jungen Afrikanern angesprochen, die Geschäftsideen haben und dafür Unterstützung suchen. Manche tragen ihre Geschäftsideen jahrelang mit sich herum, andere wechseln sie im Monats- oder gar im Wochenrhythmus. In Afrika herrscht ein Unternehmergeist, wie er in Europa trotz all der Gründerinitiativen, der

Bereitstellung von Start-up-Kapital und öffentlicher Förderung nie aufkommen wollte. Diese Dynamik, dieser Wille, es zu schaffen, ist Afrikas größter Trumpf auf dem Weg, Anschluss an die erfolgreichen Wachstumsländer in Asien zu finden. Während der deutsche Adler müde wird, strotzen die Löwen in Afrika vor Kraft.

In den vergangenen Jahren hat sich erstmals seit langem eine anhaltende Wachstumsdynamik auf unserem Nachbarkontinent im Süden entfaltet. In den Jahren 1980 bis 2000 lag das jährliche Wirtschaftswachstum auf dem Kontinent im Durchschnitt bei nur 2,1 Prozent.[3] »Das Wirtschaftswachstum war niedrig und schwankte stark«, beklagten 2011 eine Reihe von Ökonomen der amerikanischen Investmentbank Goldman Sachs um Dominic Wilson. Politische Instabilität, wirtschaftliches Missmanagement und ein unfreundliches Geschäftsklima hätten in diesen Jahren auf der Wirtschaft des Kontinents südlich der Sahara gelastet. Manche Beobachter hätten schon eine Zwangsläufigkeit in diesem wirtschaftlichen Stillstand gesehen und dies auf das koloniale Erbe, ethnisch fragmentierte Bevölkerungen oder die geographische Lage zurückgeführt.

Doch Mitte der neunziger Jahre begann sich die Lage zu bessern. Vor allem seit der Jahrtausendwende beschleunigte sich die Entwicklung. In den Jahren 2001 bis 2009 wuchs das durchschnittliche Bruttoinlandsprodukt des Kontinents um jährlich 4,9 Prozent – und damit um 1,5 Prozentpunkte schneller als der Rest der Welt, hob die für die französische Bank Société Générale arbeitende Volkswirtin Véronique Riches-Flores 2010 in einer Studie hervor.[4] Tatsächlich verzeichnete Afrikas Wirtschaft sogar seit gut 15 Jahren eine kräftige Expansion, schrieb die Volkswirtin der Bank weiter. In den Jahren danach wurde das Umfeld schwieriger, und dennoch erhielt der Kontinent eine überdurchschnittliche Dynamik aufrecht.

Im Jahr 2011 schließlich trübte der »Arabische Frühling« die Wachstumsperspektiven Afrikas. Doch dies dürfte nur vorübergehend sein. »Nach einer anfänglichen Erholung von der Weltwirtschaftskrise 2009 wurde Afrikas Wirtschaft im vergangenen Jahr durch die arabischen Unruhen belastet«, schrieb die internationale Wirtschaftsorganisation OECD in ihrem Ausblick für die afrikanische Wirtschaft 2012.[5] Das Wachstum auf dem Kontinent sei von 5 Prozent 2010 auf 3,4 Prozent 2011 zurückgefallen. »Mit der Erholung in den nordafrikanischen Volkswirtschaften und anhaltenden Verbesserungen in anderen Regionen wird für den Kontinent erwartet, dass sich das Wachstum 2012 auf 4,5 Prozent und 2013 auf 4,8 Prozent beschleunigt.« Die Volkswirtin Marion Mühlberger von der Deutschen Bank hob denn auch hervor, dass Subsahara-Afrika 2012 eine Wachstumsrate von mehr als 6 Prozent erreiche. Damit bleibe dieser Teil des Kontinents, nach Asien, die Region mit dem höchsten Wirtschaftswachstum der Welt.[6]

Diese Zahlen über einen Kontinent, der offiziell 54 Länder zählt und mit seinen gut 30 Millionen Quadratkilometern rund 22 Prozent der Landfläche der Erde bedeckt, verbergen natürlich enorme regionale Unterschiede. So fiel das Wirtschaftswachstum in Nordafrika in den vergangenen Jahren immer geringer als in Subsahara-Afrika aus. Südlich der Sahelzone lag es seit der Jahrtausendwende mit Ausnahme von 2009 immer über 5 Prozent und erreichte manchmal sogar mehr als 7 Prozent. Doch auch Subsahara-Afrika umfasst sehr unterschiedliche Länder: wirtschaftlich recht weit entwickelte Staaten wie Südafrika, Nigeria, Ghana oder Kenia und wirtschaftlich kaum in Erscheinung tretende Staaten wie die Zentralafrikanische Republik, Mauretanien, Eritrea oder Guinea.

Für Ghana, Äthiopien oder auch Ruanda erwartet die OECD in den kommenden Jahren Wachstumsraten von 8 bis 10 Prozent, während sich in anderen Ländern wie Madagaskar, Swasiland oder Ägypten auf Jahre hinaus keine vergleichbare Dynamik entfalten dürfte.[7] In manchen afrikanischen Ländern bedurfte es großer Rohstoffvorkommen, um einen wirtschaftlichen Aufschwung auszulösen. Andere Länder wie Kongo-Kinshasa oder Kamerun erzielen zwar hohe Einnahmen aus der Förderung ihrer Bodenschätze, vermögen es aber kaum, sich wirtschaftlich zu entfalten. Sie verharren im Stadium einer Rentenökonomie, die nicht durch Eigenleistung und produktive Tätigkeit dem Land zu einem Aufschwung verhilft, sondern nur so lange wie möglich von hohen Knappheitspreisen für Rohstoffe profitieren will. Anderen Ländern wiederum wie Kenia oder Äthiopien ist es auch ohne Rohstoffvorkommen gelungen, einen relativ breiten und dauerhaften Wirtschaftsaufschwung loszutreten. Ghana wiederum hatte ebenfalls aus eigener Kraft eine beachtliche Dynamik entfaltet. Doch dann wurden im Meer vor der Küste des Landes große Ölvorkommen entdeckt. Seitdem verschlechtern sich die volkswirtschaftlichen Rahmendaten – weil das Land die Erlöse aus den Ölverkäufen ausgibt, bevor diese überhaupt fließen, und das Land so ein recht aktiver Emittent auf den internationalen Anleihemärkten wurde.[8] Aus Gründen wie diesen sprechen viele Ökonomen auch von einem Rohstoff-Fluch.

»Der Boom in Rohstoffen ist keine hinreichende Erklärung für die Wende im afrikanischen Wirtschaftswachstum«, urteilten die Goldman-Sachs-Ökonomen um Wilson.[9] Strukturelle Reformen in Richtung einer besseren Unternehmens- und Regierungsführung seien der Schlüsselfaktor, um diese positive Entwicklung zu erklären. Durch die Verbesserung der Wirtschaftsstruktur habe sich das monetäre und steuerliche Umfeld verbessert, die Inflationsraten seien heruntergekommen, Konflikte und gewalttätige Auseinandersetzungen weniger häufig. »Ein besseres makroökonomisches Umfeld half vielen afrikanischen Ländern, die Wachstumsdesaster der Vergangenheit zu vermeiden, die so sehr ihre Geschichte nach Erlangung der Unabhängigkeit prägte«, führten die Ökonomen um Wilson weiter aus.[10]

Für sich allein genommen, werden die afrikanischen Länder laut Goldman Sachs trotz all dieser Fortschritte wirtschaftlich relativ unbedeutend bleiben im Vergleich zu den großen BRIC-Ländern Brasilien, Russland, Indien und China, meinte der Goldman-Sachs-Ökonom Jim O'Neill, der das Konzept der BRIC-Staaten erfunden hatte und zum Zeitpunkt der Studie die Fondsgesellschaft Goldman Sachs Asset Management leitete. Diese vier Länder, aus deren Anfangsbuchstaben er das Kunstwort BRIC bildete, hätten vor allem ein hohes Wirtschaftswachstum gemeinsam. Später wurde noch Südafrika hinzugefügt, sodass heute manche von den BRICS-Staaten sprechen. Die elf wirtschaftlich wichtigsten Länder Afrikas könnten jedoch nach Meinung O'Neills bedeutender werden als Brasilien oder Russland.[11] Das wird möglicherweise schon im Jahr 2050 der Fall sein. Diese elf Länder sind seiner Meinung nach auf dem afrikanischen Kontinent neben Südafrika noch Kongo-Kinshasa, Ägypten, Äthiopien, Kenia, Marokko, Nigeria, Sudan, Tansania, Uganda und Simbabwe. Sie könnten bis 2050 eine Wirtschaftsleistung von 13 Billionen Dollar (in konstanten Dollar gerechnet) erreichen. Damit wären sie auch wirtschaftlich größer als Deutschland, Frankreich oder Großbritannien.

Die neue Nummer eins in der Weltwirtschaft wäre dann übrigens China mit einem Bruttoinlandsprodukt von rund 70 Billionen Dollar, das die Vereinigten Staaten mit einer erwarteten Wirtschaftsleistung von 40 Billionen Dollar jährlich auf den zweiten Rang verwiese. Ägypten und Nigeria würden O'Neills Prognose zufolge im Jahr 2050 die Hälfte zum afrikanischen Bruttoinlandsprodukt beisteuern.[12] Nigeria mit seinen heute mehr als 170 Millionen Einwohnern – der UN Population Fund schätzte die Bevölkerung des Landes zuletzt auf 173 611 131 Menschen[13] und der amerikanische Geheimdienst CIA kommt in seinem World Factbook gar auf 177 155 754 Menschen[14] – wäre bis dahin die mächtigste Wirtschaftsnation Afrikas, klar vor der heutigen wirtschaftlichen Vormacht Südafrika mit gerade einmal rund 53 Millionen Einwohnern.

Nach Meinung der nigerianischen Behörden könnte dies viel schneller vonstattengehen. Im April 2014 überraschte die nigerianische Statistikbehörde mit der Nachricht, dass sie das Bruttoinlandsprodukt neu berechnet und Nigeria schon heute die mit Abstand größte Wirtschaftsleistung des Kontinents erreicht habe. Umsätze mit Handys und Internet sowie der als »Nollywood« bekannten Filmindustrie seien bisher nicht berücksichtigt worden und würden nun in die Berechnung der Wirtschaftsleistung einbezogen. Für 2013 wurde das BIP nun mit 510 Milliarden Dollar (371 Milliarden Euro) angegeben, während Südafrika rund 350 Milliarden Dollar erreicht.[15] Um bis zu 60 Prozent zu niedrig sei das Bruttoinlandsprodukt Nigerias bisher angegeben worden. Solche Zahlen, die auf recht groben Schätzungen beruhen, sollten nicht zu genau genommen werden. Doch der Trend ist klar: Nigeria ist dabei, Südafrika den Rang als wichtigste Wirtschaftsnation auf dem Kontinent abzulaufen.

Während die angelsächsische Presse das Potenzial Afrikas längst entdeckt hat und das amerikanische Wirtschaftsmagazin *Forbes* schon eine afrikanische Ausgabe auf den Markt gebracht hat, entdeckt die deutsche Presse erst allmählich den Wirtschaftsaufschwung, den der afrikanische Kontinent erlebt. So brachte die Hamburger Illustrierte *Stern* im Juni 2012 unter der Überschrift *Die Löwen sind los* eine acht Seiten lange Fotogeschichte, in der nicht hungernde Kinder gezeigt wurden, sondern Fabrikarbeiter in blauen Overalls an gepflegten Werkbänken oder sonnenbadende Schönheiten der afrikanischen Schickeria mit Drinks am Pool.[16] Das Nachrichtenmagazin *Der Spiegel* folgte Ende 2013 mit einer dreiteiligen Serie über den Aufschwung, den Afrika derzeit erlebt.[17]

»Das Afrika von heute entspricht schon lange nicht mehr dem Bild, das immer noch in unseren Köpfen entsteht, wenn von diesem lange Zeit vernachlässigten Kontinent die Rede ist«, heißt es auch in einer Studie der Unternehmensberatung Roland Berger Strategy Consultants.[18] »Noch immer denken wir vorrangig an einen monolithischen Block von Ländern, beherrscht von Hunger, Armut, Krankheit, Krieg und Stagnation (…).« Die Unternehmensberater rufen dazu auf, »Afrika neu und frei von Vorurteilen in den Blick zu nehmen«.[19] Dank internationaler Investoren und eigener Anstrengung zu politischer Stabilität hätten viele afrikanische Länder zu

»einem bescheidenen, aber stetig wachsenden Wohlstand und zu einem geordneten Wirtschaftsleben gefunden«. Als Wachstumstreiber haben die Unternehmensberater »mehr als eine Milliarde potenzieller Konsumenten«, »eine junge, leistungsbereite und vielfach gut ausgebildete Arbeitnehmerschaft«, »unschätzbare Rohstoffe wie Öl und Gas, Kohle, Eisenerze, Gold, Diamanten, seltene Erden und vieles mehr« ausgemacht.[20]

In der Tat haben nicht nur Investoren aus China den afrikanischen Kontinent entdeckt. Der Schweizer Nahrungsmittelhersteller Nestlé ist in Afrika zu einem der größten Akteure in seiner Branche aufgestiegen. Millionen Babys auf dem Kontinent werden heute mit Babybrei von Nestlé gefüttert. Millionen Schulkinder auf dem Kontinent trinken zum Frühstück das Schokogetränk Milo, eine der erfolgreichsten Marken von Nestlé in Afrika. Die nigerianische Tochtergesellschaft Nestlé Nigeria ist sogar an der Börse Lagos gelistet – mit großem Erfolg. Bei einer Reise nach Lagos im Sommer 2012 berichteten Nigerianer, die Speisewürze Maggi – in Europa ein Allerweltsprodukt – sei in Westafrika so gefragt, dass die benötigten Rohstoffe knapp geworden seien und Nestlé die Ausgabe von Maggi in Nigeria rationieren müsse. Auf Nachfrage bestätigte ein Mitarbeiter der Pressestelle von Nestlé Deutschland in Frankfurt zwar nicht die Rationierung, aber doch, dass Nestlé in Westafrika mit großem Erfolg tätig ist.[21]

Afrikanische Konsumenten gelten als extrem markenbewusst und markensensibel. So stehen Mercedes und BMW bei erfolgreichen Afrikanern besonders hoch im Kurs, während für Entwicklungshelfer aus Europa und den Vereinigten Staaten ein möglichst achtzylindrig bestückter Toyota Land Cruiser das höchste der Gefühle ist. Während Mercedes vor allem das bevorzugte Gefährt afrikanischer Regierungsmitglieder und Topmanager ist, gilt BMW als die Lieblingsmarke der Neureichen und Aufsteiger. Nicht umsonst steht laut einem populären Witz in Nairobi das Kürzel BMW für »Be My Wife«. Wollen sich die Kenianer jedoch abfällig über ihre herrschenden Politiker und Wirtschaftsbosse äußern, bezeichnen sie diese gern als »wabenzi«, als die Mercedes-Benz-Besitzer. Die Kosmetikmarke Nivea des deutschen Konzerns Beiersdorf in Hamburg gilt in Afrika als Produkt, das sich nur wohlhabende Frauen leisten und das sich all die anderen als besondere Hautverwöhnung ab und zu mal gönnen. Zur Präsenz der Marke in Ländern wie Kenia, Uganda, Tansania, Burundi, Ruanda oder Äthiopien mag beigetragen haben, dass Beiersdorf seit den achtziger Jahren Seifen, Cremes und Produkte für die Lippenpflege in Kenia produziert.

Ein wichtiger Wachstumstreiber für die Wirtschaft Afrikas sind in der Tat Rohstoffe. Gold, Platin, Kupfer und Diamanten werden in Ländern wie Kongo oder Südafrika seit Jahrhunderten abgebaut. In Mali herrschte von 1312 an bis zu seinem Tod 1337 der König Mansa Musa I. Er baute seine Hauptstadt Timbuktu zu einer der prunkvollsten und reichsten Städte Afrikas aus. Die Bibliotheken von Timbuktu mit ihren unschätzbar wertvollen Handschriften gehören zu den berühmtesten der Welt. Die Legende von dieser sagenhaften Wüstenstadt überdauerte die Jahrhunderte bis in das 19. Jahrhundert hinein und beflügelte die Phantasie der ersten Sahareisenden aus Europa.[22] Der Reichtum dieses sagenhaften Herrschers beruhte auf den immensen Bodenschätzen Malis, vor allem auf Gold. Auf seiner Pilgerreise nach Mekka soll er in Ägypten so viel Gold ausgegeben haben, dass dies dort eine Hyperinflation auslöste und die damalige ägyptische Währung Dinar auf Jahre hinaus ruiniert war.[23] Mali liegt mitten im sogenannten »Gold Belt«, der sich von Senegal über Mali, Ghana – der ehemaligen britischen Kolonie Goldküste – und Burkina Faso bis nach Nigeria und Kamerun zieht.

Damals gruben die Menschen nach Gold wohl schon genauso, wie sie es auch heute noch tun: Sie untersuchen zunächst die unzähligen Termitenhügel auf kleine Goldkörner. Denn diese Insekten graben sich auf der Suche nach Nahrung tief in die Erde und befördern dabei aus unteren Bodenschichten die begehrten Körner an die Oberfläche. Finden die Goldsucher der Sahelzone in diesen Termitenhügeln Gold, bleiben sie und graben selbst nach dem Edelmetall, das sie dann in Pfannen auswaschen. Ansonsten ziehen sie weiter und suchen an anderer Stelle.

Südafrika zählt zu jenen Ländern, in denen die europäischen Kolonialherren und Siedler schon relativ früh angefangen haben, selbst nach Rohstoffen zu suchen. So entdeckten sie am Ufer des Oranje-Flusses 1867 die ersten Diamanten-Vorkommen und begannen daraufhin, vor allem in Kimberley, Diamanten zu fördern. Die Geschichte, die den damals noch jungen Engländer Cecil B. Rhodes reich machen sollte, beschrieb der Schriftsteller Wilbur Smith in seinem Roman *Men of Men.*[24] Als im östlichen Transvaal im Witwatersrand 1886 Gold gefunden wurde, setzte dort zu Ende des 19. Jahrhunderts ein Goldrausch ein, der wohl dem am Klondike River im Norden Amerikas kaum nachgestanden haben dürfte. Immerhin führte dieser zur Gründung der Stadt Johannesburg, die bis heute das wirtschaftliche Zentrum des Landes geblieben ist.

Obwohl Südafrika eines der wenigen industrialisierten Länder Afrikas ist, machen Bodenschätze auch heute noch leicht 40 bis 50 Prozent der Exporte des Landes aus. Neben Gold und Diamanten sorgen Chrom, Platin, Mangan, Titan, Palladium, Vanadium, Kohle, Eisenerz und Nickel für eine stetige Zufuhr an Devisen. Für viele westafrikanische Länder wie Kamerun oder Elfenbeinküste sind die natürlichen Rohstoffe Holz, Kakao, Reis oder auch Baumwolle wichtige Einnahmequellen.

Andere Länder fangen ebenfalls an, ihre Rohstoffe gezielt zu fördern: So war – neben den religiösen Unterschieden zwischen dem muslimisch dominierten Norden und dem primär christlichen Süden – auch die Nutzung der Erdölvorkommen einer der Gründe für die Abspaltung Südsudans vom Norden mit seiner Hauptstadt Khartum. Algerien profitiert von seinen Erdgasvorkommen. Die Rössing-Mine in Namibia oder die Region um die Stadt Arlit in Niger zählen zu den größten Abbaustätten der Welt für Uran. Im Süden von Kongo liegt eine der rohstoffreichsten Regionen der Welt: In der Provinz Katanga finden sich riesige Vorkommen an Gold, Kupfer, Kobalt, Kohle, Eisenerz oder auch das begehrte Koltan, unentbehrlicher Rohstoff bei der Herstellung von Mobiltelefonen. Hinzu kommen Diamantvorkommen in Kasai. Das Erdreich von Kongo mit seiner unvorstellbar großen Fläche von 2,345 Millionen Quadratkilometern – Deutschland mit seinen gerade einmal 357 000 Quadratkilometern passt mehr als sechsmal in diese Fläche hinein – dürfte noch mehr Schätze verbergen und das Land zu einer der rohstoffreichsten Gegenden des Erdballs machen.

Mali begann noch unter dem im Frühjahr 2012 gestürzten Präsidenten Amadou Toumani Touré, allgemein kurz ATT genannt, die Bodenschätze des Landes gezielt zu erforschen. Er ließ das Land, das ungefähr dreieinhalbmal so groß wie Deutschland ist, in rund 30 Explorationszonen unterteilen und verkaufte Konzessionen an internationale Konzerne wie Heritage Oil, aber auch an lokale Unternehmer.[25] Besucher, die in das Land kommen, werden schon auf der Straße vom Flughafen in die Hauptstadt Bamako mit großen Werbetafeln von internationalen Rohstoffkonzernen wie Randgold Resources oder Anglo American begrüßt.[26]

Der Franzose Laurent Seigneur ist einer von ihnen, mit dem es im Februar 2012, wenige Wochen vor dem Putsch vom 21. März des Jahres, der ATT aus dem Amt drängte, in Mali zu einem Gespräch kam. Seigneur ist Vorstandsvorsitzender des Explorationsunternehmens Petroma S. A. »Hier, wir haben Block 25 und Block 17 bekommen«, zeigt Seigneur auf einer Karte Malis. In zwei großen Rechtecken nördlich der Hauptstadt Bamako darf Petroma nach sämtlichen Schätzen suchen, die der Boden dort eventuell birgt. In Block 25 macht er dies allein, in Block 17 hat er einen Partner hinzugenommen. Allein Block 25 misst mehr als 37 000 Quadratkilometer und ist somit größer als Baden-Württemberg.

In Block 25 entdeckte Seigneur nahe dem Dorf Bouraklé Bougou eine Weltsensation. Es liegt so abgelegen, dass unser Besuch dort für die Dorfbevölkerung das erste Auto seit gut drei Monaten bringt, das sie zu Gesicht bekommen. Überhaupt ist dieser Flecken aus Lehmhütten nur während der Trockenzeit über staubige Pisten zu erreichen. In dieser kargen, flachen Landschaft geht die Sahelzone schon allmählich in die Sahara über. Hier wollte Seigneur nach Erdöl suchen und bohrte für die Versorgung des Explorationscamps nach Grundwasser. »Doch als wir in 105 Meter Tiefe gebohrt hatten, schloss plötzlich ein Gas empor, das sich sofort in einer riesigen Stichflamme entfachte«, berichtet Seigneur.[27]

Die Petroma-Experten hatten eine unterirdische Blase mit reinem Wasserstoff angestochen. Dabei dachten die Wissenschaftler bis dahin, dass dieses Element in der freien Natur nicht auftreten könne, weil es stets mit anderen Substanzen reagiere und deshalb immer in komplexeren Molekülen gebunden sei. »Wir wissen noch gar nicht, wie dieses Vorkommen hier entstanden ist und wie wir den Wasserstoff industriell nutzen können«, berichtete Seigneur. Doch er glaubt, dass dieser Fund die Brennstoffzellen-Technologie revolutionieren könne. Denn die industrielle Herstellung von Wasserstoff ist sehr aufwendig und entsprechend teuer. »Natürliche Wasserstoffvorkommen könnten den Preis für die Nutzung von Brennstoffzellen enorm senken«, glaubt Seigneur.

Viele andere Rohstoffe liegen noch im Boden Malis. Ihre Erforschung hat gerade erst begonnen. Bei diesem Besuch im Land zählt der damalige Bergbauminister Mamadou Igor Diarra eine lange Liste auf: Neben Gold finde sich dort auch Kupfer, Uran, Phosphat, Bauxit, Edelsteine und viele andere Metalle, vor allem aber auch Erdgas und Erdöl.

Erdöl ist immer noch der Rohstoff, mit dem sich die größten Hoffnungen auf Reichtum und wirtschaftlichen Aufstieg verbinden. In Afrika findet es sich nicht nur in Mosambik oder Angola und Nigeria, sondern auch vor den Küsten von Ghana, Liberia oder Sierra Leone. Erst allmählich fangen die afrikanischen Staaten an, ihre

Rohstoffvorkommen systematisch zu nutzen. Die nachgewiesenen Ölreserven in Afrika von gut 50 Millionen Tonnen im Jahr 1980 sind auf zuletzt rund 130 Millionen Tonnen gestiegen und werden dank neuer Funde von Jahr zu Jahr größer.[28] Auch Sierra Leone oder Ghana haben Konzessionen zur Erdölförderung vor ihrer Küste vergeben. Ende 2010 hat die britische Explorationsgesellschaft Tullow Oil erstmals Öl aus der Lagerstätte Jubilee vor Ghana gefördert.[29] In Uganda wurde 2006 Öl gefunden. Das Vorkommen wird auf 2,5 Milliarden Barrel geschätzt.[30] Neben Tullow Oil ist das britisch-kanadische Unternehmen Heritage Oil an der Exploration beteiligt. 2012 wurde Tullow Oil auch im Nordwesten Kenias, in der Gegend um den Turkana-See, fündig.[31] Und der amerikanische Konzern Halliburton ist in Kenia in der Gegend um Nakuru auf der Suche nach dem begehrten Rohstoff.

In den Jahren nach dem Jahrtausendwechsel sind die Rohstoffpreise auf den Weltmärkten rasant in die Höhe gegangen und erreichten im Juli 2008 – wenige Wochen vor dem Zusammenbruch der amerikanischen Investmentbank Lehman Brothers – einen historischen Höchstpunkt.[32] Damals wurden in der Frankfurter U-Bahn-Station Dornbusch sogar Kupferleisten aus der Fußgängerunterführung herausgerissen, um diese wenigen Kilogramm auf dem Weltmarkt zu verkaufen. Auch auf Afrikas Müllplätzen durchwühlen Tausende von Kindern und Arbeitslosen den Wohlstandsmüll der Europäer und Amerikaner nach Computerplatinen oder Kupferkabeln.

Was skrupellose Diebe in Europa und die Müllsammler in Schwarzafrika im Kleinen tun, betreiben die Regierungen und Staatsunternehmen im Großen. Die unverhofften Rohstoffeinnahmen trugen zur Aufwärtsdynamik in vielen afrikanischen Ländern bei – doch auch das muss gesagt sein: mit all ihren negativen Begleiterscheinungen für große Teile der Bevölkerung, die nicht davon profitierten. »Die Preise steigen in immer absurdere Höhen, seit es Petrodollar regnet in einem Land, das kaum etwas produziert außer einer überbordenden Bürokratie«, berichtet der Journalist Andrzej Rybak 2012 über einen Besuch in Luanda, der Hauptstadt des Öllandes Angola.[33] Ein kleines Appartement im Zentrum der Stadt koste gut 5000 Dollar (rund 3800 Euro) Miete im Monat, ein Haus auf der vorgelagerten Nehrung Ilha de Luanda, auch Ilha do Cabo genannt, 15 000 bis 20 000 Dollar monatlich. Luanda konkurriere Jahr um Jahr mit Japans Hauptstadt Tokio um den Titel als teuerste Stadt der Welt. Selbst ein Kilo Bananen, die zu den wenigen Gütern zählen, die Angola nicht importieren muss, kostet 5 Dollar.

In den vergangenen Jahren haben die ausländischen Direktinvestitionen in Afrika rapide zugenommen. Sie sind von etwas mehr als 10 Milliarden Dollar im Jahr 2000 bis zum Jahr 2012 auf 53 Milliarden Dollar gestiegen, stellte die OECD fest.[34] 2008 erreichte das Engagement der ausländischen Unternehmen sogar 73,4 Milliarden Dollar. Hinter diesem Kapitalzufluss verbargen sich vor allem Unternehmen aus den Schwellenländern in Lateinamerika und Asien, die Rohstoffvorkommen in Afrika erschließen wollten.

Deutsche Unternehmen sind an der Hebung der afrikanischen Bodenschätze mit wenigen Ausnahmen bisher kaum beteiligt. China und die Vereinigten Staaten buhlen um die Erdölvorkommen vor der westafrikanischen Küste – aus völlig unterschiedlichen Gründen, und doch sind sie ähnlich. China sucht Zugang zu neuen Ölquellen, und die Bohrfelder vor Westafrika zählen zu den wenigen, die noch nicht komplett vergeben sind. Die Vereinigten Staaten suchen Alternativen zum Nahen und Mittleren Osten. Denn Iran dürfte energiepolitisch auf Jahre hinaus für die amerikanischen Ölkonzerne verschlossen bleiben. Die Zukunft des Irak ist völlig ungewiss, und auch Saudi-Arabien wird für die Vereinigten Staaten ein Partner, zu dem die Beziehungen wegen des religiösen Fanatismus, der in diesem Land herrscht, in den kommenden Jahren schwieriger werden. Vielen amerikanischen Sicherheitspolitikern und Geostrategen ist nicht wohl bei dem Gedanken, so stark von der arabischen Welt abhängig zu sein. Das Erdöl vor Westafrika dagegen könnte auf relativ sicheren Seewegen nach Nordamerika gebracht werden – solange nicht muslimische Fanatiker wie Boko Haram in Nigeria oder al-Qaida des Islamischen Maghreb (Aqmi) in der Sahelzone die Oberhand in der gesamten Region zwischen dem Mittelmeer und dem Golf von Guinea bekommen.

Zwar hat die deutsche Wirtschaft eine Rohstoffallianz gegründet[35] und die Bundesregierung Anfang 2012 ein Rohstoffabkommen mit Kasachstan abgeschlossen, das die Unterzeichnung von rund 50 Verträgen im Wert von rund 3 Milliarden Euro brachte.[36] Doch ein ähnlicher Vertrag mit einem afrikanischen Land ist bisher nicht zustande gekommen. Dabei böte sich dies gerade mit Nigeria an. Obwohl Bundeskanzlerin Angela Merkel im Sommer 2011 kurz nach Nigeria gejettet ist und wenige Monate darauf im April 2012 Nigerias Präsident Goodluck Jonathan zum Gegenbesuch nach Berlin kam, fand Jonathans Outfit größeres Interesse in der deutschen Presse als der Reichtum des Landes an Erdgas.

Dem Reporter der *Süddeutschen Zeitung* beispielsweise entging nicht, dass Jonathan »auch beim Besuch im Kanzleramt einen seiner geliebten schwarzen Hüte trug«.[37] Doch dass Nigeria »über sehr große Öl- und Rohstoffvorkommen« verfügt, erwähnte er erst im letzten Absatz des Berichts kurz, und dies auch nur in dem Zusammenhang, dass in Nigeria trotz dieser Bodenschätze regelmäßig das Licht ausgehe. Dass Deutschland aus Nigeria Rohstoffe beziehen und so seine Abhängigkeit beispielsweise von russischem Erdgas reduzieren könnte – dieser Gedanke spielte auch in den Berichten anderer deutscher Zeitungen über die beiden deutsch-nigerianischen Treffen keine Rolle.

Der deutschen Öffentlichkeit scheint es offenbar undenkbar zu sein, dass Afrika Deutschland bei der Lösung seiner wirtschaftlichen Schwierigkeiten helfen könnte, mehr noch, dass die deutsche Wirtschaft, will sie ihre Rolle in der Weltwirtschaft halten, auf den Boom in Afrika angewiesen ist. Die deutsch-afrikanischen Beziehungen sind in vielerlei Hinsicht nach wie vor eine Einbahnstraße.

So forderte der aus Kamerun stammende Weltbank-Ökonom Célestin Monga bei einem Vortrag im Februar 2013 in Frankfurt am Main, dass sich beide Seiten, Afrikaner wie Europäer, ändern müssten: Die Afrikaner sollten selbstbewusster auftreten und die Europäer etwas bescheidener, sagte Monga in seinem Vortrag, dem er den Titel gab: *Ökonomische Lektionen aus Bamako: Wie Afrika dem Euroraum helfen könnte.*[38]

Afrika könnte Europa vor allem auch zeigen, wie gut es einer Wirtschaft tun kann, wenn sie von übermäßigen Schulden befreit wird. Jahrelang hatten sich in den achtziger und neunziger Jahren Rockmusiker aus der ganzen Welt – allen voran Bono, Frontmann der irischen Band U2, und Bob Geldof – dafür stark gemacht, dass dem afrikanischen Kontinent Schulden erlassen werden, die damals jegliche wirtschaftliche Entwicklung von vornherein unmöglich machten. Schließlich schloss sich der damalige britische Premierminister Tony Blair, der das Land von 1997 bis 2007 regierte, der Initiative an. Nur langsam kam die Entschuldungsinitiative ins Rollen, doch dann nahm sie Fahrt auf.

Nach einem ersten Schuldenerlass von insgesamt 70 Milliarden Dollar in den Jahren 1996 bis 1999 wurde bald klar, dass dieser nicht ausreichen würde. Das Tauziehen um einen weiteren Nachlass zog sich bis ins Jahr 2005. Allein die Länder südlich der Sahara schuldeten den internationalen Geberorganisationen immer noch rund 68 Milliarden Dollar.[39] Auf ihrem G8-Gipfel im schottischen Luxushotel Gleneagles im Sommer 2005 beschlossen die Finanzminister der G8-Gruppe der führenden Wirtschaftsnationen der Welt – bestehend aus den Vereinigten Staaten, Großbritannien, Deutschland, Kanada, Japan, Frankreich, Italien und Russland –, 18 hochverschuldete Entwicklungsländer sofort von 40 Milliarden Dollar Schulden zu befreien.[40]

Insgesamt sollten über einen Zeitraum von 40 Jahren 55 Milliarden Dollar Schulden gestrichen werden. Davon profitierten in

Afrika unmittelbar Äthiopien, Benin, Burkina Faso, Ghana und Mali, aber auch Madagaskar, Mauretanien, Mosambik, Ruanda, Sambia, Uganda und Tansania. Später kamen die DR Kongo, Gambia, Malawi, Guinea, Sierra Leone, Guinea-Bissau, Kamerun, Tschad sowie São Tomé und Príncipe hinzu. Weitere Länder wie Burundi, Liberia, Somalia, Sudan, die Elfenbeinküste, Kongo-Brazzaville, Togo, die Komoren und die Zentralafrikanische Republik konnten sich später für einen Erlass qualifizieren. Technisch gesehen, haben die Weltbank, der Internationale Währungsfonds (IWF) und die Afrikanische Entwicklungsbank die Schulden erlassen. Die Geberländer füllten anschließend die finanziellen Lücken bei diesen supranationalen Organisationen auf.

Zudem beschlossen die Regierungen eine Ausweitung der Initiative für die Gruppe der hochverschuldeten armen Länder, im Jargon der Weltbank Heavily Indebted Poor Countries (HIPC) genannt. Von einer Entschuldung im Rahmen dieses Programms können jene Länder profitieren, deren Schuldenstand 150 Prozent der Exporterlöse übersteigt oder mehr als 250 Prozent der Staatseinnahmen ausmacht. Erfüllen sie bestimmte Auflagen, werden sämtliche Schulden erlassen, die über diesen Grenzen liegen. Laut Weltbank haben 29 Länder den Punkt gute Regierungsführung erreicht und umgesetzt. Diese haben von einem Nachlass von 62 Milliarden Dollar Nominalschulden profitiert. Weitere 20 Länder haben einen Nachlass von 44 Milliarden Dollar Nominalschulden erhalten.[41]

Ein prominentes Beispiel war die Elfenbeinküste. Nach der Präsidentschaftswahl 2010 zwischen dem Präsidenten Laurent Gbagbo und seinem Herausforderer Alassane Ouattara kam es zu bürgerkriegsähnlichen, blutigen Konflikten im Land. Am Ende setzte sich der von der internationalen Gemeinschaft als Wahlsieger anerkannte Ouattara gegen den ehemaligen Universitätsprofessor für Geschichte Gbagbo durch. Ouattara hatte an der University of Pennsylvania in den Vereinigten Staaten studiert und machte anschließend Karriere beim Internationalen Währungsfonds (IWF). In der Auseinandersetzung gegen Gbagbo unterstützten ihn die Vereinigten Staaten, auch schon als Ouattara noch vor der Wahl bewaffnete Widerstandstruppen gegen Gbagbo im Norden der Elfenbeinküste ins Feld führte. Gbagbo wurde im April 2011 in seiner Residenz in Abidjan festgenommen und dem Internationalen Strafgerichtshof in Den Haag überstellt.

Rund ein Jahr später, im Jahr 2012, erließen der Internationale Währungsfonds und die International Debt Association, ein Ableger der Weltbank, dem Land 3,1 Milliarden Dollar Schulden im Rahmen der HIPC-Initiative.[42] Weitere 1,3 Milliarden Dollar wurden dem Land im Zuge der multilateralen Entschuldungsinitiative MDRI erlassen. Davon profitierte unmittelbar eine laufende, 2,3 Milliarden Dollar schwere Anleihe der Regierung. Nachdem drei Kuponzahlungen ausgefallen waren, konnte die Elfenbeinküste die Anleihe nun wieder bedienen. »Der Schuldenerlass markiert eine entscheidende Etappe, um die Staatsschulden des Landes zu stützen, die als ein Ergebnis davon nun reduziert werden«, sagte John Bates, Leiter Anleihen bei der Fondsgesellschaft Silk Invest in London.[43]

In manchen Ländern häuften sich die Schulden in Afrika aufgrund von Korruption und schlechter Staatsführung. So hinterließ der Diktator Mobutu Sese Seko in Zaire, der heutigen Demokratischen Republik Kongo, bei seinem Sturz Auslandsschulden von rund 4 Milliarden Dollar. Gleichzeitig soll er sich während seiner mehr als dreißigjährigen Regentschaft von 1965 bis 1997 durch Korruption und Diebstahl ein Vermögen von 5 Milliarden Dollar angeeignet haben, schätzte die Organisation Transparency International. Dennoch blieb nach seinem Tod im September 1997 das meiste Geld verschwunden.[44] Vermutlich musste er einen großen Teil davon aufwenden, um seine Gefolgsleute bei Laune zu halten. In vielen anderen Ländern Afrikas wurden die Staatsfinanzen ebenfalls durch korrupte Machthaber ruiniert. Kenia unter dem Präsidenten Daniel Arap Moi ist dafür genauso ein Beispiel wie Simbabwe unter dem wohl ältesten amtierenden Staatspräsidenten Afrikas, Robert Mugabe.

Gierige Diktatoren und Misswirtschaft sind nur zwei Gründe für die in der Vergangenheit so hohe Verschuldung der afrikanischen Länder. Deshalb werden die Schuldenerlasse in Afrika immer wieder mit dem Argument kritisiert, dass dadurch Misswirtschaft gedeckt werde und die Bevölkerung mit harten Sanierungsprogrammen dafür büßen müsse. Die Afrikaner würden zu Bettlern erzogen, sagt auch der kenianische Wirtschaftsexperte James Shikwati.[45] Diese Kritik teilen viele im Norden. Es ging nicht um Schuldenerlass für die armen Länder, kritisierte der Journalist Tobias Rapp in einem Beitrag für die grün-alternative Tageszeitung *taz* die »Live 8«-Konzerte, mit denen die beiden Rockmusiker Bono und Bob Geldof ihrer Forderung nach einem Schuldenerlass Nachdruck verleihen wollten: »›Live Aid‹, die Vorgängerveranstaltung vor zwanzig Jahren, mag eine gigantische Fundraising Party gewesen sein, bei der am Ende 254,4 Millionen Dollar auf den Spendenkonten lagerten, ›Live 8‹ handelt in einer anderen Währung: Es geht um Aufmerksamkeit«, bemängelt *taz*-Autor Rapp.[46] Und auch die britische Linke kritisierte die Initiative. Ihre Argumente beschrieb Rapp so: »Das Afrikabild von Bob Geldof und Bono Vox sei unterkomplex und gefährlich, den ganzen Kontinent als Opfer zu zeichnen, gehe vorbei an den realen Widersprüchen und Problemen vor Ort.«[47]

Doch die in der Vergangenheit hohe Staatsverschuldung in Afrika ist häufig auch eine unvermeidliche Folge der wirtschaftlichen Entwicklung gewesen. Sie entstand durch hohe Investitionen in exportorientierte Branchen der Landwirtschaft oder in die Erschließung von Rohstoffen. So weit, so gut. Investitionen über Kredite zu finanzieren, um diese aus den künftigen Erlösen zu bedienen, die sich mit den Investitionen erzielen lassen – das ist alltägliche Betriebswirtschaft. Doch in vielen Fällen blieben in Afrika die erwarteten Exporterlöse aus. Die Kredite dagegen blieben, sodass die hohe Verschuldung zusehends die Entwicklung Afrikas behinderte. Der amerikanische Autor John Perkins sieht darin sogar einen Masterplan der reichen Industriestaaten, um durch übermäßige Kredite

Entwicklungsländer gefügig zu machen.[48] Er selbst sei ein solcher »Economic Hit Man« gewesen, behauptet er, und habe gezielt Entwicklungsländer in die Überschuldung getrieben, um sie politisch willfährig zu machen.

Allerdings dürfte es nicht in Perkins' Weltbild passen, dass die reichen Industriestaaten, der IWF, die Weltbank und ähnliche Organisationen die afrikanischen Staaten von übermäßig hohen Schulden befreiten und auf diese Weise eine bis dahin für unmöglich gehaltene Wirtschaftsdynamik auf dem Kontinent freisetzten. 2010 nahmen laut der Ökonomin Véronique Riches-Flores in einer Studie der französischen Bank Société Générale 30 afrikanische Staaten an den Entschuldungsprogrammen für die armen und hochverschuldeten Länder teil. »24 von ihnen haben ihre Schulden schon um zwei Drittel gesenkt«, vermerkte Riches-Flores.[49] Das sieht Marion Mühlberger, Volkswirtin beim Konkurrenten Deutsche Bank, genauso: In Subsahara-Afrika sei die Staatsverschuldung von fast 70 Prozent des Bruttoinlandsprodukts bis 2012 auf rund 35 Prozent gefallen, rechnet Mühlberger vor.[50]

Mit durchschnittlich 25 Prozent des Bruttoinlandsprodukts hat die afrikanische Verschuldung ein Niveau erreicht, mit dem die Mehrheit der Länder auf dem Kontinent mit Leichtigkeit umgehen könne.[51] In Nigeria macht die Staatsverschuldung dank der hohen Erlöse aus dem Ölgeschäft laut dem World Factbook des amerikanischen Geheimdienstes CIA im Jahr 2013 nur geschätzte 19,3 Prozent des Bruttoinlandsprodukts aus,[52] in Kenia 53,5 Prozent,[53] in Südafrika 45,4 Prozent[54] – Werte, von denen die meisten Regierungen in Europa nur träumen können. Diese Erfolge drücken sich auch darin aus, dass die internationalen Ratingagenturen die Kreditwürdigkeit vieler afrikanischer Staaten in den vergangenen Jahren kräftig heraufgesetzt haben. So stoßen die Anleihen vieler afrikanischer Länder seit einigen Jahren auf den internationalen Kapitalmärkten auf rege Nachfrage.[55]

Sosehr diese Signale hoffnungsfroh stimmen, so sehr kommt es jetzt darauf an, dass die afrikanischen Regierungen die Mittel, die ihnen durch diese Anleihen zufließen, klug verwenden, um das wirtschaftliche Potenzial ihrer Länder zu heben und eine Wachstumsdynamik auszulösen, die eine positive Entwicklung unterstützt.

Als Wachstumstreiber für Afrika wird immer wieder das hohe Bevölkerungswachstum hervorgehoben. Dabei geht die Geburtenrate in Afrika zurück. Heute bekommen afrikanische Mütter meist weniger Kinder als deren Mütter und Großmütter. Und selbst wenn die Geburtenrate in Afrika sinkt, wird die Bevölkerungszahl in den kommenden Jahrzehnten steigen, allein weil in vielen Ländern des Kontinents Jugendliche leicht 40 bis 50 Prozent der Gesamtbevölkerung ausmachen und diese erst noch davorstehen, eine Familie zu gründen und Kinder zu bekommen. »Afrika hat die jüngste Bevölkerung der Welt, und diese wächst rapide«, heißt es in einer Studie der OECD.[56]

Lange wurde gerade das hohe Bevölkerungswachstum in Afrika als eine der schwersten Bürden des Kontinents angesehen. Diese Ansicht vertritt noch heute der amerikanische Ökonom Jeffrey Sachs, der sich vor allem für die klassische Entwicklungshilfe stark macht und maßgeblich an den »Millennium Development Goals« der Vereinten Nationen mitarbeitete, einem weiteren Versuch, innerhalb einer bestimmten Frist – dieses Mal bis 2015 – Afrika aus der Misere herauszuführen. »Ein Grund für die Armutsfalle ist eine demographische Falle«, schrieb Sachs im Jahr 2005, »wenn sich verarmte Familien dafür entscheiden, viele Kinder zu bekommen.«[57] Verarmte, kinderreiche Familien könnten nicht in Ernährung, Gesundheit und Bildung ihrer Kinder investieren. »Ein rapides Bevölkerungswachstum schafft auch Druck auf die Farmgrößen und die Umweltressourcen und verschärft so noch die Armut«, führte Sachs weiter aus.

Viele Afrikaner empfinden die Position Sachs' als Ausdruck der Überheblichkeit der Reichen aus dem Norden. Während einer Vorlesung an der Universität Lyon 2 Ende der achtziger Jahre über die

Ökonomie in Entwicklungsländern machte René Sandretto, damals Dozent für Entwicklungsökonomie, eine ähnliche Gleichung auf wie 20 Jahre später Jeffrey Sachs. Die jährlichen Wachstumsraten für das Bruttosozialprodukt könnten in Afrika nicht mit dem jährlichen Bevölkerungswachstum Schritt halten, sagte Sandretto und forderte deshalb eine Beschränkung der Geburten. Da stand ein afrikanischer Student im Vorlesungssaal auf – was in französischen Universitäten damals sehr ungewöhnlich war – und fiel Sandretto ins Wort: Diese Forderung sei ein unerträglicher Eingriff in die kulturellen Grundlagen Afrikas. Afrikanische Gesellschaften definierten sich stark über Familienverbünde, und deshalb sei eine vom Norden aufgezwungene Geburtenkontrolle nicht hinnehmbar.

Während Sandretto seine Sicht der Entwicklungsökonomie weiterentwickelte und auch in diesem Punkt revidierte, hält Sachs bis heute an dieser Forderung fest. Viele andere Wirtschaftsexperten aus Europa oder den Vereinigten Staaten wollen jedoch, anders als Sachs, afrikanischen Familien nicht das Recht auf Kinder absprechen. Sie sehen das hohe Bevölkerungswachstum in Afrika geradezu als einen der größten Reichtümer und als eine Chance für den Kontinent: »Afrika besitzt mehr als eine Milliarde potenzieller Konsumenten«, schreiben beispielsweise die Berater von Roland Berger Strategy Consultants.[58] Und die Expertin der Société Générale Véronique Riches-Flores geht noch einen Schritt weiter: »Afrika bezieht die am schnellsten wachsenden demographischen Dividenden der Welt.«[59]

Warum hat sich die Wahrnehmung des hohen Bevölkerungswachstums innerhalb von wenigen Jahren so stark gewandelt? Eine Ursache dafür dürfte sein, dass sich in den afrikanischen Ländern selbst vieles, vor allem das Schul- und Ausbildungssystem, verbessert hat. »Afrikas jugendliche Bevölkerung wächst nicht nur stark, sie ist auch besser ausgebildet«, merken die Wirtschaftsfachleute der OECD an.[60] Wenn der aktuelle Trend anhalte, dann hätten im Jahr 2030 rund 59 Prozent der jungen Menschen zwischen 20 und

24 Jahren eine Sekundärausbildung. Heute seien es 42 Prozent. Die Herausforderung sei nun, dieses schnelle Wachstum der »Human Resources« in eine Chance zu verwandeln und für diese Menschen Arbeitsplätze zu schaffen.

Andernfalls wird der Flüchtlingsstrom verzweifelter Afrikaner, die oft in kleinen Booten über das Mittelmeer nach Europa drängen, über Jahre hinweg anhalten. Im Oktober 2013 schockte die Nachricht, dass ein Flüchtlingsboot mit 440 Menschen an Bord havarierte und 360 Menschen ertranken.[61] Viele von ihnen brauchen Monate oder gar Jahre, um sich bis an die nordafrikanische Küste durchzuschlagen und die mörderische Passage auf einem kaum mehr fahrtüchtigen Boot zu bezahlen. Jene, die es schaffen, stranden häufig in den Flüchtlingslagern auf der italienischen Insel Lampedusa oder enden in prekären Verhältnissen in Nordeuropa. Es ist ein Wettlauf gegen die Zeit. Die Wirtschaft in Afrika muss sich schneller entwickeln, damit diese Menschen eine Perspektive in ihrer Heimat bekommen. Die wirtschaftliche Dynamik ist über den Kontinent sehr ungleich verteilt. Während Länder wie Nigeria, Kenia, Angola oder Mosambik boomen, bleiben andere zurück. So überrascht es nicht, dass viele der Flüchtlinge aus Eritrea und Somalia stammen.

Der Bevölkerungsdruck lässt sich nur lösen, wenn die heute in vielen Ländern überwiegende Landbevölkerung Arbeitsplätze im Dienstleistungssektor oder in der Industrie findet. Um die wachsende Bevölkerung zu ernähren, muss der Kontinent seine Lebensmittelproduktion nicht nur erhöhen, sie muss auch verlässlicher werden. Das geht nur über eine Steigerung der Produktivität in der Landwirtschaft. Ein effizienterer Ackerbau jedoch setzt Arbeitsplätze frei, die heute noch im Landbau gebunden sind. In Ruanda beispielsweise arbeiten noch etwa 80 Prozent der Bevölkerung in der Landwirtschaft. Sie bewirtschaften meist winzige Parzellen, die im besten Fall ausreichen, die eigene Familie zu ernähren. Doch diese Höfe sind so klein, dass auf den Feldern Ruandas keine Traktoren oder anderen Maschinen, geschweige denn Ochsen – wie beispielsweise in Mali oder Äthiopien – zu sehen sind. Die Arbeitskräfte, die künftig nicht mehr in der Landwirtschaft benötigt werden, drängen in die Städte, wo sie heute nicht genügend Arbeit finden. Ohne größere soziale Spannung lässt sich dieser Wandel nur auffangen, wenn es den afrikanischen Ländern gelingt, neue Industrien aufzubauen.

Eine Dynamik, die flächendeckend industrielles Wachstum auslöst, ist bisher jedoch auf dem afrikanischen Kontinent ausgeblieben. Während China zunächst eine eigene Industrie als verlängerte Werkbank der entwickelten Welt aufbaute, blieb eine Verlagerung lohnintensiver Produktionen aus den entwickelten Ländern nach Afrika bisher aus. Das wirtschaftliche Wachstum in Afrika wurde zu einem großen Teil von der Diaspora getragen, die sich in der entwickelten Welt in meist unterqualifizierten Jobs durchschlägt.

Es ist nicht ungewöhnlich, dass sich afrikanische Ingenieure, Ärzte oder Universitätsprofessoren in Europa, den Vereinigten Staaten oder zunehmend in arabischen Ländern als Taxifahrer, Müllarbeiter oder Reinigungskräfte durchschlagen – und oft trotzdem mehr als in ihrer Heimat verdienen. Als »Brain Drain« wurde dieses Phänomen bekannt. So arbeiteten beispielsweise 37 Prozent der in Südafrika ausgebildeten Ärzte in OECD-Ländern, beklagte Hans-Werner Mundt, Seniorberater der deutschen Entwicklungshilfeorganisation GIZ.[62] Dies habe verheerende Auswirkungen auf die Entwicklung der afrikanischen Länder.

Doch die Überweisungen der im Norden lebenden Afrikaner sind auch für Afrika ein wichtiger Wirtschaftsfaktor geworden. Als diese Geldüberweisungen 2009 stagnierten, weil die in Europa und Nordamerika lebenden Afrikaner selbst von der Finanzkrise dort betroffen waren, erschütterte der Wegfall dieser Transfers die afrikanischen Länder härter als die direkten Auswirkungen dieser Finanzkrise.

Heute machen diese Überweisungen jährlich mehr als 40 Milliarden Dollar aus – im Jahr 2012 beispielsweise waren es 45 Milliarden

Dollar.[63] Erleichtert wurden diese Überweisungen durch die Überweisungssysteme, die Finanzdienstleister wie MoneyGram, Western Union und Ría Financial Services aufgebaut haben. Ob die Empfänger in Afrika ein Bankkonto besitzen oder nicht, spielt bei diesem System keine Rolle. Zunächst zahlen die Überweisenden ihr Geld bar an einem Schalter in einer Filiale dieser Unternehmen ein. Dann erhalten sie einen Code, den sie per SMS an ihre Verwandten in Afrika schicken, damit diese den entsprechenden Betrag wenige Minuten später in einer Filiale oder bei einem Agenten in ihrer Nähe abholen können. Heute sind Überweisungen auch online möglich. Eine Überweisung von 500 Euro nach Nigeria kostet rund 20 Euro – was immer noch viel ist. Doch hier nutzen diese Unternehmen aus, dass sie sich diesen Markt zu dritt aufteilen.

Diese Überweisungen sind heute schon genauso wichtig wie die staatliche Entwicklungshilfe. Wenn die OECD sämtliche Posten zusammenzählt, kommt sie für 2012 auf 48,9 Milliarden Dollar staatliche Hilfe – kaum mehr als was die Afrikaner im Ausland ihren Verwandten nach Hause schicken. Überspitzt formuliert ließe sich sagen: MoneyGram leistet für Afrika mehr als USAID. Denn während die staatliche Entwicklungshilfe seit Jahren stagniert, wachsen die Überweisungen kontinuierlich – und sie haben den großen Vorteil, dass sie direkt bei der Bevölkerung ankommen, während staatliche Entwicklungszahlungen immer drohen, im afrikanischen Behördenapparat zu versickern. Die direkten Überweisungen dagegen finanzieren häufig die Schulbildung der Neffen und Nichten oder Gesundheitsausgaben der Familie. Damit tragen sie dazu bei, dass die hohen Geburtenraten keine Bürde für den Kontinent werden, sondern tatsächlich eine Dividende, die weiteres Wachstum verspricht.

»Bildung ist eines der wirkungsvollsten Instrumente, um Armut wie auch Ungleichheit zu reduzieren, und legt das Fundament für nachhaltiges Wirtschaftswachstum«, urteilt die Weltbank.[64] Vielen Menschen auf dem Kontinent ist klar, dass eine gute Ausbildung der Schlüssel zu einer Verbesserung des Lebensstandards ist. Gerade in der Schulbildung hat sich in vielen Ländern des Kontinents enorm viel getan. Laut Daten der Weltbank schließen 91 Prozent aller Jungen in Afrika die Grundschule ab und 89 Prozent der Mädchen. 70 Prozent der Heranwachsenden führen dann ihre Bildung in Sekundarschulen fort. In vielen Ländern sind die staatlichen Schulen kostenlos und vermitteln immerhin Grundkenntnisse in Lesen, Schreiben, Rechnen und meistens auch in Englisch oder Französisch. Die Alphabetisierung der afrikanischen Jugendlichen in der Altersgruppe 15 bis 24 Jahre liegt laut Weltbank für das Afrika südlich der Sahara bei 72 Prozent. Dieser Wert ist allerdings immer noch der niedrigste weltweit. Auf dem vorletzten Rang liegt Südasien mit 79 Prozent.

Viele Eltern schicken ihre Kinder deshalb auf private Schulen, sofern sie es sich irgendwie leisten können. Oft tun sich ganze Familien zusammen, um wenigstens einigen Kindern eine höherqualifizierte Schulbildung zu ermöglichen. Es ist nicht ungewöhnlich, dass die Kinder dann auf Internate gehen müssen, wo die Ausgaben für Kost und Logis zusätzliche Belastungen für die Familie bringen. Wie groß der Wille ist, sich weiterzubilden, zeigte einmal der Leiter einer örtlichen Agrargenossenschaft in Äthiopien. Er lebt in einem abgelegenen Dorf, das nicht einmal über Straßen zu erreichen ist, sondern nur über ein Floß. Der Mann, gut 40 Jahre alt, setzte mindestens einmal die Woche über den Fluss über und fuhr dann mit seinem klapprigen Fahrrad gut 30 Kilometer in die nächste Provinzhauptstadt Nazret, um dort an der Abenduniversität Kurse in Buchhaltung und Englisch zu belegen. Am nächsten Morgen fuhr er wieder auf seine Felder zurück. Es gibt viele Beispiele auf dem afrikanischen Kontinent wie diesen Mann. Auch Alfred Mutua, den kenianischen Medienunternehmer und ehemaligen Regierungssprecher, kostete es unendlich viel Mühen und Anstrengungen, um es sogar bis zu einer Promotion zu schaffen.

Viele gut ausgebildete Vertreter der afrikanischen Diaspora kehren mittlerweile wieder nach Afrika zurück. Desillusioniert von Europa oder den Vereinigten Staaten, wo ihre Aufstiegschancen oft wegen Vorurteilen oder Beschränkungen auf dem Arbeitsmarkt behindert werden, suchen erfolgshungrige Afrikaner ihre Chance in ihrer Heimat. Einer von ihnen ist Alex Ntale. Sechseinhalb Jahre lang lebte der Ruander in London, wo er Computerwissenschaften studierte und einen Master in diesem Fach ablegte. Obwohl Ntale sicher in Europa eine gute Stelle gefunden hätte, zog er es vor, im September 2011 nach Ruanda zurückzukehren.

Ntale wollte sich nicht in Ruanda um eine Stelle in der staatlichen Telekomgesellschaft oder bei einem der großen privaten Mobilfunkbetreiber bewerben. »Es wäre nicht fair gewesen, wenn ich den anderen Stellensuchenden hier den Job hätte streitig machen wollen«, sagt Ntale.[65] Er gründete seine eigene IT-Firma – in einem Land, das angesichts seiner vielen Hügel und Berge mit ihren saftigen Wiesen gerne als die »Schweiz Afrikas« bezeichnet wird.

Rasch wurde ihm bewusst, dass in Ruandas Hauptstadt Kigali eine recht lebendige Start-up-Szene in der IT-Welt aktiv war. Er traf sich mit einigen von ihnen, und sie beschlossen, einen Verband für die ruandische IT-Branche zu gründen. Schnell schlossen sich der Idee 25 weitere Start-ups an. Sie mieteten eine Etage in einem Gebäude in Kigali an und richteten dort Büros für junge IT-Unternehmer ein. Ntale wurde der Leiter der Kammer der IT-Unternehmen von Ruanda und verschob seine eigenen IT-Projekte. »Was mich nach Ruanda zurückgebracht hat, war der Wunsch, etwas für mein Land zu tun«, erklärt der schmächtige, mit einer hellen klaren Stimme sprechende Ruander seine erstaunliche Wandlung vom Unternehmer zum Verbandsfunktionär.

Der Verband vertritt weniger politisch die Interessen seiner Mitglieder, sondern gibt ihnen praktische Hilfe. Oft brauchen junge IT-Unternehmer in Afrika nur wenige hundert Euro, um ihre Idee zu verwirklichen. Deshalb hat Ntale ein System von Business Angels aufgebaut, das ruandischen Start-ups mit Startkapital von manchmal nur 500 Euro hilft. »Oft brauchen die Gründer nur etwas Geld, um beispielsweise eine Domain zu kaufen«, sagt Ntale.

Eine verrückte Idee? Ntales Projekt ist weit davon entfernt. Der Verband zählt heute 112 Mitgliedsunternehmen, in denen jeweils zwei bis fünf Leute arbeiten. Ruanda ist durch zwei Glasfiberkabel – eines führt in den kenianischen Urlaubsort Mombasa, das andere in die Hafenstadt Dar es Salam nach Tansania – hervorragend an das globale Datennetz angeschlossen. Denn über diese beiden Küstenstädte ist Ostafrika über große Datenkabel unter See mit dem Rest der Internet-Welt verbunden. Seit Oktober 2013 baut die ruandische Regierung ein LTE-Netz auf, das Internet der nächsten Generation.

Die Internetträume von Afrikanern wie Ntale haben sich dem Kontinent angepasst. Im kLab in Kigali – so heißt das Gründerzentrum – arbeiten die Start-ups vor allem auf Basis von Android, einem frei verfügbaren Betriebssystem für Mobiltelefone. Die Smartphones in Kigali kommen nicht von Samsung oder Apple, sondern von den chinesischen Anbietern Huawei oder Tecno Mobile, einer chinesischen Firma, die sich ganz auf den afrikanischen Kontinent konzentriert.

Ntale sieht große Chancen für die Internet-Gründerszene von Kigali. »Bald haben wir Silicon Savannah in Nairobi überholt«, ist er sich sicher. Denn die Ruander haben einen großen Vorteil: Ursprünglich war Französisch die zweite Sprache neben der Landessprache Kinyarwanda, da die ehemalige deutsche Kolonie nach dem Ersten Weltkrieg unter belgische Vorherrschaft gestellt wurde. Vor einigen Jahren jedoch wurde Englisch Amtssprache, sodass heute viele Ruander sowohl Englisch wie auch Französisch beherrschen – und somit die beiden wichtigsten Verkehrssprachen auf dem afrikanischen Kontinent.

Der größte Vorteil Afrikas in der Aufholjagd gegenüber den etablierten Wirtschaftsnationen sind seine Unternehmer.

Junge Unternehmer für den Kontinent

4

Reiche Afrikaner haben selten gute Presse in Deutschland. Wie kann es angehen, fragen viele, dass einige wenige auf diesem verarmten Kontinent so viel Reichtum anhäufen? Diese Skepsis nähren nicht nur Hilfsorganisationen, die Geld sammeln zur Bekämpfung von Hungerkrisen und anderen Katastrophen. Auch in Afrika haben viele Menschen ein gespaltenes Verhältnis zu erfolgreichen Unternehmern: Einerseits bewundern sie ihren Reichtum. Andererseits vertreten sie die Ansicht, dass es nicht mit rechten Dingen zugehen kann. Afrikas Wirtschaft werde von einer korrupten, raffsüchtigen, inkompetenten Clique beherrscht, lautet das gängige Vorurteil. Sie missbrauche öffentliche Ämter, um sich auf Kosten der Bevölkerung zu bereichern. Diese leidet unter der Korruption oder überhöhten Preisen für die Dinge des Alltags und muss zudem diese ineffizienten Wirtschaftsstrukturen erdulden. Mindestens 55 Milliardäre und 2500 Millionäre leben laut vorsichtiger Zählung südlich der Sahara.[1] Nicht schlecht für einen Kontinent, der gleichzeitig so viel Armut kennt wie kein anderer auf der Welt. 400 Millionen extrem arme Menschen leben zugleich neben diesen Reichen in Subsahara-Afrika und müssen mit einem Einkommen von weniger als 1,25 Dollar täglich um ihr Überleben kämpfen.[2]

Diese Vorurteile kommen freilich nicht von ungefähr. Es finden sich immer wieder Individuen, die sie bestätigen: Betrüger, Ausbeuter, skrupellose Geschäftemacher. Und doch entsteht in Afrika eine ganz andere Gesellschaftsgruppe: Unternehmer, die es aus eigener Kraft geschafft haben, ohne sich von den Mächtigen korrumpieren zu lassen und ohne die Bevölkerung zu bestehlen. Sie sind dabei, den Kontinent zu verändern, wie es in den vergangenen 200 Jahren niemandem vor ihnen gelungen ist. Sie haben das Zeug, dem Kontinent endlich das zu geben, worauf die Welt schon so lange wartet: einen selbsttragenden Aufschwung, der das wirtschaftliche Potenzial, das der Kontinent besitzt, nutzt. Damit entsteht die Perspektive, dass viele Länder Afrikas bald die Armut erfolgreich bekämpfen und ihre Regierungen nicht mehr länger auf Hilfe von außen angewiesen sind. Dieses Ziel ist für viele Länder des Kontinents in greifbare Nähe gerückt.

Das neue Afrika entsteht in der vierten Etage eines Gewerbegebäudes im Westen von Kenias Hauptstadt Nairobi in der Ngong Road. Hier arbeiten junge IT-Unternehmer an den Zukunftsprodukten des Kontinents. In einem Großraumbüro können sich junge IT-Entwickler einmieten, an ihren Ideen arbeiten, sich austauschen – und sich einen Namen in der aktiven Gründerszene Kenias machen. Silicon Savannah wird dieses Gründerzentrum gerne genannt in Anlehnung an das Silicon Valley, das amerikanische IT-Zentrum im Süden von San Francisco, wo die Großkonzerne der modernen Zeit ihren Ursprung haben, IT-Giganten wie Intel, Google, Apple, Dell, eBay, Yahoo oder Facebook.

88mph, 88 Meilen pro Stunde, heißt die Initiative in Nairobi, die den künftigen IT-Stars Afrikas Arbeitsräume überlässt, einen Zugang zu den Glasfaserkabeln, jenen Datenautobahnen, die Kenia mit dem Rest der Welt verbinden, und die schließlich Gründungskapital von bis zu 100 000 Dollar vermittelt.[3] My DoorHandle beispielsweise soll ein Problem lösen, das fast alle Städte in Afrika trifft: Adressen existieren entweder nicht oder sind so ungenau, dass sie nur schwer auffindbar sind, wenn überhaupt.[4] Die neue Webseite soll Unternehmen helfen, Kunden, Geschäfte oder Händler leichter zu finden.

Internet und Afrika? Diese beiden Begriffe passen wenig in die Klischees, die Hilfsorganisationen gerne in der deutschen Vorweihnachtszeit auf Plakatwänden und in Anzeigen vermitteln. Doch die kenianische Regierung macht Ernst damit. Während 88mph von Konzernen wie Microsoft, Samsung und Google unterstützt wird, macht in Nairobi schon ein zweites Projekt von sich reden. Das Ministerium für Information und Kommunikation baut südlich der Hauptstadt die Konza Technology City auf, die noch um einiges größer als 88mph werden soll. Rund 14,5 Milliarden Dollar sollen dort investiert werden und neben einem Wissenschaftspark auch ein Konferenzzentrum, ein Einkaufszentrum, Hotels, internationale Schulen und ärztliche Versorgung umfassen. Damit will die kenianische Regierung die IT-Szene im Land entscheidend voranbringen.

Auch der amerikanische IT-Konzern IBM hat in Nairobi längst ein Forschungszentrum eröffnet. »Das Labor ist ein Katalysator«, sagte Osamuyimen Stewart, Leiter der IBM-Forschung in Afrika in einem Interview.[5] »Es soll Afrikanern ermöglichen, in Afrika für Afrika zu forschen.« IBM habe schon an Lösungen für das Verkehrsproblem gearbeitet, an Modellen, um die Wasserversorgung in Kenia auszubauen, und an Ökosystemen, um die Landwirtschaft zu verbessern.

Überall auf dem Kontinent macht sich die Jugend auf, ihr Schicksal selbst in die Hand zu nehmen und eigene Unternehmen zu gründen. Das amerikanische Wirtschaftsmagazin *Forbes* hatte im Herbst 2013 einige Beispiele zusammengetragen.[6]

Die junge Kenianerin Lorna Rutto etwa hat im Jahr 2010 das Unternehmen Eco Post gegründet. Sie nutzt den Plastikmüll im Land, der bisher in den Slums, auf Müllhalden oder am Straßenrand vor sich hin gammelte, und baut daraus Zaunpfosten, Parkbänke und Straßenschilder. Gegenüber Holz, preist sie ihre Produkte auf ihrer

Homepage an, hätten diese den Vorteil, dass sie nicht von Termiten gefressen werden können.[7]

Patrick Ngowi, 1985 geboren, hat in Tansania vor einigen Jahren, da war er noch keine 20 Jahre alt, von seiner Mutter ein kleines Darlehen von 1800 Dollar bekommen, um sich selbständig zu machen. Er begann, chinesische Handys zu verkaufen. Doch bald schon wollte er helfen, die Energieknappheit im Land zu beseitigen. Er gründete das Unternehmen Helvetic Solar Contractors Ltd., das auf die Erzeugung von Solarstrom spezialisiert ist. So hat er solarbetriebene Kühlschränke und Tiefkühlgeräte genauso im Angebot wie solarbetriebene Straßenlampen, Solarpanels und ganze Solaranlagen. Helvetic Solar Contractors, behauptet er, erziele heute einen Umsatz von mehreren Millionen Dollar.[8] Laut *Forbes* waren es drei Millionen Dollar im Jahr 2012.

Auch wenn die Senegalesin Magatte Wade ihre Unternehmen nicht in Afrika gründete, so ist sie dennoch eine typische Vertreterin der neuen Unternehmergeneration des Kontinents. Die in Senegal, Deutschland und Frankreich aufgewachsene Wade hatte erst in San Francisco das Unternehmen Adina World Beat Beverages gegründet, das Kaffee, Tee und Fruchtsäfte auf der Basis von traditionellen Rezepten aus der ganzen Welt verarbeitet.[9] Dabei nutzt sie ökologisch erzeugte Zutaten von Kleinbauern aus Afrika und Asien. Im Jahr 2004 gründete sie ihr Start-up. Innerhalb von fünf Jahren gelang es ihr, mehr als 30 Millionen Dollar bei Investoren aufzutreiben, die sich an ihrem Unternehmen beteiligten. Doch dabei entglitt ihr die Kontrolle über ihre Firma. Als ihr die Entwicklung, in die ihre Investoren das Unternehmen drängten, nicht mehr gefiel, ging sie 2009 raus und gründete in New York das Kosmetikunternehmen Tiossan, das Produkte zur Hautpflege auf der Basis von traditionellen Methoden und Produkten aus Senegal herstellt. Das Wort »thiosane« bedeutet in der in Senegal verbreiteten Sprache Wolof Herkunft, Ursprung.

Die neuen Unternehmer Afrikas sind meist gut ausgebildet, kosmopolitisch, einfallsreich und wagemutig. Gleichzeitig tragen sie zum Aufbau einer modernen Zivilgesellschaft in ihren Ländern bei. Sie fordern von Regierungen und Verwaltung, dass diese nicht länger Willkür herrschen lassen, sondern verlässliche Gesetze aufstellen und funktionierende Staatsapparate entwickeln. Und schließlich ermöglichen es die jungen Unternehmer im besten Fall, dass sie als Arbeitgeber ihren Angestellten regelmäßige Einkommen zahlen und in den Unternehmen selbst Aufstiegschancen schaffen. Damit tragen diese Unternehmer dazu bei, dass in Afrika eine Mittelschicht entsteht, die selbst wiederum einen riesigen Markt darstellt und zur politischen Stabilität auf dem Kontinent beiträgt.

Es ist nicht ungewöhnlich, dass diese Jungunternehmer an den besten Universitäten in Europa oder Nordamerika studiert haben – oder immer öfter in Arabien, China, Indien, Indonesien und Malaysia. Viele von ihnen haben zunächst in internationalen Konzernen Karriere gemacht, bevor sie nach Afrika zurückkehrten und dort als Unternehmer eine zweite Karriere begannen. Andere wiederum konnten sich eine bessere Schule oder gar eine Hochschule nicht leisten. Und dennoch haben sie es als Unternehmer nach oben auf der Erfolgsleiter geschafft. Nicht alle sind aus freiem Antrieb Unternehmer geworden. Viele hatten keine andere Wahl, um ihre Familie zu ernähren. Die Gründe, es als Unternehmer zu versuchen, sind so unterschiedlich wie überall auf der Welt. Doch der Befund bleibt: Unbemerkt vom reichen Norden entsteht in Afrika eine Unternehmerschicht, die den Aufschwung auf diesem Kontinent vorantreibt und gestaltet.

Auch wenn die Lebenswege der neuen Unternehmer Afrikas so unterschiedlich und facettenreich sind wie der Kontinent selbst, einige Eigenschaften sind ihnen doch gemein: Sie zeichnen sich allesamt durch Einfallsreichtum, Spontaneität und eine Improvisationskunst sondergleichen aus. Sie kopieren nicht einfach Produkte aus dem reichen Norden, die für die Masse der Konsumenten in Afrika unerschwinglich sind – sie passen sie an die Bedürfnisse der örtlichen Verbraucher an. Sie erfinden Produkte und Anwendungen, an die Ingenieure und Marketingstrategen aus den etablierten, entwickelten Ländern nie im Leben gedacht hätten. »Wir haben die Kopie, bevor das Original da ist«, witzeln die Menschen in Kenia gerne über ihre Fähigkeit, schnell die unerreichbaren Produkte der Wohlstandsgesellschaften zu adaptieren. Diese Fähigkeit ist eine der wichtigsten Ressourcen dieses Kontinents, eine größere als die Schätze, die der afrikanische Boden bietet.

Überall auf der Welt beherrschen die berühmten Barbie-Puppen des amerikanischen Spielzeugkonzerns Mattel die Zimmer der kleinen Mädchen. Nur in Afrika ist es Mattel nicht gelungen, die große Schlanke mit den langen blonden Haaren durchzusetzen. Schwarze Frauen haben in der Regel eben keine langen glatten Haare, und blond sind sie schon gar nicht. Darauf hat der Nigerianer Taofick Okoya reagiert und eine Spielzeugserie mit schwarzen Barbie-Puppen auf den Markt gebracht. »Queens of Africa« heißt seine Marke, und er bietet sie in den Hautfarben an, die afrikanischen Mädchen vertraut sind, mal heller, mal dunkler.[10]

Zwischen 6000 und 9000 Puppen verkauft Okoya in guten Monaten. Damit hat er etwas erreicht, was Mattel bisher versagt blieb. Denn auch der amerikanische Spielzeugkonzern hatte schon schwarze Barbie-Varianten auf den Markt gebracht, allerdings ohne durchschlagenden Erfolg. »Ich verkaufe nicht einfach nur Spielzeug«, sagt Okoya. »Ich verkaufe auch kulturelle Werte.« Seine Puppen, meist in traditionelle afrikanische Kleider mit ausladenden Kopfbedeckungen gekleidet, sollen der Spiegel der afrikanischen Geschichte sein. 1000 Naira, etwa fünf Euro, kostet eine Puppe aus der Serie »Naija Princesses« – und damit nur den Bruchteil einer klassischen Barbie-Puppe. Auch der erschwingliche Preis trägt offenkundig zum Erfolg bei.

Mit der Puppenserie und inzwischen auch mit den dazugehörigen Büchern und Comics hat Okoya den Konzern Mattel ausgestochen. Auf rund 50 Prozent beziffert er seinen Marktanteil in Nigeria und den von Mattel auf 10 bis 15 Prozent. Noch sehen die Puppen klassisch nigerianisch aus. Doch Okoya plant nun, Serien für andere afrikanische Länder auf den Markt zu bringen. Und die entsprechende Zeichentrickserie werde auch noch kommen, meint Okoya.

Dieses Mal kam das Original vor der Kopie. Doch Okoyas Beispiel zeigt, wie geschickt afrikanische Unternehmer Vorbilder aus anderen Erdteilen aufgreifen und an die afrikanischen Gegebenheiten anpassen. Und um seine Idee zu realisieren, brauchte Okoya noch nicht einmal übermäßig viel Kapital.

Diese Kraft, aus wenig viel zu machen, hat Afrika schon immer ausgemacht. Kinder lernen es von klein auf, ihr Spielzeug selbst aus den Materialien zu basteln, die Erwachsene achtlos liegenlassen oder wegwerfen. Denn nur wenige Eltern können es sich leisten, ihren Kindern jene Unmengen von Spielzeug zu kaufen, die häufig die Kinderzimmer in Europa oder den Vereinigten Staaten überborden lassen. Diese schon früh erlernte Kreativität und Improvisationskunst kommt den neuen Unternehmern Afrikas zugute. Sie schaffen es, diese Eigenschaften mit modernen Methoden des Managements, der Unternehmensführung und des Marketing zu verknüpfen. Der Kontinent fängt an, die Früchte dieser tausend kleinen Erfinder zu ernten. Aus vielen Gründungen in Afrika sind so große Unternehmen hervorgegangen, dass sie es selbst an die Börsen in London oder New York geschafft haben.

Das schlechte Image reicher Afrikaner kommt nicht von ungefähr. In der Zentralafrikanischen Republik hatte Jean-Bedel Bokassa, der sich 1977 in einer grotesken Zeremonie selbst zum Kaiser des Landes krönte, Maßstäbe gesetzt. Sein Ornat ließ er sich vom Pariser Modeschöpfer Pierre Cardin entwerfen und orderte 60 000 Flaschen Champagner und Burgunder-Wein. Eine Zeitlang hielt er sich auch für Jesu 13. Apostel. Andere Herrscher wie Omar Bongo in Gabun oder Mobutu in Zaire, das sich heute Demokratische Republik

Kongo nennt, haben sich schamlos an den Rohstoffen ihrer Länder zulasten ihrer Bevölkerung bedient. Jacob Zuma, Präsident von Südafrika, wurde Ende 2013 vorgeworfen, tief in die Staatskasse gegriffen zu haben, um beispielsweise seinen privaten Landsitz in Nkandla, einem Dorf in der Region KwaZulu-Natal, zum Preis von 23 Millionen US-Dollar auszubauen.[11] Ein Untersuchungsbericht, verfasst von einer neutralen Kommission, bestätigte im Mai 2014 die Vorwürfe. Gefürchtet sind auch die Shoppingtouren, auf die sich immer wieder die fünf Lieblingsfrauen des Königs von Swasiland, Mswati III., aufmachen. Dann fahren sie mit einer 40 Kopf großen Entourage und einer Reisekasse von 4,5 Millionen Euro durch Frankreich, Italien, die USA, Dubai und Taiwan und machen die Luxusgeschäfte unsicher.[12] Der König selbst gönnt sich, obwohl das Land ebenfalls bitterarm ist, einen Maybach von Mercedes-Benz und einen Fuhrpark mit zwanzig gepanzerten Mercedes-Limousinen.

Das schlechte Beispiel der Politiker erfasste offenbar auch viele Unternehmer. Villen an der Côte d'Azur, Luxuswohnungen in London, Schlösser vor den Toren von Paris, Privatjets und Limousinen, aufgetakelte Ehefrauen, verhätschelte Kinder auf teuren Eliteschulen, geheime Bankkonten und diskrete Schließfächer – keine Extravaganz scheint diesen neureichen Herrschern Afrikas zu teuer zu sein. Und der Norden überweist weiter fleißig Entwicklungshilfe – knapp 50 Milliarden Dollar waren es 2012.[13]

So geht das Klischee, nicht nur in Europa, auch in Afrika selbst. Die afrikanischen Eliten betrachteten ihre Staaten als Goldesel und äfften den Lebensstil der Kolonialherren nach, lautet der Vorwurf. Sie hätten keinerlei Verantwortungsgefühl für ihre Länder und seien nicht an deren Entwicklung interessiert. Zu diesem vernichtenden Urteil kam der südafrikanische Ökonom Moeletsi Mbeki, Bruder des ehemaligen Präsidenten Südafrikas Thabo Mbeki, in seinem Buch *Architects of Poverty. Why African Capitalism needs Changing.*[14] Seine Forderung: »Afrika braucht neue Regierende – das Volk selbst –, die verstehen, dass der Pfad zu einer Zukunft des Wohlstands in harter Arbeit, Kreativität, Wissen und Gleichheit liegt.«

Diese Kritik mag noch auf einen geringen Anteil der Machthaber Afrikas, wie etwa König Mswati III., zutreffen. Doch die meisten Machthaber Afrikas leben längst nicht mehr in dem Prunk, den die Generation davor, die erste Generation der postkolonialen Ära, schamlos zur Schau gestellt hatte. Sicher, in manchen Ländern hilft es, als Unternehmer nahe an der Macht zu sein. So verdankte der ägyptische Stahlmagnat Ahmed Ezz seinen wirtschaftlichen Aufstieg seinen guten Beziehungen zum langjährigen Diktator im Reich am Nil, Husni Mubarak. Ezz, 1959 geboren, strebte gleich in zwei Karrieren nach oben.[15] Er baute Al Ezz Industries auf, einen Konzern, der in der Produktion von Stahl und Keramik in Ägypten führend war. Und er saß als Abgeordneter für die Nationaldemokratische Partei, die Partei Mubaraks, im ägyptischen Parlament. Ezz war einer von Mubaraks engsten Vertrauten – und er wurde kurz nach dessen Sturz verhaftet und verurteilt.

Der Absturz des Stahlmagnaten Ezz zeigt, dass es schwerer für jene Unternehmer in Afrika wird, die bei ihrem Aufstieg auf Korruption und Machtmissbrauch bauen. Die alten Strukturen aus Vetternwirtschaft, Korruption und Ineffizienz brechen auf. Das schafft Raum für neue Unternehmer, für Unternehmer, die fern vom Staatsapparat mit einem unbändigen Willen zum Erfolg, mit Beharrlichkeit, Wagemut und beachtlichem Einfallsreichtum dem afrikanischen Kontinent neue Gesichter geben. Viele von ihnen arbeiten mit einer in Europa selten gewordenen Leidenschaft daran, ihren Lebenstraum zu verwirklichen und sich als Unternehmer zu beweisen.

Europäer trauen Afrikanern in der Regel nicht viel zu. Diese Feststellung klingt hart, doch beschreibt sie die Realität. »Die negative Wahrnehmung, die die meisten Amerikaner von Afrika haben«, antwortete die junge Senegalesin Magatte Wade in einem Interview auf die Frage, was ihr größtes Hindernis in ihrer Karriere als Unternehmerin war.[16] Nicht nur Amerikaner, auch Deutsche tun sich schwer damit, die Fähigkeiten von Afrikanern anzuerkennen. Schulabschlüsse und Universitätsdiplome werden von deutschen Behörden oft als drittklassig abgetan. Dabei haben die Afrikaner gerade im Bereich der Technologie bewiesen, wozu sie fähig sind. Den Aufbau des Mobilfunks auf dem Kontinent beispielsweise haben Afrikaner selbst bewerkstelligt – ohne Appelle zur Unterstützung und ohne die Hilfe der internationalen Spendenorganisationen.

Einer der entscheidenden Pioniere für den Mobilfunk in Afrika war Miko Rwayitare, der 2007 wenige Wochen vor seinem 65. Geburtstag gestorben ist. Er hat früher als alle andere erkannt, welche Möglichkeiten Mobilfunk dem Kontinent eröffnet. Rwayitare wurde 1942 in Ruanda geboren, als das Land noch belgische Kolonie war. Er durfte eine Missionsschule in Bukavu im Osten des nahe gelegenen Kongo besuchen, der damals ebenfalls unter belgischer Herrschaft stand. Und so verbrachte er sein Leben hauptsächlich in Kongo und nahm schließlich die Staatsbürgerschaft des Landes an, als der Kongo unabhängig geworden war.

Rwayitare konnte Elektrotechnik an der Universität Karlsruhe studieren, die einen Weltruf als Technische Hochschule besitzt. »Er ging dort hin, um Ingenieurswissenschaften zu studieren«, erinnert sich sein Freund Dr. Gabriel Twagira.[17] »Er war ein hervorragender Student.« 1970 schloss Rwayitare sein Studium in Deutschland mit dem Diplom ab – und einer Liebe für deutsche Tugenden wie Präzision und Disziplin. Nach seinem Studium arbeitete Rwayitare noch einige Jahre in Deutschland. Doch es zog ihn nach Afrika zurück, nach Kongo, das sich damals Zaire nannte. Dort hörte Rwayitare 1975, dass eine amerikanische Militärtechnologie namens AMPS für die zivile Nutzung freigegeben wurde. Er flog in die USA, bewarb sich um die Lizenz für Afrika – und bekam sie. So entdeckte Rwayitare die Möglichkeiten des Mobilfunks für diesen Kontinent, lange bevor die europäischen Verbraucher überhaupt ahnten, welche Technologie auf sie zukam und wie sehr sie die Welt verändern würde.

Rwayitare war seiner Zeit weit voraus. Auch in Afrika hielten die Menschen ihn für verrückt. »Ich sagte ihm, du verkaufst Wind«, erinnert sich sein Freund Twagira. »Und er antwortete: Ich glaube, es kann funktionieren.« Es funktionierte. Rwayitare baute mit seinem Partner Joe Gatt die Firma Telecel auf, Afrikas erstes Mobilfunkunternehmen. Im Jahr 1986 nahm es den Betrieb auf. »Die ersten zwölf Monate boten wir unseren Dienst kostenlos an, nur damit die Leute sehen, dass es möglich war«, erinnerte sich Rwayitare einmal. »Und die Leute verliebten sich in die Mobiltelefone.« Die ersten Geräte, die er verkaufte, kamen von Motorola, hatten eine Betriebszeit von 30 Minuten, keinen Speicher und konnten nur die zuletzt gewählte Nummer registrieren. »Sie waren so schwer wie eine Flasche Wein, und sie waren ein enormer Erfolg.«

Nach dem ersten Jahr hatte Telecel 3000 Abonnenten. Damit war er im damaligen Zaire groß im Geschäft. Denn immerhin kostete ein Mobiltelefon damals rund 5000 US-Dollar. 1991 war er schon in vier weiteren Ländern des Kontinents aktiv: in Burundi, Guinea, Madagaskar und der Zentralafrikanischen Republik. Daran lässt sich ermessen, dass die Länder, in denen afrikanische Unternehmer erfolgreich sind, nicht unbedingt jene sind, die europäischen Marktstrategen als erste einfallen. Bis 1998 kamen die Elfenbeinküste, Sambia und Simbabwe hinzu. Im Jahr 2000 verkaufte er 80 Prozent der Anteile an Telecel an den ägyptischen Telekommunikationskonzern Orascom zum Preis von 413 Millionen Dollar.

Orascom wiederum wurde von Onsi Sawiris gegründet, ebenfalls einem der erfolgreichsten Unternehmer Afrikas. Das Vermögen seiner Familie wird auf gut 9 Milliarden Dollar geschätzt. Seine Lebensleistung ist umso bemerkenswerter, denn Sawiris ist all dies als koptischer Christ in einem muslimisch dominierten Land gelungen. 1950 gründete Sawiris im Alter von 20 Jahren ein Bauunternehmen, wurde 1961 enteignet, nachdem der damalige Machthaber Gamal Abdel Nasser im Namen des arabischen Sozialismus viele Unternehmen verstaatlichte. Sawiris emigrierte nach Libyen und gründete ein

Bauunternehmen, das er verlor, als Muammar al-Gaddafi dort an die Macht kam und ebenfalls den Sozialismus proklamierte. 1972 kehrte Sawiris nach Ägypten zurück und gründete Orascom, das im Bauwesen, in der Telekommunikation, im Tourismus und in einigen anderen Branchen tätig ist. Es wurde nicht nur eine der erfolgreichsten Unternehmensgruppen Afrikas, sondern auch eine der größten des Kontinents. Vor einigen Jahren zog sich Sawiris aus dem operativen Geschäft zurück und teilte es unter seinen drei Söhnen auf.

Doch zurück zu Rwayitare oder »Mister Miko«, wie ihn die Afrikaner meist nannten. Er verkaufte Telecel nicht etwa an Orascom, weil er der Geschäfte oder der Telekommunikation müde geworden wäre. Er wollte vielmehr weitergehen und sich nicht auf dem Erreichten ausruhen. Rwayitare entwickelte weitere Ideen, träumte von einem Breitbandnetz in Afrika, das internetfähig und zur Übertragung von Videos geeignet gewesen wäre. Die Verwirklichung dieser Idee, die heute den Kontinent in die Moderne bringt, erlebte Mister Miko leider nicht mehr.

Allerdings gelang es Rwyitare vor seinem Tod noch, im Jahr 2001 in Franschhoek bei Kapstadt ein 82 Hektar großes Weingut, Mont Rochelle Mountain Winery, zum Preis von drei Millionen Dollar zu kaufen. Mister Miko war damit der erste Schwarze, der in Südafrika im Alleinbesitz eines Weinguts war. Wenige Jahre später rundete er diesen Besitz mit einem Luxushotel und einem Spitzenrestaurant ab. »Um erfolgreich im Leben zu sein, brauchst du drei Dinge: 60 Prozent Glück, 20 Prozent Arbeit und 20 Prozent Einfallsreichtum und Ideen«, sagte er einmal.[18]

Auch Mo Ibrahim zählt ohne Zweifel zu jenen Ausnahme-Unternehmern, die diese Mischung aus Glück, Fleiß und Kreativität ins Geschäftsleben mitbrachten. Sein Name lässt heute noch jeden in Afrika ehrfürchtig werden – und ist in Deutschland so gut wie nicht bekannt. Dabei war auch Ibrahim maßgeblich an der Entwicklung des Mobilfunks auf dem Kontinent beteiligt und damit an der wohl größten Umwälzung in Afrika seit dem Ende des Kolonialismus. Nur verlief diese Umwälzung völlig friedlich.

In den Jahren vor Rwayitare und Ibrahim waren die Afrikaner von der Willkür der meist staatlichen Telefongesellschaften abhängig. Schlimmer noch: Meistens waren sie den vielen tausend korrupten Angestellten dieser Telefongesellschaften ausgeliefert. Ständig waren die Kabel durchtrennt. Sie wurden abgerissen, gestohlen, von fallenden Bäumen zerrissen oder von den Arbeitern der Telefongesellschaften selbst durchschnitten. Nur gegen Zahlung eines entsprechenden Betrags bekamen viele Afrikaner überhaupt einen Telefonanschluss, und auch nur gegen Zahlung vieler kleiner Beträge wurde das Netz einigermaßen instand gehalten. Telefone waren ein dauerhaftes Ärgernis in Afrika.

Ibrahim half, den Kontinent vom Albtraum des Telefonnetzes zu befreien und baute den ersten ostafrikanischen Mobilfunkbetreiber Celtel auf. 1946 im Sudan geboren, studierte er zunächst an der Universität von Alexandria in Ägypten Elektrotechnik und legte dort den Bachelor of Science ab. Dann ging er nach England, absolvierte an der Universität Bradford einen Master-Studiengang in Elektronik und Elektrotechnik und promovierte schließlich an der Universität Birmingham in Mobiler Kommunikation zum PhD, der angelsächsischen Variante des deutschen Doktortitels.

Er wirkte bei British Telecom am Aufbau der mobilen Kommunikation mit und erkannte dabei, welche ungeheuren Möglichkeiten Mobiltelefone dem afrikanischen Kontinent bieten. Von da an beseelte ihn der Wunsch, Handys nach Afrika zu bringen. Doch der ehemalige britische Staatskonzern zeigte sich nicht interessiert. Anstatt die riesigen Chancen in Afrika zu ergreifen, die Ibrahim dem Vorstand vorzeichnete, wollte dieser sich lieber – wie alle seine internationalen Konkurrenten von France Télécom bis zur Deutschen Telekom – in waghalsige Übernahmen in den entwickelten Ländern stürzen und dabei am Ende Milliardenbeträge verlieren.

Unternehmergeist ist eben nicht unbedingt in den großen Konzernen zu Hause. Die Unbeweglichkeit und Risikoscheu in den internationalen Unternehmen eröffnen afrikanischen Unternehmern immer wieder Chancen. Diese wollte Ibrahim nach der Ablehnung von British Telecom auf eigene Faust ergreifen.

Im Jahr 1989 verließ Ibrahim British Telecom und gründete zunächst die Beratungsgesellschaft MSI (Mobile Systems International). Sie beriet beim Aufbau der komplexen Handy-Netzwerke und wuchs rasch auf rund 800 Angestellte. Die Aktie wurde bald auch an der Börse gehandelt. Im Jahr 2000 verkaufte er MSI zum Preis von 900 Millionen Dollar an das britische Unternehmen Marconi Company. Denn schon 1998 hatte er von seiner Beratungsgesellschaft die MSI-Cellular Investments abgespalten, die er von 2004 an als Celtel International firmieren ließ.

Mit Celtel gelang es Ibrahim, die milliardenschweren Finanzierungen für den Aufbau eines Handy-Netzwerks in Afrika zu stemmen. Denn abgesehen von den Anschlüssen an die Satellitensysteme im Weltall musste in Afrika erst ein Netz an Übertragungsmasten aufgebaut und betrieben werden. Beharrlich, Schritt um Schritt, baute Ibrahim dies auf, als folge er einem großen Masterplan. Celtel expandierte in den folgenden Jahren nach Nigeria, Kenia, Uganda, Tansania, Malawi, Sambia, die DR Kongo, Kongo-Brazzaville, Tschad, Niger, Burkina Faso, Sierra Leone, Gabun, Madagaskar, aber auch nach Ghana und Sudan, wenn auch Celtel dort nicht unter der eigenen Marke auftritt.

Celtel ist eine unglaubliche Erfolgsgeschichte, die in Europa vielleicht nur deshalb so wenig bekannt ist, weil viele Menschen im Norden es heute für völlig normal halten, dass sie überall auf der Welt mit ihren Mobiltelefonen telefonieren können, und vielleicht auch, weil viele im Norden den Afrikanern es nicht zutrauen, eine solche technische Leistung zu vollbringen. Celtel ist die Erfolgsgeschichte eines Afrikaners, der eine neue Technologie auf den Kontinent gebracht hat, wo es doch normalerweise die Nichtafrikaner sind, die ihre Überschussprodukte nach Afrika exportieren.

Ibrahims Erfolgsgeschichte zeigt auch, dass die neuen Unternehmer auf dem Kontinent nichts mit den windigen Geschäftemachern zu tun haben, die rasch Millionen verdienen wollen, um diesen dann mit großen Villen, teuren Sportautos, leichten Mädchen und prickelndem Champagner zur Schau zu stellen. Jahrelang, mit einer unglaublichen Beharrlichkeit, hat Ibrahim daran gearbeitet, den afrikanischen Kontinent mit einem Mobilfunknetz zu überziehen.

Im April 2005 verkaufte Ibrahim Celtel an den Konkurrenten Zain. Dieser Betreiber von Mobilfunknetzen wurde 1983 zunächst als MTC, Mobile Telecommunications Company, in Kuwait gegründet und expandierte von dort aus ins Ausland. Anfang 2010 wiederum verkaufte Zain sein gesamtes Afrika-Geschäft an den indischen Mobilfunkbetreiber Bharti Airtel. 3,4 Milliarden Dollar hatte Zain im Jahr 2005 für Celtel gezahlt. Fünf Jahre später bekam Zain für sein gesamtes Afrika-Geschäft 10,7 Milliarden Dollar – und da soll noch jemand behaupten, in Afrika würden keine Werte geschaffen. Der Kauf von Zain Africa durch Bharti Airtel war die zweitgrößte Übernahme eines indischen Unternehmens im Ausland und wird bisher nur in der internationalen Stahlbranche von der Akquisition von Corus durch Tata Steel zum Preis von 13 Milliarden Dollar im Jahr 2007 übertroffen.

Airtel ist heute in vielen afrikanischen Ländern aktiv, in West- und Zentralafrika, in Burkina Faso, Sierra Leone, Tschad, Ghana, Niger, Gabun, Nigeria, Kongo-Brazzaville, der DR Kongo genauso wie im Osten in Kenia, Tansania, Uganda, Sambia, auf den Seychellen und in Madagaskar, in Ruanda und Malawi. Dank des Afrika-Geschäfts ist Bharti Airtel einer der größten Mobilfunkbetreiber der Welt und in der Lage, von Indien über Irak, Kuwait, Bahrein, Saudi-Arabien und Ägypten, über den afrikanischen Kontinent bis nach Sierra Leone, einem der westlichsten Punkte Afrikas, ein einheitliches, alle politischen und geographischen Grenzen überschreitendes Mobilfunknetz anzubieten. Damit sind der Nahe Osten und Afrika fortschrittlicher als Europa, wo es einem Reisenden geschehen kann, dass er auf einer Distanz von wenigen hundert Kilometern mehrmals das Mobilfunknetz wechseln muss.

Ibrahim hätte jetzt wohl nach den Regeln europäischer Klischees ein Leben in Saus und Braus führen sollen mit Yachten in Saint-Tropez, Gogo-Girls auf dekadenten Partys, bei denen der Champagner in Strömen fließt. Nichts von dem geschah. Ein Leben im Bling-Bling-Kapitalismus hätte zu Mo Ibrahim nicht gepasst. Auch heute pflegt er einen relativ bescheidenen Lebensstil. Und er tat etwas, das fast alle afrikanischen Unternehmer tun, sobald sie zu Geld gekommen sind: Er betätigte sich karitativ. Für afrikanische Unternehmer wäre es eine seltsame Vorstellung, der Gemeinschaft nichts von dem Vermögen, das sie selbst angesammelt haben, zurückzugeben. Er gründete 2007 die Mo Ibrahim Foundation, die ein wirklich einzigartiges Ziel verfolgt. Die Stiftung verleiht regelmäßig einen Preis an afrikanische Staatsmänner, die freiwillig von ihrem Posten zurücktreten und ihre Macht nach allen Regeln der Demokratie einem Nachfolger übertragen. Dafür erhalten sie von der Mo Ibrahim Stiftung ein Handgeld von fünf Millionen Dollar und bis an ihr Lebensende eine jährliche Apanage von 200 000 Dollar.

Wer weiß, vielleicht ruiniert dieser Preis eines Tages Ibrahim, weil eine Demokratisierungswelle den Kontinent erfasst und die Kandidaten bei ihm Schlange stehen. Doch diese Sorge muss Ibrahim bisher nicht haben. Es gibt bisher nicht allzu viele Staatsoberhäupter im Ruhestand, die für den Mo-Ibrahim-Preis in Frage gekommen sind. So fällt die Verleihung auch regelmäßig aus. Erster Preisträger war 2007 Joaquim Chissano, der 2005 freiwillig sein Amt als Staatspräsident von Mosambik abgab. 2008 erhielt Festus Mogae aus Botswana den Preis und 2011 Pedro Pires aus Kapverden. In den Jahren 2009, 2010 und 2012 verlieh die Stiftung den Preis nicht. Der Ende 2013 verstorbene ehemalige Präsident von Südafrika, Nelson Mandela, ist Ehrenpreisträger.

Darüber hinaus hat die Mo Ibrahim Foundation viele andere Aktivitäten entwickelt, die den Aufbau gut funktionierender Regeln für die Staatsführung unterstützen sollen. So hat der einstige Mobilfunkvisionär den Ibrahim Index of African Governance entwickelt, der eine Rangliste der politisch und wirtschaftlich am besten geführten Länder des afrikanischen Kontinents erstellt. Erfasst werden Kriterien wie öffentliche Sicherheit und Rechtsstaatlichkeit, Einhaltung der Menschenrechte, wirtschaftliche Nachhaltigkeit und Stand der Entwicklung. Seit Jahren weit oben rangieren kleinere Inselstaaten wie Mauritius, Kapverden, die Seychellen und, wenn auch etwas weiter hinten, São Tomé und Príncipe. Aber auch einige andere Länder wie Botswana, Südafrika, Ghana und Namibia scheinen bei der Einführung guter Regierungsstandards gut vorangekommen zu sein.

Afrika ist nicht nur der Kontinent der Hungerleider. Wie verkürzt diese Sicht ist, zeigt regelmäßig die Liste der 40 reichsten Männer und Frauen Afrikas, auf der sich bisher freilich nur Männer finden. Seit Jahren führt sie unangefochten der nigerianische Unternehmer Aliko Dangote mit einem Vermögen von geschätzt 11,2 Milliarden Dollar an.[19] *Forbes* führt ihn zugleich auf der Liste der reichsten Menschen der Welt auf Rang 43. Wie für afrikanische Unternehmer typisch, ist er in vielen Bereichen aktiv: Zucker, Zement, Mehl, Salz, Teigwaren, Immobilien, Telekommunikation, Düngemittel, Sesam, Baumwolle, Cashewnüsse, Banken, Öl und Gas. Die Geschäfte laufen wohl recht gut. Die Aktien der Dangote Group kommen an der Börse Lagos auf einen Wert von rund 15 Milliarden Dollar (rund 11 Milliarden Euro), während der deutsche Zementhersteller Heidelberg Cement an der Börse eine Marktkapitalisierung von weniger als 10 Milliarden Euro erreicht. Damit stellt Dangote eine der Aktien Afrikas mit der höchsten Marktkapitalisierung und wird entsprechend von Fondsmanagern und Investoren aus der ganzen Welt umworben.

Aliko Dangote, 1957 in der nordnigerianischen Stadt Kano geboren, hatte offenbar schon früh einen beachtlichen Sinn für Geschäfte. Einmal erzählte er, dass er schon als Grundschüler seinen Schulkameraden Süßigkeiten verkaufte, um sich etwas Geld zu verdienen. Dabei kam er aus einer muslimischen, relativ vermögenden Familie. Sie war immerhin so begütert, dass sie Aliko Dangote ein Studium an der Al-Azhar-Universität in Kairo ermöglichen konnte. Als er nach Nigeria zurückkam, gab ihm ein Onkel einen Geschäftskredit, mit dem Dangote im Alter von 21 Jahren ein bescheidenes Handelshaus eröffnen konnte.

Das gelang ihm relativ gut. Im Zuckergeschäft stieg Dangote zum Marktführer in Nigeria auf, das nach Schätzung des UN Population Fund mit mehr als 170 Millionen Einwohnern das bevölkerungsreichste Land auf dem Kontinent und noch vor Südafrika der bedeutendste Konsummarkt Afrikas ist.[20] Dangote Sugar Refinery beliefert sie alle: Süßwarenhersteller, Einzelhändler, Limonadenhersteller. Mit einem Marktanteil von 70 Prozent kontrolliert Dangote den Zuckermarkt in diesem Land und ist der größte Zuckerfabrikant Afrikas. Dangote Flour Mills ist der größte Verarbeiter von Getreide zu Mehl und stellt selbst getrocknete Teigwaren her.

Im Zementgeschäft ist Dangote weit vor dem französischen Konkurrenten Lafarge, der sich im Frühjahr 2014 entschloss, mit dem schweizerischen Hersteller Holcim zu fusionieren, Marktführer in Nigeria und expandiert nach Benin, Ghana und Togo. Andere Regionen – Senegal, der Süden Afrikas und Ostafrika – nimmt Dangote Cement in den kommenden Jahren in Angriff, sagt der aus Norwegen stammende Vorstandsvorsitzende Knut Ulvmoen.[21] Dangote ist dabei, den ersten wirklich panafrikanischen Zementkonzern aufzubauen. Zement, das mag unspektakulär klingen. Doch dieses unscheinbare Pulver ist die Basis für allen Fortschritt auf dem afrikanischen Kontinent. Für den Bau neuer Flughäfen wird Zement gebraucht, für neue Häfen, für Wohnungen, Verwaltungsgebäude – und für Straßen. Denn das ist die Vision, die Ulvmoen an der Spitze von Dangote nun verfolgt: »Warum bauen wir in Afrika Straßen aus Asphalt und nicht aus Zement?«, fragt er. »Ihr in Deutschland habt

Autobahnen aus Zement, und die halten mehr als 50 Jahre.« Asphalt sei für Afrika wenig geeignet, weil er in der Hitze weich werde. Zement dagegen sei haltbarer, zudem er in Afrika nicht durch Frost, der die schmalen Ritzen zwischen den Platten aufbricht, leidet.

Dangote Cement ist schon etwa doppelt so groß wie der französische Zementkonzern Lafarge, dem in Afrika die beiden Zementhersteller Wapco und Ashaka Cement gehören. Dangote Cement kommt auf eine Produktionskapazität von rund acht Millionen Tonnen jährlich, Lafarge mit seinen beiden Tochtergesellschaften auf rund drei Millionen Tonnen. In den nächsten zehn Jahren will Dangote die Produktionskapazität seines Zementimperiums auf wenigstens 20 Millionen Tonnen ausbauen.

Ulvmoen will die Dangote Group in den kommenden Jahren stärker auf die Zementaktivitäten ausrichten. Die Mehrheit am Mehlgeschäft hat er schon abgegeben. Auch die vielen anderen kleineren Aktivitäten werden allmählich verkauft. Auch hier entwickeln sich afrikanische Unternehmer weiter: Große Konglomerate mit Aktivitäten in einer Vielzahl von Branchen sind in der Regel Zeichen für wenig entwickelte Märkte. Je weiter der Fortschritt in einer Gesellschaft voranschreitet, desto größer wird der Druck, sich auf einige wenige, möglichst verwandte Geschäftsfelder zu konzentrieren. In der Frühzeit des Automobils hatten Unternehmer mit Kenntnissen in Mechanik Vorteile. Gleichzeitig stellten sie Motoren für Flugzeuge her, bauten Traktoren, aber auch Motorräder, Fahrräder und selbst Nähmaschinen. Heute ist BMW der einzige Autohersteller in Europa, der auch Motorräder produziert, und Peugeot der einzige Autokonzern, der noch Fahrräder und sogar Pfeffermühlen im Sortiment hat.

In wirtschaftlich schnell wachsenden Ländern ist die Versuchung für einen aufsteigenden Unternehmer groß, in viele Aktivitäten zu expandieren. Denn es fehlt an allem, vor allem an Konkurrenten. Dementsprechend groß sind die Geschäftsmöglichkeiten und die Renditen, die sich erzielen lassen. Oft entstehen diese Konglomerate nicht ganz freiwillig. Wer seine Angestellten ärztlich betreuen lassen will, muss selbst ein Krankenhaus bauen. Ein Fabrikbesitzer muss seine eigene Feuerwehr einrichten, weil auf die örtlichen Kräfte kein Verlass ist. Straßen müssen Unternehmen selbst bauen, um Abbaugebiete zu erschließen oder ihr Unternehmen an das Straßennetz anzuschließen. Auch die Erzeugung von Strom muss ein Investor oft selbst besorgen. Und wer internationale Handelsgeschäfte abwickeln will, findet unter Umständen keine örtliche Bank, die dies bewerkstelligen kann.

Der allerorten herrschende Mangel verleitet dazu, die Aktivitäten eines Unternehmens in alle Richtungen auszudehnen. Doch in den vergangenen Jahren hat sich Nigeria enorm entwickelt. Das Land macht längst Südafrika, bisher der dominierenden Wirtschaftsmacht Afrikas, den Rang streitig. Dadurch ist diese Vielzahl von Aktivitäten nicht mehr so notwendig wie in der Vergangenheit. Zudem nimmt das Risiko zu, dass sich ein Unternehmer in zu viele Aktivitäten verzettelt und sein Kerngeschäft dabei aus den Augen verliert. Je mehr sich die Märkte in Afrika entwickeln, desto spezialisierter werden sich die Unternehmen in Zukunft ausrichten.

Sicher, dadurch dass seine Familie schon etwas Vermögen besaß, hatte der junge Universitätsabsolvent Aliko Dangote einen Startvorteil. Doch auch er musste sich mit Einfallsreichtum und Beweglichkeit durchkämpfen. Diese Eigenschaften finden sich bei vielen afrikanischen Unternehmern. Einer von ihnen ist Kwabena Adjei aus Ghana. 1954 geboren, stammte er aus einfachen Verhältnissen. Als junger Mann schlug er sich allein vom Land in die Hauptstadt Accra durch und hielt sich mit Gelegenheitsjobs, als Küchenjunge etwa, finanziell über Wasser. Bis hierhin ist die Lebensgeschichte Adjeis eine von Abermillionen in Afrika. Doch Adjei sparte seinen kargen Lohn und machte ein kleines Handelsgeschäft auf. Mit dem Ersparten fuhr er ins Nachbarland Togo und kaufte dort jene Waren, die in den 1970er Jahren unter dem Militärregime so dringend in Ghana fehlten: Seife, Zahnpasta, Zigaretten, Unterwäsche.[22] Geschäfte auf dem Schwarzmarkt waren gefährlich. Hohe Strafen standen auf diese illegalen Schiebereien.

Alsbald wechselte Adjei in den Handel mit Gold und Diamanten. Immerhin ist Ghana eines der bedeutendsten Förderländer von Gold auf der Welt. Nicht umsonst hieß der Landstrich bis zu seiner Un abhängigkeit von der britischen Kolonialmacht Goldküste. Dann expandierte der junge Unternehmer in den Handel mit Zement, Eisenstangen, Vorhängeschlössern, Nägeln und anderem Baubedarf. Kwabena Adjei selbst betrieb den Gold- und Juwelenhandel weiter, während seine Frau den Bauhandel leitete.

Adjei wohnte damals in Nungua, einem Vorort von Accra, der für seine vielen Schnapsbrennereien bekannt war und deshalb im Volksmund auch »Schottland« genannt wurde. Doch anders als das Vorbild im fernen Norden stellten die Brenner im Schottland des Südens nicht noblen Whisky her, sondern billigen Fusel. Der versprach die höchsten Renditen. Adjei entschied sich, in die Alkoholbranche einzusteigen, obwohl er keine Ahnung von diesem Geschäft hatte. Es gelang ihm dennoch, mit vier Angestellten eine lokale Gin-Variante herzustellen, die ihre Abnehmer fand. Bald fiel ihm auf, dass fast alle Brenner dieselben Aromastoffe verwendeten. »Das kann es doch nicht sein«, sagte er sich, setzte sich ins Flugzeug und besuchte einen Freund in Großbritannien, um sich dort neue, andere Aromastoffe zu besorgen. Diese neuen Geschmacksvarianten drückte er mit Kampfpreisen in den Markt, sodass sein Alkoholgeschäft allmählich zu wachsen begann.

Dann erinnerte sich Adjei daran, dass die Menschen in Ghana früher die Wurzeln bestimmter Pflanzen zerhackten, den Brei mit Alkohol aufsetzten und diesen Schnaps anschließend in Flaschen abfüllten. So entstand 1989 Adjeis moderne Variante eines solchen Getränks. Er nannte es Alomo Bitter. Das war auch die Geburtsstunde der Kasapreko Company, die zu einem der heute bedeutendsten lokalen Spirituosenhersteller in Westafrika mit einem breiten

Markenportefeuille an Gin, Likören, Brandy, Kräuterwein und Magenbitter aufstieg.

Die Zeiten, in denen afrikanische Verbraucher allein Produkte aus Europa oder Amerika forderten, sind vorbei. In Afrika entsteht ein riesiger Konsummarkt für heimische Marken. »Ich bin kreativ«, beschreibt sich Adjei selbst. »Ich denke viel nach und entwickle ständig neue Produkte, eins nach dem anderen.« Und er ist strikt afrikanisch orientiert. Alles, was im Westen oder Osten geleistet worden sei, könne auch Ghana erreichen. »Ich will mehr Erzeugnisse, die in Ghana kreiert worden sind, auf den Markt bringen und dabei unsere eigenen Kräuter verwenden, nicht die aus Amerika oder aus China«, sagt er. »Wir sollten unsere eigenen Kräuter verwenden, afrikanische Kräuter für Afrikaner.«

Die Geschichte von Kwabena Adjei ist typisch für das neue Afrika. Vielen Unternehmern fehlen Kapital und Vorkenntnisse. Doch sie arbeiten hartnäckig an ihrem Lebenstraum. Viele scheitern, viele von ihnen schaffen es jedoch unter den unmöglichsten Bedingungen. Eine dieser Geschichten ging durch einen kleinen Zufall um die Welt. Sie wurde geschrieben von William Kamkwamba, einem Jungen aus ärmlichen Verhältnissen in Malawi, der jahrelang versuchte, Strom aus Wind zu erzeugen. Er hatte von Windrädern gehört und machte sich in jahrelanger Arbeit daran, selbst eines zu bauen. Er tüftelte, probierte vieles aus, las manches irgendwo nach und setzte sich dabei dem Spott der anderen Dorfbewohner aus, weil er monatelang aus Schrott und Plastikmüll seltsame Konstruktionen bastelte, die zu nichts gut waren.

Schließlich brachte Kamkwamba es fertig, ein reichlich seltsam anzusehendes Windrad zu basteln, das frisches Wasser pumpen half und so den Lebensstandard seiner Familie etwas heben konnte. Auf diese Weise schaffte er es, elektrischen Strom in dieses abgelegene Dorf zu bringen. Die Geschichte aus Malawi, einem kleinen Land im Herzen Afrikas, das die wenigsten wohl ohne Hilfe auf einer Landkarte verorten könnten, drang in die Weltöffentlichkeit. Zusammen mit dem amerikanischen Journalisten Bryan Mealer schrieb er sie auf. Das Buch *The Boy Who Harnessed the Wind*,[23] auf Deutsch unter dem Titel *Der Junge, der den Wind einfing* erschienen, wurde ein internationaler Bestseller, der in viele Sprachen übersetzt ein Millionenpublikum berührte.

Viele erfolgreiche Unternehmer in Afrika starten mit Do-it-yourself-Projekten. Ohne Vorkenntnisse, ohne Kapital und ohne eine Gesellschaft stürzen sie sich in ihr Geschäft und fangen einfach an. Manche von ihnen eignen sich später im Selbststudium betriebswirtschaftliches Grundwissen an.

Zu diesen Unternehmern zählt der Nigerianer Wale Tinubu. Er formte aus einem unbedeutenden Ölhandel den Rohstoffkonzern Oando, der heute mit einem Umsatz von 2,5 Milliarden Dollar zu den Schwergewichten an der Börse Johannesburg in Südafrika zählt. Stolz erzählt er, dass er sich das finanzielle Wissen zur Führung dieses Weltkonzerns durch die Lektüre der populärwissenschaftlichen Einführung *Buchführung und Bilanzierung für Dummies* aneignete.[24] Tinubu wurde dennoch einer der »Golden Boys of Africa«, ein Liebling internationaler Konferenzen, wenn es um Afrika, Unternehmer und junge Talente geht. 2007 vertrat er die Young Global Leaders auf dem Weltwirtschaftsforum in Davos.[25]

Tinubu hat sich fehlende Kenntnisse auf seinem Weg nach oben nach und nach angeeignet. Doch viele angehende Unternehmer in Afrika scheitern an mangelnder Bildung. »Diese Tatsache hindert viele mittelständische Unternehmen (in Afrika) daran, professioneller zu werden und zu wachsen«, heißt es in einer Studie des Omidyar-Netzwerks über Unternehmertum in Afrika vom April 2013.[26] Selbst jene Unternehmer, die über eine solide technische Ausbildung, beispielsweise in der Telekommunikation, verfügten, hätten nur geringe Kenntnisse in der Unternehmensführung. »Die Herausforderung, die sich Unternehmern in Afrika – und anderswo – stellt, ist die Fähigkeit, Managementtalente anzuziehen und an sich zu binden, besonders vor dem Hintergrund einer harten Konkurrenz mit etablierten Unternehmen, die Führungskräften größere Möglichkeiten und mehr Sicherheit bieten«, heißt es in der Studie weiter.

Die angehenden Unternehmer in Afrika verdienten stärkere Unterstützung, eine fundierte Ausbildung, einen besseren Zugang zu internationalen Netzwerken und Unterstützung mit Kapital. Deutschland ist in dieser Hinsicht nicht untätig. Die Gesellschaft für Internationale Zusammenarbeit (GIZ) leistet in dieser Hinsicht viel. So unterstützt sie in Ruanda die Berufsausbildung und Berufsschulen zum Beispiel für Automechaniker. Auch die Handwerkskammern sind in dieser Richtung aktiv. So engagiert sich die Handwerkskammer Rhein-Main in der Berufsausbildung äthiopischer Maurer, Elektriker und anderer Handwerker. Oft erlernen Afrikaner ihren Beruf, indem sie bei einem Verwandten im Betrieb arbeiten. Die Handwerkskammer Rhein-Main veranstaltet regelmäßig Lehrwochen, in denen deutsche Handwerksmeister an historischen äthiopischen Gebäuden systematisch alte und moderne Techniken vorführen und lehren. Initiativen wie diese sind wichtig und bewirken viel. Doch speziell für Unternehmer gibt es bisher nur wenige Angebote, abgesehen von privaten Hochschulen, die für teures Geld auch in Afrika vermehrt Studiengänge zum Master of Business Administration (MBA) oder ähnliche Abschlüsse anbieten.

Dass für angehende Unternehmer mehr getan werden muss, sagte sich zumindest der britische Unternehmer Richard Branson, der selbst unzählige Unternehmen gegründet hat und mit seiner Marke Virgin einen beispiellosen Erfolg schaffte. Er hatte die Schule ohne Abschluss verlassen und gründete 1970 im Alter von 20 Jahren sein erstes Unternehmen, Virgin, einen Versandhandel mit jenen Schallplatten, die damals Englands Jugend verlangte. Er entdeckte Stars der Rockmusik wie Mike Oldfield und fügte seiner ersten Karriere eine zweite als Musikproduzent hinzu, eine dritte als Gründer der Fluggesellschaft Virgin Sun Airlines, die den damaligen Monopolisten British Airways herausforderte, eine vierte als Partner an einem Formel-1-Rennstall, und eine fünfte machte ihn als Abenteurer im Heißluftballon berühmt, als ihm 1987 die erste Überquerung des Atlantiks im Ballon gelang und 1991 die erste Ballon-Überquerung des Pazifiks. Seine sportlichen Erfolge setzte er geschickt zur Vermarktung seiner unternehmerischen Aktivitäten ein. 1999 schlug Königin Elisabeth II. den Popstar unter den Unternehmern zum Ritter, sodass Branson seitdem den Titel »Sir« im Namen führt.

Sir Richard gründete 2006 in Südafrikas Wirtschaftsmetropole Johannesburg das Branson Centre of Entrepreneurship, das junge afrikanische Unternehmer mit Ausbildungsprogrammen unterstützt, aber auch mit der Bereitstellung von Mentoren, Branchenexperten und Netzwerken.[27] In gerade einmal vier Jahren habe das Zentrum rund 4000 Menschen unterstützt und bei der Gründung von rund 100 Unternehmen geholfen, heißt es dort. Diese kämen aus allen Branchen, aus der IT wie aus der Mode, dem Verlagswesen oder der Entwicklung von Computerspielen. Branson will angehenden Unternehmern möglichst praxisnah das Handwerkszeug vermitteln, das sie brauchen, um den Schritt von der Geschäftsidee in eine erfolgreiche Unternehmensgründung zu schaffen. Anstatt einer akademischen Rundum-Ausbildung sollen erfahrene Mentoren, aber auch IT-Experten, Steuerberater und Anwälte diese Existenzgründer begleiten.

Selfmade-Unternehmer und Autodidakten haben in der Vergangenheit die Unternehmerwelt Afrikas geprägt. Doch diese Garagenunternehmer, die es mit wenig mehr als einem Handy, einem Laptop, einer grandiosen Idee und viel Hartnäckigkeit nach oben schaffen, müssen zunehmend professionellen Unternehmern mit fundierter Ausbildung, Kapitalstärke und internationalen Verbindungen Platz machen.

Wie schnell dieser Wandel vorangeht, zeigen einige wenige Zahlen: Die hundert größten Unternehmen Afrikas kamen 2012 auf einen Umsatz von zusammen rund 370 Milliarden Euro.[28] Damit sind sie immerhin schon deutlich größer als Volkswagen. Der umsatzstärkste deutsche Konzern erreichte 2012 einen Umsatz von knapp 193 Milliarden Euro.[29] Der Gewinn der Top 100 in Afrika lag laut dem Magazin *Jeune Afrique* bei 31,4 Milliarden Dollar.

Auch die Gewinner dieses Aufstiegs wandeln sich enorm. Wurde der Aufschwung zunächst von Rohstoffkonzernen, Telekommunikationsanbietern und der Baubranche getragen, kommen neue Bereiche hinzu: Konsumgüter, Bankenwesen, Gesundheit. Afrikas Unternehmer mit ihrem unbändigen Hunger nach Erfolg sind dabei, dem Kontinent ein neues Gesicht zu verleihen.

Afrikas neue Mittelschicht

5

Ein erbarmungsloser Kampf findet im fernen Kamerun statt. Es ist kein Krieg, der mit Gewehren, Kanonen oder Macheten geführt wird. Es ist ein Kampf mit Kronkorken. Es geht um die Vorherrschaft auf dem Biermarkt in Afrika. Denn Bier ist das Getränk, das die höchsten Wachstumsraten aufweist, sobald der Wohlstand zu steigen beginnt. Biertrinker in Kamerun können jedes Mal, wenn sie eine Flasche öffnen, an einer Verlosung teilnehmen. Mal gilt es, ein Mobiltelefon zu gewinnen, mal geht es um die Teilnahme an einer Sportveranstaltung. Einmal hat eine Brauerei sogar ein 250 Quadratmeter großes Stück Bauland in die Tombola gegeben. Mit dieser Lotterie kämpft die UCB, die Union Camerounaise de Brasseries, um ihr Überleben auf diesem Markt, den zunehmend internationale Großkonzerne unter sich aufteilen. Die UCB kommt auf einen Marktanteil von nur 3,3 Prozent und will sich nicht aus dem Geschäft drängen lassen.

Im Kampf um die Vorherrschaft auf dem Biermarkt schenken sich die Konzerne in Afrika nichts. Während die Absatzgebiete in Deutschland unter einheimischen Brauereien weitgehend aufgeteilt sind und sich nur wenige national verbreitete Marken durchgesetzt haben, behaupten sich in Afrika nur wenige Brauereien auf ihren eigenen Märkten. Es ist deshalb ein Verdrängungswettbewerb, in dem die Konkurrenten keine Gnade kennen.

Dieser Kampf um die Hoheit über die Bierflaschen hat in Kamerun gerade seinen Höhepunkt erreicht. Aus gutem Grund: 500 Millionen Liter Bier schütten die gut 20 Millionen Kameruner jedes Jahr in sich hinein. Damit trinkt jeder Kameruner statistisch gesehen einen halben Liter Bier – pro Woche. Deutsche Biertrinker schaffen zwar ein Mehrfaches davon, doch für Afrika ist der Bierkonsum der Kameruner schon beachtlich. Immerhin trinken diese durchschnittlich etwa zweieinhalbmal so viel wie Nigerianer und dreimal so viel Konsumenten aus der Elfenbeinküste. »Hier ist es Teil der Kultur zu trinken«, sagte einmal ein Biermanager aus Kamerun, ohne es damit in Verbindung bringen zu wollen, dass Kamerun früher deutsche Kolonie war.[1] Er beruft sich lieber auf andere Einflüsse: »Wir halten es da wie die Engländer: unter Freunden, zur Geselligkeit.«

In den vergangenen Jahren haben vor allem die enormen Bodenschätze des afrikanischen Kontinents die Aufmerksamkeit der internationalen Investoren auf sich gezogen. Doch die wahren Wachstumschancen in Afrika liegen woanders: Kein anderer Kontinent hat eine Bevölkerung, die so schnell wächst, die so jung ist und die so schnell ihre Lebensgewohnheiten ändert.

Einige der großen Konsumgüterhersteller der Welt haben das Potenzial, das Afrika bietet, längst erkannt. Deshalb haben sich auch in Kamerun internationale Spitzenbrauereien zu ihrem Kampf um die Hoheit über diesen Markt versammelt. Auf der einen Seite stehen die Kontinentaleuropäer mit der SABC, der Société Anonyme des Brasseries du Cameroun. Sie gehört der französischen Castel-Gruppe, die vor allem im Weinhandel groß ist und jetzt auch im Biergeschäft groß werden will. Sie hat sich in Kamerun mit dem niederländischen Bierkonzern Heineken verbündet, und die beiden Europäer haben sich Unterstützung von SAB Miller aus Südafrika geholt. Auf der anderen Seite steht der britische Getränkegigant Diageo mit seiner Biermarke Guinness. Diageo ist in Kenia schon mit der Marke Tusker Marktführer, in Nigeria mit der Marke Harp Lager vertreten, in Südafrika und Namibia mit Windhoek Lager, in Uganda mit Bell, in Tansania mit Serengeti Premium Lager und in Äthiopien seit einigen Jahren mit der Marke Meta. Kamerun mit mehr als 20 Millionen Einwohnern dagegen fehlt noch auf der Landkarte von Diageo.

SABC kontrolliert den Markt schon zu gut 85 Prozent. Doch Guinness will die Dominanz der Kontinentaleuropäer brechen und hat schon 11,5 Prozent des Marktes erobert. Der Zweikampf droht, den kamerunischen Dritten auf diesem Markt, die UCB, zu zerreiben. Im Jahr 2006 hielt UCB noch 7 Prozent des Marktes. In der Zwischenzeit hat sich der Anteil mehr als halbiert. Da hilft es der Braugruppe auf Dauer nur wenig, sich darauf zu berufen, den einzigen Brauer aus Kamerun zu stellen. »Wenn zwei Elefanten kämpfen, leidet das Gras«, lautet ein altes afrikanisches Sprichwort – oder wie es im Original auf Swahili heißt: »Ndovu wakipigana iumiayo ni nyasi.«

Ein ähnlicher Kampf der internationalen Wirtschaftskonzerne findet in vielen Branchen statt. Ob Limonade, Mode, Kosmetik, Mobiltelefone, Kleinkredite, Autos, Wohnungen, Bildung, Gesundheit – die großen Konzerne der Welt haben allesamt den afrikanischen Verbraucher entdeckt. Dieser Kampf findet weitgehend ohne deutsche Beteiligung statt. Dabei warten afrikanische Unternehmer in vielen Branchen auf Unterstützung von außen. Sie brauchen zum Teil Know-how in der Unternehmensführung, in der Betriebswirtschaft, technischen Abläufen oder schlicht Kapital, um dem steigenden Wettbewerbsdruck standzuhalten oder um zu expandieren. Damit lässt sich die deutsche Wirtschaft sträflich die Chance entgehen, mit lokalen Partnern ein eigenes Geschäft in Afrika aufzubauen. Ist es nicht seltsam, dass der Wettstreit um Afrikas Biermärkte ohne die Biernation Deutschland stattfindet, dass keine einzige deutsche Brauerei noch nicht einmal mit einer Lizenzbrauerei in Afrika vertreten ist?

Doch Afrika wartet nicht darauf, bis deutsche Manager sich entschließen, ihre Geschäfte widerwillig auf diesen Kontinent auszudehnen. Im Wirtschaftskampf um Afrika geht es darum, den größten noch unerschlossenen Konsummarkt der Welt aufzuteilen. Das liegt nicht allein daran, dass Afrika der letzte weiße Fleck auf dem Globus der Marketingexperten wäre. In Afrika entsteht derzeit einer der größten Konsummärkte der Zukunft, zumindest einer mit den höchsten Wachstumsraten und dem stärksten Bevölkerungswachstum des Planeten.

Afrikas Bevölkerung ist riesig. Im Jahr 2009 überstieg ihre Zahl nach Schätzung des UN Population Fund die Marke von einer Milliarde.[2] Damit hat sie sich innerhalb von nur 27 Jahren verdoppelt und ist heute doppelt so groß wie die der Europäischen Union mit ihren 28 Mitgliedstaaten. Anders als in Europa wird die Bevölkerung in Afrika weiter wachsen. Bis zum Jahr 2050 dürfte sie laut Prognosen auf 1,9 Milliarden steigen. Zwar gehen auch in Afrika die Geburtenraten zurück. Doch die Zahl der jungen Menschen, die eine Familie gründen wollen, ist so groß, dass die Bevölkerung auf Jahrzehnte hinaus weiter wachsen wird.

Bis 2030 wird der Anteil Afrikas an der Weltbevölkerung von heute 35 Prozent auf 40 Prozent gestiegen sein, schätzt die amerikanische Unternehmensberatung McKinsey & Company unter Berufung auf Schätzungen der Weltbank.[3] Sie hatte eine aufwendige Studie unter mehreren tausend afrikanischen Verbrauchern in den Großstädten des Kontinents durchgeführt. 2040 wird die Zahl der Afrikaner im erwerbstätigen Alter die Chinesen übertroffen haben. Außerdem: Selbst wenn die Geburtenraten sinken, bringt in manchen afrikanischen Ländern jede Frau im Durchschnitt immer noch vier bis sechs Kinder zur Welt. Zur Erinnerung, in Deutschland sind es nicht einmal 1,5 je Frau.

Afrikas Bevölkerung ist jung. In den meisten Ländern des Kontinents ist rund die Hälfte der Einwohner weniger als 25 Jahre alt. Die Jugendlichen in diesen Ländern wollen ausgehen, sich schick anziehen, Partys feiern, tanzen, Musik hören, Filme schauen. Sie brauchen Bildung, Unterkunft, Essen, Trinken, einen Job. Sie sind die ideale Zielgruppe für alle jene Konzerne auf der Welt, die nicht von der alternden Bevölkerung leben können oder wollen. Während in Deutschland barrierefreie Haltestellen, Treppenlifte und Seniorenteller große Themen sind, ist in den Metropolen Afrikas allerorten Hiphop zu hören, tingeln junge Menschen durch die Einkaufsstraßen oder kommen in ihren Uniformen aus der Schule und treiben mit ihren Freunden Späße. Wenn sie wirklich den Anspruch nachhaltiger Entwicklung haben, kommen an der Jugend in Afrika kein Politiker und kein Unternehmen vorbei.

Und Afrikas Bevölkerung zieht in die Städte. Die Bevölkerung von Lagos, der Wirtschaftsmetropole Nigerias, wird heute schon auf 22 Millionen Menschen geschätzt. Jeden Tag ziehen – netto, also abzüglich der Wegzüge – rund 6000 Menschen in die Stadt. In den nächsten Jahrzehnten werden die großen Metropolen wie Kairo, Lagos, Nairobi oder Johannesburg weiter wachsen. Die Urbanisierung Afrikas erfordert immense Investitionen, in Straßen, Energieerzeugung, Frischwasser- und Abwassersysteme, Müllentsorgung, Wohnungen, einen öffentlichen Nahverkehr. Diese Aufgabe wird eine der größten Herausforderungen sein, die der Kontinent in den kommenden Jahrzehnten zu bewältigen hat.

Afrikas Bevölkerung ist optimistisch. Die Plakate traurig schauender Kinder aus Afrika auf deutschen Plakatwänden vermitteln zwar ein anderes Bild. Doch in Wahrheit ist Afrikas Bevölkerung extrem optimistisch, viel optimistischer auf jeden Fall als die in Deutschland. 15 000 Afrikaner hatte die internationale Unternehmensberatung McKinsey zu ihren Konsumgewohnheiten und ihrem persönlichen Befinden befragt. Das Ergebnis fiel eindeutig aus: Die meisten von ihnen blicken mit außergewöhnlich großer Zuversicht in die Zukunft. 84 Prozent der Befragten erwarten, dass es ihnen in den nächsten zwei Jahren besser als heute gehen wird. 55 Prozent gaben sogar an, dass es ihnen dann viel besser gehen werde. Im Afrika südlich der Sahara ist der Optimismus noch ausgeprägter. In

Ghana beispielsweise nannten sogar 97 Prozent der Befragten, dass es ihnen schon in zwei Jahren viel besser gehen werde.

Die jungen Konsumenten in Afrika verändern die Märkte. Und sie verändern die Politik. Die Machthaber auf dem Kontinent können sie nicht mehr ignorieren. 26 Prozent der Afrikaner sind laut dem McKinsey-Bericht täglich im Internet. Sie tauschen Informationen aus, suchen ihre Nachrichten auf der ganzen Welt, chatten, liken und sharen ihre Vorlieben und Träume mit Gleichaltrigen und Gleichgesinnten, gleich wo diese leben. Es sind häufig dieselben Träume, die Jugendliche anderswo auf der Welt auch träumen.

In einem Gesundheitszentrum in Ngoma im Süden Ruandas können sich die Jugendlichen dieser Provinzstadt regelmäßig treffen und sich über HIV, Aids, Schwangerschaftsverhütung und andere Gesundheitsthemen informieren. An der Wand hängt ein Poster mit Jesus und Maria.[4] Daneben haben sie eine Reihe Poster mit Rihanna, Beyoncé, Jay Z und anderen Weltstars geklebt. Die meisten von ihnen haben sie in den Internetcafés der Stadt und auf einigen TV-Sendern, die über Satellit verbreitet werden, kennengelernt.

Ein enormer Druck lastet auf Afrikas Jugend: Die Familien haben ihnen oft unter großen Anstrengungen die bestmögliche Ausbildung finanziert und einige wenige von ihnen ins teure Ausland geschickt. Finden sie keine passende Stelle bei ihrer Rückkehr, gerät das soziale Gefüge aus den Fugen. Die jungen Leute müssen dann nicht nur für die Familie sorgen, die sie gründen. Oft unterstützen sie auch ihre Eltern, Großeltern, Schwiegereltern, Geschwister, Vettern, Cousinen, Neffen, Nichten, Onkel und Tanten. Wovon sie träumten, frage ich einige Jugendliche bei einem Besuch in Ruanda Anfang Februar 2014. Die meisten von ihnen sind Anfang zwanzig und bezeichnen sich als Farmer. Wenn sie könnte, würde sie gerne Friseurin werden, beschreibt ein Mädchen ihren Traumberuf. Die Jungs antworten, dass sie gerne Fahrer werden würden, Limousinen oder Lastwagen, das sei ihnen gleich.

Der Arabische Frühling, das war auch der Aufstand all jener, die zum Elektrotechnik-Studium nach England geschickt worden sind und bei ihrer Rückkehr keine Stellen fanden, um sich dann bestenfalls als Taxifahrer oder Touristenführer durchzuschlagen. Dieser Druck lastet nicht nur auf den jungen Afrikanern im Norden. In wohl allen Ländern des Kontinents dürfte es kaum anders sein. Auch den Machthabern Afrikas ist dies bewusst. Wollen sie einen Afrikanischen Frühling verhindern, müssen sie Arbeitsplätze schaffen. Oder wie es der Journalist Frédéric Maury im Nachrichtenmagazin *Jeune Afrique* ausdrückte: »Es ist klar, worum es geht: um den Übergang von einer Exportwirtschaft zu einer Produktions- und Konsumwirtschaft, die Wirtschaftswachstum aus sich selbst heraus generiert.«[5]

Der Aufstieg Afrikas geschieht über den Konsum. In einem steigenden Konsum drückt sich steigender Wohlstand aus, und zugleich erfordert der Aufschwung Afrikas notwendigerweise den Aufbau vielfältiger und moderner Konsummärkte. Diese Bewegung hat längst eingesetzt. »Westliche Entwicklungsorganisationen, chinesische Minengesellschaften und Friedenstruppen der Vereinten Nationen haben ihren Beitrag geleistet, aber der Retter des Kontinents ist seine eigene Bevölkerung«, urteilte das englische Wirtschaftsmagazin *The Economist*.[6]

Noch müssen die afrikanischen Verbraucher in der Regel mit einem geringen Einkommen zurechtkommen. Das wird sich bald ändern. Das jährliche Durchschnittseinkommen je Kopf liege in der Hälfte der 54 Länder Afrikas bei weniger als 1000 US-Dollar, hebt Nick Price, Fondsmanager der amerikanischen Fondsgesellschaft Fidelity und Experte für die Kapitalmärkte des Nahen Ostens und Afrikas hervor.[7] Schon bald werde es aber in drei Viertel der Länder auf mehr als 1000 Dollar steigen. In Nigeria habe sich das Pro-Kopf-Einkommen zwischen 2000 und 2012 auf 1600 Dollar vervierfacht. »Und in den nächsten Jahren wird Nigerias Wirtschaft weiter rapide wachsen«, schätzt Price.

Die afrikanische Wirtschaft folgt eigenen Regeln. Der südkoreanische Elektronikkonzern LG Group entfernte von seinen Kühlschränken in Afrika den Hinweis, dass diese mit einer Abtauautomatik ausgestattet seien. Denn in Afrika gilt der regelmäßig entstehende Frost in Kühlschränken als Qualitätsmerkmal. So müssen sich Unternehmen, die Erfolg auf dem Kontinent haben wollen, auf die lokalen Besonderheiten einstellen.

Als Mobiltelefone auf dem Kontinent aufkamen, haben sich die Verbraucher schnell darauf verständigt, wie sie mit Handys kommunizieren können, ohne zu bezahlen. Sie ließen es beispielsweise zweimal klingeln, um dem Angerufenen mitzuteilen, dass sie sich zur Verabredung verspäteten oder dass sie zurückgerufen werden wollten. Diese Anrufcodes waren für die Mobilfunkanbieter sehr teuer, weil sie für den Verbindungsaufbau dieser entgangenen Anrufe über die Satelliten und Mobilfunkmasten bezahlen mussten, ohne die Telefonkunden dafür belasten zu können. Doch wie wollten sie das verhindern? Anstatt sich mit neuen Vertragsklauseln dagegenzustemmen, erdachte der internationale Mobilfunkkonzern Vodafone ein System vorgefertigter SMS, die jeder Nutzer kostenlos verschicken kann: »Komme später« oder »Ruf mich zurück«.[8] Diese kostenlosen SMS waren für die Mobilfunkbetreiber allemal billiger als die millionen- oder gar milliardenfach entgangenen Anrufe.

Afrikanische Verbraucher setzen ihre Improvisationskunst eben auch ein, um die Lücken in neuen Angeboten zu finden. Es lohnt sich in der Regel nicht, wenn sich die Unternehmen dagegenstellen. Es hilft viel mehr, wenn sie bereit sind, sich auf diese Gegebenheit einzustellen und sie sich im besten Fall zunutze zu machen. Dem kenianischen Mobilfunkanbieter Safaricom ist es gelungen, mit einem einzigartigen SMS-Bankservice Maßstäbe in der Branche zu setzen. Als Basis dient das Kundenkonto, das die Telefongesellschaft für jeden Mobilnutzer führt, gleichgültig ob er ein Prepaid-Handy benutzt oder Vertragskunde ist. Im Laufe der Jahre hat Safaricom ein dichtes Netz an Vertragspartnern im Land aufgebaut, wo die Nutzer Bargeld auf ihr Handy-Konto einzahlen oder abheben können, um dann Verwandten oder Freunden Geld zu senden oder Rechnungen zu bezahlen. Das verschafft den Betreibern von Kiosken, kleinen Läden oder Internetcafés zusätzliche Einnahmen und ersetzt für viele Kenianer das Bankkonto, das in Afrika ohnehin höchstens 20 Prozent der Bevölkerung besitzen.

M-Pesa heißt diese Dienstleistung, deren Name sich vom Swahili-Wort »pesa« für Geld ableitet und die Safaricom im April 2007 in Kenia eingeführt hat. Die Technik wurde nicht in Afrika erfunden, sondern im Umfeld der Universität von Cambridge in England, und wird seit 2009 vom IT-Konzern IBM betreut. Doch der damalige Vorstandsvorsitzende von Safaricom, der Kenianer Michael Joseph, hatte als Erster die Möglichkeiten erkannt, die in dieser Technik steckten. Denn selbst jene Afrikaner, die ein Bankkonto besitzen, finden die nächste Filiale oft erst in der nächsten Kreisstadt, die vielleicht 20 Kilometer von ihrem Dorf entfernt liegt.

Safaricom hat M-Pesa immer weiter entwickelt. Heute können Handy-Nutzer in Kenia sogar Versicherungen und Aktienkäufe über M-Pesa abwickeln. Inzwischen läuft ein Drittel des kenianischen Bruttoinlandsprodukts über M-Pesa.[9] Mittlerweile gehört Safaricom zu großen Teilen dem britischen Mobilfunkkonzern Vodafone, der M-Pesa seitdem in vielen anderen Ländern Afrikas eingeführt hat. Sogar bis nach Afghanistan hat Vodafone M-Pesa gebracht. Das ist Entwicklungshilfe, die nun Afrika leistet – und die auch die Kenianer mit Stolz erfüllt.

Die kenianischen Nutzer haben M-Pesa schließlich noch auf ihre ganz eigene Weise ihrem Bedarf angepasst. Für Afrikaner, die im Ausland leben, ist der Transfer von Bargeld in die Heimat extrem teuer. Eine Überweisung von 100 Euro über einen der Dienstleister wie MoneyGram oder Western Union kann leicht 7 Euro kosten. Also haben findige Kenianer Mobilfunkkarten aus Kenia nach London mitgenommen – und bieten dort für ihre Landsleute an, über

M-Pesa Bargeld auf die Handys ihrer Familienmitglieder in der Heimat zu schicken, selbstverständlich für eine deutlich geringere Gebühr als die etablierten Abwickler des Zahlungsverkehrs. Und wieder einmal stellten die Afrikaner ihre Improvisationskunst und Findigkeit unter Beweis.

M-Pesa ist heute so stark verbreitet, dass Robert Collymore, seit Januar 2011 Vorstandsvorsitzender von Safaricom, derzeit stark in Abwehrkämpfen gebunden ist. Der indische Mobilfunkkonkurrent Airtel drängt auf den afrikanischen Markt und setzt Safaricom mit Kampfpreisen stark zu. Airtel senkte den Preis für ein Gespräch von 7 kenianischen Schilling je Minute auf 3 Schilling und schließlich sogar auf 1 Schilling. Bei einem Wechselkurs von einem Euro für 120 kenianische Schilling ist das weniger als ein Eurocent. Im Juni 2010 hatte Airtel Africa in Kenia 1,8 Millionen Nutzer. Neun Monate später, im März 2011, waren es 3,8 Millionen Nutzer. In der Folge konnte zwar auch Collymore 1,1 Millionen neue Nutzer für Safaricom einwerben, doch Marktanteile verlor er trotzdem.[10]

»Leapfrog«, Froschhüpfen, lautet das neue Zauberwort in Afrika. Damit ist gemeint, dass die Afrikaner regelmäßig eine Technologie in der Entwicklung überspringen. So hat der Kontinent technisch den Aufbau teurer Telefonnetze übergangen, um direkt ins Mobilzeitalter zu springen – und das mit einer unglaublich hohen Geschwindigkeit: Nur 500 000 Festnetzanschlüsse und kaum ein Mobiltelefon zählte Nigeria im Jahr 2000. Heute sind in dem gut 170 Millionen Einwohner großen Land 90 Millionen Mobiltelefone registriert.[11]

Derartig rasante Veränderungen geschehen in vielen anderen Bereichen auch. So ist der Kontinent gerade dabei, das stationäre Internet zu überspringen. Afrikas Jugend, wenn sie bisher Internet nutzen wollte, traf sich meist in Internetcafés. Dort sitzen sie dicht gedrängt an alten PCs und chatten mit ihren Freunden über Facebook oder absolvieren auf diese Weise selbst Fernstudiengänge in fernen Ländern. Doch nur wenige fanden ein Internetcafé in ihrer

Nähe. Meist leben sie mehrere Stunden Fußmarsch von der nächsten Provinzstadt entfernt auf dem Land.

Heute sind Smartphones der große Renner in Afrika – doch nicht die teuren Geräte von Samsung oder von Apple, die Europas Jugend bei sich trägt. In Afrika kommen die Billigvarianten zum Einsatz, beispielsweise die des chinesischen Unternehmens Huawei. Sie kosten weniger als 100 Dollar. Das Smartphone D5 von Tecno Mobile, einem chinesischen Hersteller, der sich ganz auf Afrika konzentriert, ist in Ruanda sogar für 68 000 Franc, rund 74 Euro, zu haben.[12] In der Regel basieren diese günstigen Smartphones auf dem Betriebssystem Android, berichtet Alex Ntale, Leiter des Verbands der IT-Unternehmen in Ruanda.[13] »Android hat den Vorteil, dass es eine Open-Source-Software ist und deshalb ohne Lizenzgebühren genutzt werden darf«, sagt Ntale.

Mobiltelefone waren in den vergangenen Jahren eines der wachstumsstärksten Geschäfte auf dem afrikanischen Kontinent. Der Markt wuchs in den Jahren 2000 bis 2010 um jährlich 30 Prozent, berichtet die afrikanische Journalistin Nmachi Jidenma.[14] Mit der wachsenden Verbreitung von Smartphones wird jedoch noch mehr Dynamik in dieses Geschäft kommen. In den nächsten vier Jahren wird sich laut Jidenma der Markt für Smartphones in Afrika verdoppeln. 650 Millionen Mobilfunknutzer zählt der afrikanische Kontinent mit seiner rund eine Milliarde starken Bevölkerung. Die Zahl der Smartphone-Nutzer liegt bei 100 Millionen und wird in wenigen Jahren mehr als 200 Millionen betragen. Der Weltmarktführer aus Korea, Samsung, will den Kontinent nicht kampflos den chinesischen Konkurrenten Huawei und Tecno Mobile überlassen. Samsung konzentriert sein Marketing gezielt auf Studenten und wirbt gerne mit afrikanischen Stars, um sich bei der Jugend einen Namen zu machen.

Manche Unternehmen arbeiten derzeit schon an speziellen Internetdiensten, die direkt auf Mobiltelefone und besonders Smartphones ausgerichtet sind. So hat das von Afrikanern gegründete Unternehmen Skopéo eine App entwickelt, die in Tunesien Angebote von Immobilienmaklern auf das Smartphone bringt.[15] Eine Webseite für die Nutzung mit gängigen Browsern hat Skopéo gar nicht mehr entwickelt.

Die Verbindung von Mobilfunk und Internet bietet auf dem afrikanischen Kontinent unendliche Möglichkeiten. Schon heute können die Bauern in vielen Ländern Wetterinformationen oder Preisindikationen per SMS auf ihrem Mobiltelefon erhalten. So haben in Sambia das Mobilfunkunternehmen Celtel Zambia und der Bauernverband Zambia National Farmers Union (ZNFU) schon 2007 ein Informationssystem für Rohstoffpreise ins Leben gerufen, das sich speziell an die mittelgroßen Bauern richtet, die zwar groß genug sind, um für den Markt zu produzieren, aber zu klein, um Zugang zu den Rohstoffbrokern zu bekommen. Der Bauer kann über SMS aktuelle Preise für bestimmte Agrarrohstoffe anfordern und so seine Verhandlungsposition gegenüber seinem Händler verbessern. Ähnliche Dienstleistungen finden heute Bauern in vielen Ländern Afrikas.

Mobilfunk und Internet eröffnen auch völlig neue Möglichkeiten, um beispielsweise Schulen mit Lehrmaterial zu versorgen. Verschiedene Initiativen, unter anderem auch von Microsoft, versuchen, afrikanische Schüler und Schulen besser mit Computern auszustatten. Gelingt dann noch die Einführung von Smartboards anstatt der klassischen Kreidetafel, wäre ein entscheidender Schritt nach vorne gelungen. Ohnehin hat die Tafel nur dann einen Wert für die Lehrerinnen und Lehrer, wenn sie auch mal Kreide haben. Smartboards und Computer für die Schuler ließen sich problemlos mit Solarstrom versorgen, denn hier wird der Strom – anders als in Privathaushalten – nur tagsüber benötigt, sodass der Solarstrom nicht aufwendig gespeichert werden muss und sogar die Dorfbewohner an der Schule noch ihre Handys aufladen könnten.

Bei allen Neuerungen und Innovationen: In einem Bereich ist der Rückstand nicht nur auf die entwickelte Welt, sondern auch auf andere Schwellenländer besonders groß. Es fehlt in Afrika vor allem an

Banken und Finanzdienstleistungen. Rund 80 Prozent der Afrikaner, schätzt man, haben wahrscheinlich kein Bankkonto. Die große Verbraucherstudie der Unternehmensberatung McKinsey hat zutage gebracht, dass selbst in den großen Städten 57 Prozent der Einwohner ohne Bankkonto der Mittelschicht oder gar der Oberschicht angehören. 40 Prozent der Kontolosen haben eine feste Anstellung, und 55 Prozent haben einen höheren Bildungsabschluss.[16]

Dass so viele Menschen in Afrika ohne Bankkonto zurechtkommen müssen, hat weitreichende Folgen: Die Menschen haben Schwierigkeiten, Erspartes oder auch nur die Tageseinnahmen aus einem kleinen Gewerbe sicher zu verwahren. Landwirte können den Kauf von Saatgut nicht durch eine Bank vorfinanzieren. Und gute Geschäftsideen scheitern daran, dass Firmenkredite, Handelsfinanzierungen oder Eigenkapital Mangelware sind. Denn die wenigen Banken, die in Afrika bisher aktiv waren, richten ihr Angebot gezielt an eine meist urbane, besser verdienende Klientel und an die größeren, etablierten Unternehmen.

Der Zugang zu Finanzdienstleistungen ist jedoch eines der stärksten Instrumente zur Entwicklung einer Gesellschaft. Diese Erfahrung haben gerade die Deutschen gemacht. Der Aufbau eines dichten Netzes an kommunalen Sparkassen und an genossenschaftlich organisierten Volks- und Raiffeisenbanken im Deutschland des 19. Jahrhunderts hat maßgeblich dazu beigetragen, dass hier ein solider Mittelstand entstanden ist, der vom Handwerk bis zum kleineren Industriebetrieb reicht. Der Mittelstand ist das Rückgrat der deutschen Wirtschaft und ganz besonders des deutschen Arbeits- und Ausbildungsmarktes.

Deshalb steht auch für die Weltbank und viele andere Entwicklungsorganisationen der Aufbau eines gut funktionierenden Finanzsystems, das vor allem auch ärmere und ländliche Bevölkerungsschichten erreicht, weit oben auf ihrer Prioritätenliste.

Die Anstrengungen richten sich – nicht unumstritten – sehr stark auf Mikrofinanz, deren Konzept Muhammad Yunus, ein Ökonom aus Bangladesch, entwickelt hatte. Er gründete 1983 das erste Mikrofinanzinstitut der Welt, die Grameen-Bank, und erhielt für diese Idee 2006 den Friedensnobelpreis. Mikrofinanz soll vor allem jenen Menschen Zugang zu Finanzdienstleistungen ermöglichen, die von jeder traditionell-kommerziellen Bank abgelehnt würden, weil sie weder Ersparnisse noch ein geregeltes Einkommen aufweisen können.

Mikrofinanz wendet sich in erster Linie an Frauen, weil diese in vielen Gesellschaften das Haushaltsgeld verwalten und vor allem das Familieneinkommen zusammenhalten müssen, um die Kinder zu ernähren und die Familie durchzubringen. Auch sind sie oft besonders verlässlich in Geschäftsangelegenheiten. Bei Mikrofinanzinstituten können die Menschen Kleinstbeträge sparen, kleine Versicherungen abschließen und vor allem Kleinkredite für den Aufbau bescheidener Geschäftsaktivitäten erhalten. Vor allem soll Mikrofinanz die Menschen aus den Klauen gieriger Wucherer befreien, die sich an der Armut der Bedürftigen oft skrupellos bereichern und zum Teil Zinssätze von 5 Prozent täglich fordern.

In den vergangenen Jahren hat Mikrofinanz verstärkt schlechte Presse erhalten. Das liegt zum einen daran, dass auch Mikrofinanz im Vergleich zu Europa oder den Vereinigten Staaten hohe Zinsmargen ermöglicht. Deshalb drängen auch Anbieter in den Markt, die sich durch Mikrofinanz schnell bereichern wollen und Wucherzinsen fordern – in diesem Fall nur durch vermeintliche Wohltätigkeit besser verschleiert.

Es ist außerdem fraglich, ob Mikrofinanz tatsächlich den erhofften Entwicklungsimpuls liefern kann. Eine Kritik besteht darin, dass immer nur die ewig gleichen Geschäftsideen finanziert werden, eine Milchkuh oder ein kleiner Kiosk. Dadurch entsteht in den Armenvierteln ein ungesunder Verdrängungswettbewerb zwischen den Mikrofinanzinstituten zulasten der Ärmeren, deren Hoffnung auf ein besseres Leben unerfüllt bleibt. Auch lassen sich die großen Fragen, denen sich Afrika stellen muss, nicht, wie lange erhofft, durch

Mikrofinanz lösen. Es mag für eine Familie hilfreich sein, eine eigene Milchkuh zu besitzen. Wie der Kontinent, dessen Bevölkerung so rapide wächst, jedoch auf lange Sicht ernährt werden kann, lässt sich mit Mikrofinanz nicht beantworten.

Mikrofinanz wird von vielen Finanzorganisationen und Hilfsorganisationen mit großer Finanzmacht in Afrika aufgebaut. Dabei zerstört dieses Konzept lange in Afrika gewachsene, fest etablierte und funktionierende Finanzstrukturen, die zwar für sich genommen unzulänglich sind, aber entscheidende Impulse liefern oder integriert werden könnten. So nehmen viele Afrikaner, auch jene in Deutschland, an Kreditzirkeln teil, die im französischsprachigen Afrika als »tontine« bekannt sind. Bei diesen Kreditzirkeln tun sich einige Menschen, sagen wir zehn, zusammen. Die Mitglieder treffen sich beispielsweise einmal im Monat, wobei jedes Mal jeder, sagen wir 50 Euro, in die Runde gibt. Per Los wird entschieden in welcher Reihenfolge die einzelnen Teilnehmer die Gesamtsumme von in unserem Beispiel 500 Euro erhalten. Damit können sie machen, was sie wollen, eine neue Waschmaschine kaufen, Schulgebühren bezahlen, das Auto reparieren lassen oder in einen Computer investieren.

So geht es reihum weiter, bis jeder einmal 500 Euro bekommen hat. Wem das Losglück einen Platz weit vorne beschert hat, zählt zu den Glücklichen, die einen zinslosen Kredit erhalten haben, und zahlt ihn bei den folgenden Treffen ab. Der Letzte in der Kette dagegen erhält nur einen zinslos angesammelten Sparbetrag. Wenn jeder einmal den festgesetzten Betrag erhalten hat, ist der Kreditzirkel beendet. Oft bildet sich dann ein neuer, manchmal mit anderen Mitgliedern. Manche nehmen sogar an mehreren Kreditzirkeln gleichzeitig teil.

Im französischsprachigen Afrika kennt jeder die »tontine«, und viele nehmen daran teil. Kreditzirkel schaffen über das Geldgeschäft hinaus soziale Bindungen, die vor allem dann wertvoll sind, wenn man sich ohne Familienunterstützung in der Großstadt oder im fernen Europa durchschlagen muss. Denn die Mitglieder von Kreditzirkeln bauen direkte Kontakte untereinander auf, man lernt sich kennen, man erfährt mit der Zeit, wer klug mit seinem Geld umgeht und wer nicht. Auch wird häufig die per Los festgelegte Reihenfolge spontan verändert, wenn ein Mitglied des Kreditzirkels überraschend in eine Notlage gerät. Gleichzeitig herrscht jedoch ein harter Gruppenzwang: Wer seinen Zahlungsverpflichtungen nicht nachkommt, wird nicht nur aus der »tontine« ausgeschlossen. Ihm droht auch die soziale Ächtung, weit über den Kreditzirkel hinaus.

Vor allem bilden die Kreditzirkel ein Finanzsystem, das völlig ohne Zinsen auskommt, während auch bei Mikrofinanz Zinssätze von leicht 20 bis 30 Prozent jährlich gefordert werden. Manche Kreditzirkel sparen auch größere Beträge an. Dabei wird nicht die gesamte eingezahlte Summe an die Mitglieder ausbezahlt. Wenn bei einem Kreditzirkel mit zehn Mitgliedern jeder 50 Euro gibt, kommt bei jedem Treffen ein Betrag von 500 Euro zusammen. Werden jedoch nur 450 Euro ausbezahlt, bleiben 50 Euro, die auf ein Sparkonto fließen können und später den Mitgliedern für noch größere Anschaffungen zur Verfügung stehen.

Kreditzirkel stellen eine alte Regel auf den Kopf. Dort hört bei Geld die Freundschaft nicht auf. Vielmehr fängt in Kreditzirkeln die Freundschaft bei Geld gerade erst an. In der Welt des Internets haben Kreditzirkel in abgewandelten Formen als Peer-to-Peer-Lending oder als Crowd Finance Einzug gehalten. Spezielle Anbieter ermöglichen es auf ihren Internetseiten Kreditsuchern, ihre Finanzierungswünsche vorzustellen, um dann andere Teilnehmer dazu zu bewegen, diesen Wunsch zu finanzieren, auf Basis eines Kredits oder sogar als Eigenkapital. Auf diese Weise lassen sich Musikproduktionen, Filme, aber auch Konsumwünsche und selbst Unternehmensgründungen finanzieren.

In Afrika entstehen allerorts Plattformen, auf denen die traditionellen Kreditzirkel in die Welt des Internets überführt werden. Einer dieser Anbieter ist Rainfin in Südafrika.[17] Gegründet wurde Rainfin von den beiden ehemaligen Bertelsmann-Managern Sean Emery und Hannes van der Merwe, die das Geschäft des deutschen Medienkonzerns in Schwellenländern aufbauen sollten, sich dann aber dafür entschieden, ihr Glück mit einer Finanzierungsplattform in Südafrika zu versuchen. Mitte 2012 ging Rainfin an den Start und bietet Finanzierungen schon ab umgerechnet rund 100 Euro an.

Noch ist es zu früh, zu sagen, ob und welchen Erfolg Rainfin haben wird. Die Plattform Zidisha dagegen existiert schon seit 2009. Dieser erste afrikanische Online-Kreditzirkel zählt schon mehr als 5000 Teilnehmer und hat Finanzierungen von mehr als einer Milliarde Dollar vermittelt.[18] Viele Teilnehmer suchen tatsächlich nur 100 US-Dollar und finden selbst Finanzierungen zu einem Zinssatz von 0 Prozent. Dies zeigt, wie das Prinzip der Solidarität der Kreditzirkel auch im Internet funktionieren kann. Der Sitz von Zidisha ist in den Vereinigten Staaten. Die Organisation ist allerdings in vielen afrikanischen Ländern aktiv.

Aus manchen Mikrofinanzinstituten in Afrika sind heute florierende Banken geworden. Ein Beispiel dafür ist die Equity Bank in Kenia, die am ehesten mit einer riesigen Volksbank zu vergleichen wäre. Die Bank wurde 1984 als eine Art Bausparkasse für ärmere Bevölkerungsschichten gegründet, wandelte sich später in ein Mikrofinanzinstitut um und wurde schließlich eine klassische Geschäftsbank oder eher eine klassische Volksbank. Sie macht sich immer noch als Bank der kleinen Leute für die Interessen der lokalen Unternehmensgründer, Bauern und Gewerbetreibenden stark. Heute ist die Equity Bank mit rund sechs Millionen Kunden die größte Bank des Landes, weit vor der internationalen Konkurrenz, die viel finanzstärker ist.

Hinter dem Erfolg stehen zwei Namen: Peter Munga gründete die Bank und gilt heute als einer der reichsten Männer Kenias, auch wenn sein genaues Vermögen nicht bekannt ist.[19] Bekannt ist dagegen, dass James Mwangi, der langjährige Vorstandsvorsitzende der Equity Bank, zwei Millionen Dollar erlöste, als er im November 2011 einige seiner Anteile an der Bank verkaufte. Insgesamt erzielte er bisher mit dem Verkauf von Anteilen 8 Millionen Dollar. Dabei hielt Mwangi nur einen relativ geringen Anteil an der Bank, obwohl er es war, der die Equity Bank von einer bescheidenen Bausparkasse in eine der erfolgreichsten Finanzgruppen Afrikas, die heute rund sieben Millionen Konten in Kenia verwaltet, umwandelte.

Wie die bereits erwähnte McKinsey-Studie gezeigt hat, fehlt es in Afrika auch an Bankdienstleistungen für vermögende Kunden. Selbst die Reichsten der Reichen unterliegen heute weit weniger als in der Vergangenheit der Versuchung, Vermögen ins Ausland zu schaffen. Auch darin zeigt sich ein wachsendes Vertrauen der Afrikaner in ihre Rechtssysteme. Ein Bankier, der sich auf diese Klientel spezialisiert hat, ist Bismarck Rewane in Lagos, der in einem Villenviertel auf Victoria Island seinen Sitz untergebracht hat. Seinen Vornamen erhielt er von seinem Vater. Offenbar sah Bismarck Rewanes Vaters Parallelen zwischen Bismarcks Erfolgen um die deutsche Einigung im 19. Jahrhundert und der politischen Entwicklung Nigerias.

Rewanes Dienstvilla ist mit einer hohen Mauer umgeben, die zudem noch oben bewehrt ist, um Eindringlinge abzuschrecken. Zugang erhalten Besucher nur, wenn sie zuvor angekündigt waren. Dann öffnet der Wachmann das schwere Metalltor. In den Zimmern der Villa verteilt sitzen dicht gedrängt Rewanes Mitarbeiter. Er selbst hat sein Büro im ersten Stock. Im Besprechungszimmer hängt oben in einer Ecke ein Bildschirm, auf den Rewane regelmäßig schaut, doch nicht um CNBC Africa, CNN oder einen anderen Nachrichtensender im Fernsehen zu sehen. Der Bildschirm überwacht die Tätigkeiten der Angestellten in ihren Büros. In Nigeria werden Bankgeschäfte noch sehr stark über Bargeld abgewickelt. Das erfordert hohe Sicherheitsstandards.

Neben traditionellen Börsengeschäften bietet Rewane zunehmend standardisierte Anlageprodukte an, die auf Investmentfonds beruhen. Er ist auch fest davon überzeugt, dass sich die Börse Lagos weiterentwickeln wird. Nach dem Aktienhandel entwickelt sich nun das Geschäft mit Anleihen und auch Devisen. Es wird nur eine Frage der Zeit sein, bis auch Terminkontrakte in Lagos gehandelt werden können. Da ist sich Rewane ganz sicher.[20]

Rohstoffe, Mobilfunk, Finanzdienstleistungen – dies sind die Kernbereiche, die besonders häufig genannt werden, wenn es darum geht, die Wachstumssektoren der afrikanischen Wirtschaft zu benennen. Hinzu kommen alle jene Branchen, die direkt davon profitieren, dass Afrikas Bevölkerung statistisch jünger wird und dass der Wohlstand in Afrika zunimmt. Viele Branchen profitieren darüber hinaus davon, dass auf dem Kontinent allmählich eine Mittelschicht entsteht.

Denn die neue Mittelschicht entwickelt neue Lebensgewohnheiten. Die Mittelschicht wohnt in den Städten und hat auf dem Land höchstens noch etwas Grundbesitz, ohne von ihm leben zu müssen. Für die Mittelschicht ist ein in Teilen amerikanischer oder europäischer Lebensstil wichtig. Afrikaner der Mittelschicht achten auf die Ausbildung ihrer Kinder und wollen modernen Lebensstandard.

Die Mittelschicht hat viele Einzelhandelskonzerne auf dem Kontinent entstehen lassen, von denen die größten ihren Sitz in Südafrika haben. Shoprite Holdings kommt auf einen Umsatz von mehr als zehn Milliarden Dollar und einen Jahresüberschuss von rund 340 Millionen Dollar.[21] Damit ist Shoprite der größte Einzelhandelskonzern des Kontinents. Pick'n'Pay Stores Holdings folgt mit umgerechnet knapp 8 Milliarden Dollar Umsatz und knapp 120 Millionen Dollar Jahresüberschuss auf dem zweiten Rang. Die folgenden zwölf Leader im afrikanischen Einzelhandel stammen ebenfalls aus Südafrika und heißen Spar, New Clicks, JD oder auch Mr Price.

Die südafrikanischen Einzelhandelsriesen haben es geschickt genutzt, dass sich die internationalen Handelskonzerne wie Walmart, Carrefour, Tesco oder Metro aus Deutschland lange überhaupt nicht für Afrika interessiert haben und lieber in Asien investierten. Daran hat die Übernahme von Massmart in Südafrika durch den amerikanischen Konzern Walmart wenig geändert.

Der Erfolg des südafrikanischen Einzelhandels ist auch den großen Investoren aufgefallen. »Schon seit einigen Jahren liegt die Eigenkapitalrendite von Shoprite bei rund 40 Prozent pro Jahr«, stellt Fidelity-Fondsmanager Price fest.[22] Dieser Erfolg strahlt auf andere Branchen in ganz Afrika aus: Ein grundlegender Wandel vollzieht sich laut Price auch in der Lebensmittel- und Getränkeindustrie, in die hohe Investitionen fließen. »Setzt sich die positive Entwicklung in den nächsten Jahren fort, könnten kostengünstigere heimische Produkte schon bald größeren Raum in ganz Afrika einnehmen und einen Teil der teuren Importe aus Südafrika verdrängen«, sagt Price voraus.

Viele der afrikanischen Supermärkte, Warenhäuser und Einkaufszentren konzentrieren sich auf eine relativ vermögende, westlich orientierte Klientel. Andere passen sich geschickt den lokalen Gegebenheiten an. So hat sich in Marokko der Unternehmer Moncef Belkhayat zunutze gemacht, dass viele der kleinen Lebensmittelläden vor allem deshalb eine wichtige Funktion erfüllen, weil bei ihnen die ganze Familie anschreiben lassen kann, bis mal wieder Geld reinkommt. »Hanout« heißen in Marokko diese kleinen Läden, deren Prinzip sich überall in Afrika finden lässt. Belkhayat gründete die Kette Hanouti, die genau dieses System abbildet und zusammen mit einer örtlichen Bank, der BMCE, den Kunden gleich noch einen Kredit anbietet. So verbindet die Hanouti-Kette den Standard einer Marke mit einem traditionellen System. Und die Bank BMCE bekommt Zugang zu Kunden, die sie sonst kaum erreicht hätte.[23]

Viele Produkte lassen sich eben nicht in Afrika vermarkten, ohne dass sie an die örtlichen Gegebenheiten angepasst würden. Auch internationale Werbekampagnen lassen sich nicht ohne weiteres auf Afrika übertragen – und immer weniger in Ländern, in denen eine starke afrikanische Diaspora lebt. So empfinden es viele Afrikaner als verletzend, wenn in Europa helle Damen-Netzstrümpfe immer noch als »hautfarben« beworben werden.

Afrikanische Konsumenten haben ihre eigenen Gewohnheiten und Vorlieben. Ein großes Geschäft aktuell auf dem Kontinent sind Tomatensoßen, Ketchup und Barbecuesoßen. Denn bei allen kulturellen Unterschieden zwischen den einzelnen Teilen des Kontinents dürfte allen Afrikanern eines gemein sein: eine Vorliebe für gegrilltes Fleisch. Und wer grillt, braucht Saucen zur Begleitung. In diesem Bereich entstehen allerorten in Afrika lokale Marken, die dieses Bedürfnis bedienen. Denn mit steigendem Wohlstand leisten sich die Afrikaner auch häufiger Fleisch.

Lokale Marken sind eines der größten Wachstumsfelder überhaupt in Afrika. Gewiss, in bestimmten Bereichen – besonders bei Autos – zählen die großen internationalen Namen. Doch in anderen haben sich lokale Unternehmer durchsetzen können. So entstand in Südafrika die Kosmetikmarke »Black Like Me«, die großen Erfolg auf dem ganzen Kontinent hat. Denn die Haut einer Afrikanerin hat andere Bedürfnisse als die einer Europäerin.

Auch die Haarpflege ist afrikanischen Frauen ein stetes Anliegen. Anders als in Europa werden Shampoos jedoch meist in Haarsalons verwendet und weniger zu Hause. Denn die Haarpflege ist, vor allem für städtische Afrikanerinnen, eine Angelegenheit, die sie am liebsten im Haarsalon erledigen. Dort wenden sie neben Haarshampoos auch Weichmacher, Glattmacher und eine Vielzahl anderer Produkte zur Pflege ihrer Haare an. Hinzu kommen all die Haare, seien sie künstlich oder natürlich, die sich afrikanische Frauen gerne in ihre Haare flechten lassen. 15 bis 20 Prozent ihres Einkommens wendet im Durchschnitt eine kenianische Frau zur Pflege ihrer Haare auf.

Der Markt für Arzneimittel und andere pharmazeutische Produkte zählt zu jenen Märkten, die am stärksten von der Entstehung einer Mittelschicht in Afrika profitieren. Sein Wachstum dürfte in Afrika zweieinhalbmal schneller als das Wachstum des Bruttoinlandsprodukts sein. Obwohl die Lebenserwartung in Afrika noch zu den geringsten auf der Welt zählt, nimmt die Zahl der älteren Menschen auf dem Kontinent stark zu. Auch werden heute viele Krankheiten wie Herz-Kreislauf-Probleme, Diabetes oder Krebs in Afrika besser festgestellt als in der Vergangenheit. Auf 20 bis 25 Prozent jährlich wird das Wachstum des Pharma-Marktes in Afrika geschätzt.

Allein in Nigeria dürfte der Pharma-Markt auf einen Jahresumsatz von einer Milliarde Dollar kommen. Doch dort geschieht eine menschliche Tragödie, der sich bisher noch kaum eine Hilfsorganisation angenommen hat. 40 Prozent der Medikamente, die in Nigeria verkauft werden, sind laut Schätzungen gefälscht. Und die echten Medikamente sind oft 25 bis 30 Prozent teurer als in Europa. Zudem werden die Medikamente in den Krankenhäusern oft gestohlen und dann auf dem Schwarzmarkt verkauft. Das Bild ist in vielen anderen afrikanischen Ländern kaum anders.

In Afrika wird jeder Erwerbstätige in Zukunft weniger ältere Menschen oder Kinder ernähren müssen. »Diese Entwicklung wird in den kommenden Jahrzehnten zu kontinuierlichem Wirtschaftswachstum beitragen«, stellt McKinsey fest.[24] Vor allem werde dies zu einem Zeitpunkt geschehen, zu dem in allen anderen Regionen der Welt dieser Trend umgekehrt ist, was dort die Wachstumsaussichten belasten werde. Dies erklärt das große Interesse fast aller großen internationalen Konsumkonzerne am afrikanischen Markt – mit Ausnahme fast aller Konsumgüterhersteller und Markenartikler in Deutschland, wie wir später noch genauer sehen werden.

Afrikas Jugend wird die Märkte zwischen Algier und Kapstadt dauerhaft verändern. »Die Konsumgewohnheiten der Jugendlichen unterscheiden sich erheblich von denen der Älteren«, heißt es weiter in der McKinsey-Studie. Und: »Junge Afrikaner sind sogar markenbewusster als der Rest der Bevölkerung.«[25] 44 Prozent der Jugendlichen gaben an, sie versuchten unter den Ersten zu sein, die neue Dinge ausprobieren.

Kein Zweifel, die Jugend setzt heute die Trends auf Afrikas Konsummärkten, und diese gelten oft nur wenige Monate lang. Kaum ein Markt auf der Welt dürfte so dynamisch sein wie der Markt, der sich mit Konsumprodukten an die afrikanische Jugend richtet. Die Stars in der Musikszene wechseln sich innerhalb weniger Wochen ab. Wer einige Monate weg war, gilt bei seiner Rückkehr oft schon als hoffnungslos altmodisch, weil er die jüngsten Worte des Jugendslangs nicht draufhat oder die aktuellen Stars nicht kennt.

Die Vorbilder von Afrikas Jugend, das sind – wie andernorts auch – die großen Fußballstars, die Modemodels, die Ikonen des Rap und des Hip-Hop. Denn auch das ist klar: In Europa gelten Afrikaner als rein preisgetriebene Konsumenten, die auf Qualität wenig geben. Tatsächlich ist es völlig anders. Es gibt nur wenige Verbraucher auf der Welt, die so genau auf Qualität achten wie Afrikaner. Marke ohne Qualität, Qualität, ohne modisch zu sein – das geht nicht, haben die McKinsey-Berater in ihrer umfangreichen Studie über die Konsumgewohnheiten auf dem Kontinent herausgefunden.[26]

Der hohe Stellenwert von Stars führt manchmal zu skurrilen Erscheinungen: Das große Idol von Kameruns Jugend ist der Fußballer Samuel Eto'o, geboren 1981 in der Hafenstadt und Wirtschaftsmetropole Duala. Im Alter von 15 Jahren stand er bei Real Madrid unter Vertrag und machte dann Karriere beim FC Barcelona, der 27 Millionen Euro Ablöse für ihn bezahlte – solche Erfolge zählen in den Augen der afrikanischen Jugend. Bei Inter Mailand bekam er ein Jahresgehalt von 10,5 Millionen Euro. Der russische Erstligist Anschi Machatschkala, bei dem er im Sommer 2011 unter Vertrag ging, zahlte ihm sogar ein Jahresgehalt von rund 20 Millionen Euro[27] – das beeindruckt. Nicht nur auf dem Spielfeld gelangen Eto'o bemerkenswerte Kunststückchen. Er hat es sogar geschafft, in Kamerun gleichzeitig Werbung für den Marktführer SABC und den Herausforderer Guinness zu treiben. Das soll ihm mal jemand nachmachen.

Stilprägend war Guinness Africa mit einer Werbefigur, die der Konzern aus dem Nichts erschuf: Michael Power, eine afrikanische

Antwort auf James Bond. Die Werbekampagne der Agentur Saatchi & Saatchi wurde eine der bekanntesten der Welt. In Streifen von drei oder fünf Minuten Länge musste Power ein Action-Abenteuer nach dem anderen durchstehen und dazu seine ganze Männlichkeit einbringen. Glücklicherweise gab es zum Ende stets ein frisches Bier mit dem Slogan: »Guinness brings out the power in you«. Michael Power brachte die Markenbekanntheit von Guinness in Afrika auf 95 Prozent und den Marktanteil auf 50 Prozent über den gesamten Kontinent.

Seit dem Jahr 2007 liegt der Absatz von Guinness Nigeria höher als der im Stammland Irland. Während das Geschäft in Europa und Nordamerika stagniert, meldet Guinness Nigeria Jahr um Jahr steigenden Absatz, höhere Umsätze, noch mehr Gewinn. Seit 2007 wirbt Guinness mit Werbespots, die kürzer sind und die immer mit dem Satz beginnen: »My friend Udeme is a great man.« Sie sind wie klassische Spots aufgebaut und erzählen kleine Geschichten um Freundschaft und Geselligkeit rund ums Bier.

Kaum etwas spiegelt so sehr das Lebensgefühl einer Bevölkerung wie Werbung, Film und Fernsehen. Selbstverständlich sind auch in Afrika die großen Hollywoodfilme erhältlich, obwohl es auf dem Kontinent so gut wie keine Kinos gibt. Oft sind die Filme schon als Raubkopie am Straßenrand erhältlich, bevor sie überhaupt in den Vereinigten Staaten als DVD auf den Markt kommen.

In manchen Ländern wie in Ägypten, Südafrika oder Kenia sind bescheidene Filmindustrien entstanden, die das örtliche Fernsehen mit Seifenopern oder Slapstick-Komödien versorgen. Diese Produktionen lassen sich jedoch in der Regel nicht einmal an Fernsehsender anderswo in Afrika verkaufen. Doch immerhin kam die ägyptische Filmindustrie vor dem Arabischen Frühling auf ein Volumen von 60 bis 70 Millionen Dollar. Und immer wieder finden afrikanische Qualitätsproduktionen internationale Beachtung wie die südafrikanische Produktion *Tsotsi*, für die Regisseur Gavin Hood 2006 sogar einen Oscar für den besten fremdsprachigen Film erhielt.

In Nigeria allerdings ist mit Nollywood eine echte Industrie entstanden, die es mit dem Original Hollywood und der indischen Version Bollywood in vielerlei Hinsicht aufnehmen kann. Die Filmindustrie in Lagos versorgt heute den gesamten Kontinent mit Filmen, die meist mit dünnem Drehbuch die immer selben Themen aufgreifen: die verhängnisvollen Folgen von Zauberei, Ehebruch, Missgunst, Betrug, Geld und Neid.

Entstanden ist Nollywood 1992 durch einen Zufall, als der nigerianische Geschäftsmann Kenneth Nnebue einen größeren Bestand an Videokassetten, die er in Taiwan erstanden hatte, weiterverkaufen wollte. Er dachte sich, das gelinge ihm leichter, wenn die Kassetten bespielt seien. So drehte er den Film *Living in Bondage*, in dem es um einen Mann geht, der in einem Kultritus seine Frau im Austausch für Geld und Macht tötet. Daraufhin wird er vom Geist seiner Frau verfolgt. Dank dieses Films verkaufte Nnebue 750 000 Videokassetten. Wahrscheinlich kaufte er noch welche nach. Jedenfalls war damit Nollywood geboren.[28]

Heute besitzt Nigeria mit rund 2000 Produktionen im Jahr die drittgrößte Filmindustrie der Welt. Der Jahresumsatz von Nollywood wird auf 200 bis 300 Millionen Dollar geschätzt. Nur Hollywood und Bollywood liegen noch davor.

Was die Zahl der Filme angeht, hat Nollywood das Vorbild in Kalifornien offenbar schon überholt. Dies meint zumindest das englische Wirtschaftsmagazin *The Economist*, das feststellte: »Nigeria produziert mehr Filme als Amerika.«[29] Die Produktionen werden allerdings oft mit sehr kleinen Budgets gedreht, die ohne Spezialeffekte und ohne aufwendige Studioaufnahmen auskommen müssen. In der Regel entstehen sie mit einer kleinen Handkamera ohne Ausleuchtung in der Natur. Dennoch sind viele Nollywood-Stars heute in ganz Afrika bekannt. Überall auf dem Kontinent sitzen die Familien zusammen und schauen sich oft mit beschädigten Raubkopien, deren Bilder verzerrt und deren Ton gestört ist, die jüngsten Produktionen aus Nollywood an.

Wozu wird die afrikanische Filmindustrie in der Lage sein, wenn erst einmal größere Mittel in diesen Sektor fließen und wenn die afrikanischen Filmemacher die Branche mit ihrer Erzählkunst und ihren eigenen Mythen und Geschichten bereichern? Es wird noch ein weiter Weg sein. »Der afrikanische Konsumentenmarkt konzentriert sich auf zehn der 53 Länder – Algerien, Angola, Ägypten, Ghana, Kenia, Marokko, Nigeria, Südafrika, Sudan und Tunesien«, stellt die Unternehmensberatung McKinsey in ihrer Studie *Der Aufstieg der afrikanischen Verbraucher* fest. »2011 machten diese 81 Prozent des privaten Verbrauchs in Afrika aus.«[30] Seit der Abtrennung Südsudans von Sudan im Jahr 2011 zählt der Kontinent heute 54 Länder.

Große Chancen sehen die Unternehmensberater beispielsweise in der Textilbranche, die noch ungewöhnlich stark fragmentiert ist. Die sechs größten Modeketten Ägyptens erreichten auf ihrem Heimatmarkt einen Anteil von gerade vier Prozent. In Nigeria kämen die sechs größten Textilhändler auf einen Marktanteil von weniger als zwei Prozent – verglichen mit Südafrika, wo die sechs größten Textilketten einen Marktanteil von 47 Prozent auf sich vereinten. »Es gibt allerdings Zeichen, dass der formale Einzelhandel in den kommenden Jahren dramatisch zunehmen wird«, schätzen die Autoren der Studie und ziehen den Lebensmitteleinzelhandel als Beleg heran. So sei Shoprite schon in 16 Ländern aktiv, Massmart in 14 Ländern und Woolworth in elf Ländern. Auch nehme das Interesse der internationalen Modeketten an Afrika zu. So versuche derzeit die amerikanische Kette The Gap in den südafrikanischen Markt vorzudringen, wo ihr spanischer Konkurrent Zara seit 2011 vertreten sei.

Veraltete Klischees

6

Nigeria mit all seinem Reichtum an Erdöl und Erdgas und seinen mehr als 170 Millionen Einwohnern hat Südafrika als bedeutendste Volkswirtschaft in Afrika schon abgelöst. Viele Unternehmen aus der ganzen Welt versuchen, in diesen boomenden Markt einzusteigen. Nicht so der Mannheimer Konzern Bilfinger SE, dessen Vorstand seit dem 1. Juli 2011 der ehemalige hessische Ministerpräsident Roland Koch vorsteht. Bilfinger hielt an der Baugruppe Julius Berger Nigeria (JBN) die Mehrheit der Anteile und damit eine substantielle Beteiligung an einem der zentralen Akteure im Aufschwung Nigerias.

Am 3. Februar 2012, als Bilfinger sich noch Bilfinger Berger nannte, veröffentlichte der Konzern die Mitteilung, dass Bilfinger Anteile an Julius Berger Nigeria an die nigerianische Gruppe Nestoil verkaufe und seine Beteiligung von bisher 49,9 Prozent auf 39,9 Prozent senke. »Der Anteil an JBN soll schrittweise weiter reduziert werden«, hieß es in der Mitteilung weiter. Der Rückzug aus Berger Nigeria war eine der ersten Amtshandlungen, als Koch 2011 seinen neuen Posten in der Wirtschaft antrat. »Bilfinger Berger hatte im vergangenen Jahr die strategische Entscheidung getroffen, sein Nigeria-Engagement zu verringern«, hieß es denn auch in der Pressemitteilung vom Februar 2012.

Ist es nicht erstaunlich, dass Bilfinger sich gerade zu diesem Zeitpunkt aus Nigeria zurückzog? Bilfinger folge »mit den Verkäufen den jüngsten Initiativen des nigerianischen Gesetzgebers zur Erhöhung der Wertschöpfung in der nationalen Wirtschaft«, hieß es in einer Pressemitteilung vom 30. Juni 2012. Es gab auch Spekulationen, dass Bilfinger und vor allem ihr neuer Vorstandsvorsitzender Koch die Verbindung zu einem Unternehmen lockern wollten, das in der Vergangenheit immer wieder mit dem Thema Korruption in Verbindung gestanden hatte. Fürchtete der ehemalige CDU-Politiker Koch, mit schlechten Schlagzeilen in die Presse zu geraten? Er selbst verneinte diese Frage und hob hervor, dass die Verbindung zwischen Bilfinger und Julius Berger nach wie vor sehr eng sei.[1] Vor allem die Julius Berger International GmbH in Wiesbaden und Bilfinger arbeiteten nach wie vor bei vielen Projekten eng zusammen.

Auch wenn Bilfinger sich mit der Senkung der Beteiligung an Julius Berger Nigeria nicht völlig aus diesem Markt zurückzieht, so hat sich mit diesem radikalen Anteilsverkauf ein weiteres deutsches Unternehmen vom Aufschwung in Afrika ein Stück weit abgeschnitten. Und immerhin: Koch wollte nicht so weit gehen und sich aus Afrika komplett zurückziehen. Die heutige Beteiligung von knapp 25 Prozent will er dauerhaft halten. Andere Manager deutscher Unternehmen bleiben Afrika lieber ganz fern. Dies ist die politisch einfachste Lösung, die leider zu viele europäische Manager und Unternehmer nach wie vor wählen.

Dabei hat Julius Berger Nigeria in den vergangenen Jahren viel unternommen, um Korruption innerhalb des Unternehmens zu bekämpfen. Er sehe das Unternehmen sogar als Opfer von Vorurteilen, sagt Wolfgang Goetsch, ein Österreicher aus Tirol, der seit mehr als 20 Jahren in Nigeria lebt und heute Vorstandsvorsitzender von Julius Berger Nigeria ist.[2] »Bauen gilt eben als anrüchig«, sagt Goetsch. Im Falle von Julius Berger Nigeria kämen dann noch all die Vorurteile gegenüber Afrika hinzu. Gerade einmal zwei Fälle von Verstößen gegen interne Regeln habe er im Unternehmen gehabt. Beide

Fälle seien mehr als zehn Jahre her. Der eine sei abgeschlossen, der andere noch nicht.

Vorurteile sind wohl das größte Hindernis deutscher Unternehmen, sich in Afrika zu engagieren. Doch selbst wenn man diese pflegt, sollten sie nicht von einem Engagement abhalten. Denn Märkte entstehen gerade dort, wo Ineffizienz herrscht, ist eine alte Weisheit aus der Welt der Wirtschaft. Die großen Schwierigkeiten, die Afrika in den kommenden Jahrzehnten zu beheben hat, bieten deshalb exzellente Geschäftsmöglichkeiten: Der Kontinent braucht neue und vor allem mehr Straßen, Eisenbahnlinien, Flughäfen, Telekommunikation, Krankenhäuser, Arzneimittel, Landmaschinen, Düngemittel, Saatgut, Seehäfen, Wohnungen, Zementwerke, Straßenbahnen und U-Bahnen – alles Dinge, die deutsche Unternehmen herstellen könnten. Das Wachstum der Bevölkerung und der Drang in die Städte erfordern wirtschaftliches Wachstum.

Korruption, Kriege, Krankheiten – diese drei K-Wörter gelten heute noch als die Schlüsselbegriffe, um den afrikanischen Kontinent zu beschreiben. Und Nigeria galt lange als der Inbegriff von Korruption in Afrika. Kein Wunder, wenn ein ehemaliger Politiker wie Roland Koch unter diesen Umständen das Engagement seines neuen Arbeitgebers in Nigeria nicht ausweiten wollte.

In vielen Ländern, nicht zuletzt in Nigeria, wird Korruption mit Nachdruck bekämpft. Im Kampf gegen viele Krankheiten wie Aids/HIV oder auch Malaria sind in den vergangenen Jahren enorme Fortschritte erzielt worden. Und schließlich hat sich in vielen Ländern die Regierungsführung enorm verbessert. Die Öffnung zu ausländischen Investitionen hat auch bei vielen Unternehmen zu einer beeindruckenden Professionalisierung geführt. Der Kontinent ist heute auf eine neue Art zweigeteilt: Auf der einen Seite stehen jene Länder, die Korruption, Rechtsunsicherheit, Selbstbereicherung der Herrschenden und all die anderen Missstände mit Nachdruck bekämpfen – und jene, die nach wie vor in diesem Sumpf feststecken.

Unter dem Strich liegt noch vieles im Argen. Doch im Korruptionswahrnehmungsindex von Transparency International liegt Botswana vor Zypern, Taiwan, Polen und Spanien.[3] Ruanda schneidet besser ab als die Türkei, Kroatien und die Tschechische Republik, Ghana besser als Italien. Südafrika, Senegal und Tunesien liegen vor China und Griechenland. China liegt in dieser Liste auf Rang 80. Elf der offiziell 54 Länder Afrikas schneiden bei Transparency besser ab.

Hier zeigt sich einmal mehr: Ein schlechtes Image hält sich hartnäckig. Verbesserungen werden in Europa kaum wahrgenommen, auch weil immer wieder Berichte erscheinen, die diese alten Vorurteile aufs Neue bestätigen. So veröffentlichte *Der Spiegel* Anfang 2011 einen Bericht über die politischen Verwicklungen des Bauunternehmens Julius Berger Nigeria zu diversen Machthabern im Land.[4] Die beiden Autoren Horand Knaup und Jörg Schmitt warfen Berger darin vor, dem nigerianischen Politiker Umaru Yar'Adua, der 2007 zum Präsidenten des Landes gewählt wurde, kostenlos ein »medizinisches Rundum-sorglos-Paket« zur Verfügung gestellt zu haben, als dieser schwer an den Nieren erkrankte, bevor er im Mai 2010 an dieser Erkrankung starb.

»Schließlich soll Julius Berger auch mit Schmiergeld nachgeholfen haben, um den einen oder anderen Millionenauftrag in dem rohstoffreichen afrikanischen Staat zu ergattern«, hieß es in dem Bericht weiter. Julius Berger sei in Nigeria so mächtig, dass die Nigerianer den Konzern ehrfurchtsvoll »Staat im Staate« nennen würden. Amerikanische Behörden ermittelten laut dem *Spiegel*-Bericht gegen Julius Berger wegen angeblicher Schmiergeldzahlungen bei der Errichtung einer Erdgasfabrik im Süden Nigerias und dem Bau einer Pipeline durch das Niger-Delta. Zugleich versichert Wolfgang Goetsch, Vorstand von Julius Berger Nigeria, dass der Konzern vehement Korruption bekämpfe.[5] Lippenbekenntnis oder ernsthaftes Bemühen? Es bleibt unklar, nicht zuletzt, weil Korruption stets im Verborgenen stattfindet. Auch Transparency International erhebt nicht den Anspruch, mit seinem Korruptionsindex das tatsächliche Ausmaß von Korruption zu erfassen. Er soll nur abbilden, wie maßgebliche Wirtschaftsakteure die Korruption in den verschiedenen Ländern wahrnehmen.

»Korruption lähmt Entwicklung in Afrika«, lautete Ende 2012 eine andere Zeitungsschlagzeile.[6] Von den 30 korruptesten Staaten der Welt liege die Hälfte in Afrika, hieß es in dem Bericht. Damit halte Afrika laut der Organisation Transparency International einen traurigen Rekord. In der Tat ist dies die andere Seite Afrikas: Somalia belegt in dem Index den letzten Platz, noch hinter Afghanistan und Nordkorea.[7] Ganz weit unten im Index rangieren zudem Länder wie Sudan, Südsudan, Libyen, Guinea-Bissau, Äquatorialguinea, Tschad, Eritrea und Simbabwe. Auch Kongo-Brazzaville, die DR Kongo, Guinea und Angola schneiden schlecht ab. Besonders in rohstoffreichen Regionen ist die Gefahr, dass ein Staat in Korruption versinkt, sehr groß.

Das UN-Büro für Drogen- und Verbrechensbekämpfung (UNODC) schätzt den Schaden der Korruption unter Berufung auf die Afrikanische Union auf 148 Milliarden US-Dollar, ein Viertel des Bruttoinlandsprodukts, auf das alle afrikanischen Staaten zusammen kommen.[8] Bestechlichkeit lauere überall. In manchen Städten, beispielsweise in Johannesburg, kalkulierten die Taxifahrer in ihre Preise schon das nötige Bestechungsgeld für Polizeibeamte ein, die am Straßenrand lauerten. Oder Südafrikas Präsident Jacob Zuma lässt sich zum Preis von 23 Millionen Dollar seine private Villa auf Staatskosten renovieren.

Beispiele wie diese erzählen sich die Menschen in Afrika zuhauf. Überprüfen lassen sie sich in den wenigsten Fällen. Doch sie verfestigen den Eindruck, auch bei Afrikanern selbst, dass »die da oben« völlig gleichgültig gegenüber den Nöten der Menschen weiter unten auf der Sozialskala eingestellt seien.

Viele Afrikaner wiederum machen den Norden für die weitverbreitete Korruption verantwortlich. Erst mit den Kolonialherren sei in Afrika Bestechlichkeit aufgetreten, bekommen Europäer immer wieder zu hören. Die einzelnen Gesellschaften in Afrika hätten vor den Eroberungszügen der Weißen keine Korruption gekannt. Eine Variante dieser These führt die weitverbreitete Vetternwirtschaft auf die von den Kolonialherren willkürlich gezogenen Grenzen zurück. Diese hätte nach der Unabhängigkeit der afrikanischen Länder die Staatenbildung erschwert. Da die einzelnen Volksgruppen in den meisten Ländern wenig miteinander verband, hätten die neuen Machthaber Loyalität mit Geld kaufen müssen.

Auch manche Buchautoren greifen diese Thesen auf, so die aus Sambia stammende Ökonomin Dambisa Moyo, die einige Jahre lang, von 2001 bis 2008, im Bereich Hedgefonds der amerikanischen Investmentbank Goldman Sachs gearbeitet hatte. In ihrem Buch *Dead Aid* stellt sie die These auf, dass Entwicklungshilfe das wirtschaftliche Wachstum in Afrika behindere und am Ende schädlich für den Kontinent sei. Denn, so lautet eines ihrer Argumente, Entwicklungshilfe führe dazu, dass die afrikanischen Regierungen mehr den Geldgebern im Ausland verpflichtet seien als ihrer eigenen Bevölkerung. »Weil die finanzielle Abhängigkeit der Regierung von ihren Bürgern gesenkt wurde, schuldet sie ihrer Bevölkerung nichts.«[9]

Politisch habe Entwicklungshilfe die Demokratie in Afrika vorangebracht, ökonomisch gesehen falle die Antwort jedoch bei weitem nicht eindeutig aus, kritisiert Moyo.[10] Weil Entwicklungshilfe besonders leicht gestohlen, veruntreut oder unterschlagen werden könne, fördere sie Korruption.[11] Schlimmer noch: Wenn sich afrikanische Regierungen darauf verlassen, dass sie Entwicklungshilfe erhalten, schwinde ihr Interesse, Unternehmertum und die Entstehung einer Mittelschicht in ihrem Land zu fördern. »In ihrem Wachstum behindert, erreicht die Mittelschicht nie die kritische Größe, die historisch gesehen für den wirtschaftlichen und politischen Erfolg eines Landes wesentlich ist«, beklagt Moyo.[12]

Wachstum löst zwar viele Probleme in einer Gesellschaft. Es entschärft Kämpfe um die Verteilung von Wohlstand und Einkommen. Doch Wachstumsdynamik allein genügt nicht, um Korruption zu bekämpfen. Genauso wichtig ist, dass die Regierungen in Afrika nicht ihre eigene Bereicherung betreiben, sondern das Gemeinwohl im Auge haben. Das zeigt das Beispiel jener Länder in Afrika, die vom Boom auf den internationalen Rohstoffmärkten profitiert haben – beispielsweise in den Jahren 2009 bis 2011 vom rasanten Anstieg der Ölnotierungen, als der Preis für ein Barrel (159 Liter) der Sorte WTI von rund 40 Dollar auf mehr als 120 Dollar gestiegen ist. Dieser Preisanstieg spülte enorme Deviseneinnahmen in die großen Ölförderländer Afrikas Nigeria, Angola, Äquatorial-Guinea oder Mosambik. Andere profitierten nach dem Ausbruch der Finanzkrise im Herbst 2008 von der Flucht der Anleger in Europa und den Vereinigten Staaten in das vermeintlich Sicherheit bietende Gold. Dies trieb die Goldnotierung innerhalb kurzer Zeit von weniger als 800 Dollar je Feinunze (etwa 31,1 Gramm) auf mehr als 1800 Dollar. Davon profitierten Länder wie Südafrika, Ghana oder Mali. Die Einnahmen aus Rohstoffgeschäften bergen aber eine Gefahr: Sie führten leicht zu schwachen und ineffizienten Staaten, weil der Regierung das Geld mühelos in die Kasse fließe, ohne dass sie ein leistungsfähiges Steuersystem entwickeln müsse, meinte der iranische Ökonom Hossein Mahdavy in einer immer noch aktuellen Analyse aus dem Jahr 1970.[13]

Reichtum an Rohstoffen könne eine stabile Demokratie auch dadurch verhindern, dass die Regierenden im Staat mit den Einnahmen durch Bestechung Polizei, Militär und Geheimdienste in einen Unterdrückungsapparat umfunktionierten, warnt Gerald Braunberger, Leiter der Finanzredaktion der *Frankfurter Allgemeinen Zeitung*. Rohstoffe könnten allerdings auch die Demokratie fördern, wenn »die Machthaber mit den Einnahmen aus dem Rohstoffverkauf Sozialleistungen finanzieren können und sich auf diese Weise Wählerstimmen kaufen«.[14] Ohne diese Einnahmen müssten sie sonst die Reichen so hoch besteuern, dass sie einen Staatsstreich zu befürchten hätten. Besonders groß sei die Gefahr, dass große Rohstoffvorkommen negative Folgen zeigen, wenn der Staat die Rohstoffkonzerne verstaatliche. Dann komme die Regierung so leicht an Einnahmen, dass sie überhaupt keinen Anreiz mehr habe, effizient zu regieren.

Die internationalen Ölunternehmen – und damit sind hier vor allem die großen Konzerne aus Europa und den Vereinigten Staaten gemeint – befänden sich allesamt in einem Dilemma, beklagten die Redakteure des *Economist*.[15] Sie müssten ihre sinkenden Reserven durch neue Funde erneuern. Doch die meisten von ihnen befänden sich in politisch instabilen oder schlecht regierten Regionen. Schlimmer noch, sie sähen sich mit einem wachsenden Rohstoffnationalismus und einem schärferen Wettbewerb durch Staatskonzerne aus Asien, Lateinamerika und dem Nahen Osten, die ihre ethischen Standards weit tiefer ansetzten, konfrontiert.

In der Folge würden Unternehmen, die es ablehnen, sich auf irgendwelche Geschäfte mit schlechtem Beigeschmack einzulassen, aus dem Geschäft gedrängt, zitiert der *Economist* Peter Hughes, einen ehemaligen Manager des britischen Ölkonzerns BP. Die meisten wählten die Option, einen so großen Abstand wie möglich zwischen sich und der Quelle des üblen Beigeschmacks zu schaffen.

Korruption ist kein Phänomen, das etwa kulturell auf dem Kontinent verankert wäre, auch wenn dieses Vorurteil in Gesprächen über Afrika immer wieder auftaucht. Korruption ist eine Erscheinung, unter der die Afrikaner selbst am stärksten leiden und die viele Afrikaner selbst mit Leidenschaft bekämpfen und zurückdrängen. Dabei hilft auch das Internet, Missstände publik zu machen.

Korruption ist zugleich keine Einbahnstraße. Wo es Empfänger von Bestechungsgeld gibt, müssen auch Zahlende sein. In Deutschland konnten die Unternehmen jahrzehntelang Bestechungszahlungen in Drittländern als »nützliche Aufwendungen« von der Steuer absetzen. Immerhin ist es deutschen Unternehmen in der Zwischenzeit verboten, im Ausland zu bestechen. Selbst große und bis dahin hochrespektable Konzerne wie Siemens, MAN, Daimler oder auch ThyssenKrupp verwickelten sich in zum Teil schwere Korruptionsskandale.[16] Deshalb wäre es unfair, allein den afrikanischen Ländern die Verantwortung für das große Ausmaß von Korruption zuzuweisen. Auch die auf dem Kontinent aktiven Konzerne haben ihren Teil dazu beigetragen, Korruption so stark zu verbreiten. Hier half ein kleiner Umschlag oder diskreter Aktenkoffer oft, bürokratische Hürden zu umgehen. Fair ist es, die afrikanischen Länder danach zu beurteilen, was die Regierungen gegen die Korruption unternehmen, wie sie gegen bestechliche Beamte vorgehen und vor allem wie sehr die Regierungsmitglieder selbst als Vorbild vorangehen.

Entscheidend für Korruption ist auch nicht die Höhe des Betrags. In Frankfurt am Main verlor vor einigen Jahren ein städtischer Marktaufseher seine Stelle, weil er sich immer wieder von einigen Betreibern von Marktständen auf ein Glas Bier einladen ließ. Andere Marktbetreiber hatten daraufhin den Verdacht, dass der Marktaufseher die großzügigen Konkurrenten regelmäßig mit besseren Standplätzen begünstigte. Daraufhin beschwerten sie sich über den geselligen Marktaufseher bei dessen Vorgesetzten – und dieser erhielt umgehend die Kündigung und ein Strafverfahren obendrein.

Im Februar 2012 musste gar ein deutscher Bundespräsident zurücktreten, weil ihm vorgeworfen wurde, einige Annehmlichkeiten akzeptiert zu haben, und er sich von einem Unternehmer Reiserechnungen bezahlen ließ. Wulff lehnte das Angebot der Staatsanwaltschaft ab, das Verfahren gegen die Zahlung einer Auflage einzustellen. Er wollte gerichtlich geklärt wissen, ob er Unrecht getan hatte oder nicht. Im Februar 2014 wurde er von den Vorwürfen freigesprochen – doch politisch war er schon aufgrund des Verdachts der Bestechlichkeit nicht im Amt zu halten. Viele Deutsche kritisierten damals das Verfahren gegen Wulff mit dem Argument, dass die Kosten dieses Gerichtsprozesses in keinem Verhältnis zum Betrag stünden, um den es in dem Verfahren ginge. Doch bis zu welcher Geldsumme ist Korruption ein Kavaliersdelikt und von welchem Betrag an nicht mehr?

Diese beiden Fälle – der Marktaufseher und Christian Wulff – dürften keine Ausnahme sein. Auch in Deutschland ist Bestechung üblich, auch wenn hier keine Polizisten an der Straße stehen, um Autofahrern unter fadenscheinigen Begründungen ohne Quittung Geld aus der Tasche zu ziehen. Im Korruptionswahrnehmungsindex der Organisation Transparency International erhielt Deutschland zuletzt nur die zwölftbeste Bewertung – hinter Dänemark, Neuseeland, Finnland, Schweden und selbst Singapur und Luxemburg.[17] Immerhin rückte Deutschland im Vergleich zum Vorjahr einen Rang vor. In allen Ländern, auch in Deutschland, gibt es somit in puncto Bestechlichkeit einiges zu tun.

Korruption ist kein Konzept, das ein für alle Mal unverrückbar feststeht. Die Wahrnehmung, was im Einzelfall als Korruption zu werten ist und was nicht, ändert sich im Laufe der Zeit. Eine Einladung, die früher noch gang und gäbe war, kann heute als unzulässig betrachtet werden. Zur Fußball-Weltmeisterschaft 2006 in Deutschland verteilten viele Unternehmen noch großzügig Einladungen zu den Spielen, auf die Tribüne oder in die VIP-Lounges, je nach Budget und Wichtigkeit des Eingeladenen. Auch viele Journalisten nahmen diese Einladungen an.

Das hat sich seitdem geändert. Viele Unternehmen haben enge Regeln gesetzt, zu was und bis zu welchem Geldbetrag jemand sich zu einem Essen oder einer Veranstaltung einladen lassen darf – in vielen Fällen überhaupt nicht mehr. Häufig setzen die Unternehmen und Organisationen Obergrenzen fest, bis zu denen Zuwendungen keine Korruption darstellen – eine Einladung zu einem Geschäftsessen in einem guten Restaurant kann demnach in Ordnung gehen, ein Festmahl in einem Drei-Sterne-Lokal nicht mehr. Auch wenn diese Grenzen mehr oder weniger willkürlich gezogen sind, gibt es kaum eine andere Möglichkeit, Korruption und Bestechung in den Griff zu bekommen. In jedem Fall beruht Korruption darauf, dass jemand – in einem Unternehmen oder in einer Behörde – seine Machtposition zu seinem Vorteil ausnutzt. Dabei muss nicht einmal zwingend zwischen den Beteiligten Bargeld fließen.

Nun wären Unternehmen, die in Afrika Geschäfte machen wollen, damit überfordert, wenn sie die Korruption dort selbst bekämpfen sollten. Es ist Aufgabe der staatlichen Organe, der Polizei und der Ermittlungsbehörden, Kriminalität – und dazu zählt ja Korruption – zu bekämpfen. Es ist den Unternehmen allerdings zuzumuten, langfristig schädliche Geschäftspraktiken zu unterlassen und sich aus Geschäften herauszuhalten, die auf Bestechung beruhen. Auch sollten sie selbst ein Interesse daran haben, Mitarbeiter zu identifizieren, die Mitarbeiter anderer Unternehmen oder gar Beamte bestechen oder selbst bestechlich sind. Durch die wachsende Verbreitung des Nachhaltigkeitsgedankens geraten die Unternehmen schließlich auch vonseiten der Investoren stärker unter Druck, ihr Tun an gewissen ethischen Mindeststandards messen zu lassen.

Die Frage ist deshalb: Wie groß sollte der Abstand zwischen dem Unternehmen und der Korruptionsquelle sein? Es ist sicher nicht ausreichend, in einem Drittland eine Unternehmensberatung pauschal mit der Geschäftsanbahnung in einem Land zu beauftragen, ohne zu kontrollieren, wie diese Anbahnung konkret zustande kommt. So haben es viele internationale Konzerne getan, damit ihre Angestellten nicht mehr selbst die Aktenkoffer voller Geldbündel überreichen müssen. Vielmehr können sie aktiv darauf drängen, dass sie nicht in den Verdacht kommen, Entscheidungsträger kaufen zu wollen. Auch in Afrika müssen Beamte durchaus vorsichtig agieren, wenn sie Geld annehmen wollen. Denn auch sie riskieren in ihren Ländern zunehmend, strafrechtlich belangt zu werden. Deshalb gibt es durchaus Möglichkeiten für Investoren, sich korrupten Praktiken zu entziehen.

Schwierig bleibt es allerdings dadurch, dass sich die ethischen Standards von Land zu Land stark unterscheiden. In manchen Ländern zählen Gastgeschenke zum normalen Geschäftsgebaren, in anderen werden sie als Bestechungsversuch angesehen. In manchen afrikanischen Ländern ist es Beamten erlaubt, hochoffiziell neben ihrem Posten eine Nebentätigkeit auszuüben, beispielsweise eine Unternehmensberatung zu betreiben. Weil der Staat die Beamten nur schlecht bezahlen kann und die besten von ihnen ansonsten bald in die Privatwirtschaft abwandern, sieht der Staat oft keine andere Möglichkeit, die Beamten zu halten. In Deutschland wäre dies undenkbar, in vielen Entwicklungsländern ist es unvermeidbar.

Wie soll nun ein deutsches Unternehmen damit umgehen? Darf ein Unternehmen sich darauf einlassen, wenn ein Beamter zur Erleichterung des Behördengangs auf die Dienstleistung seines eigenen Beratungsunternehmens verweist und sogar anbietet, eine hochoffizielle Rechnung auszustellen? Wenn Korruption konkret wird, stoßen die Betroffenen schnell in knifflige Grenzbereiche vor.

Für die politischen Machthaber in Afrika ist es angesichts von Mobiltelefonen, Facebook, Internet und grenzüberschreitendem Satellitenfernsehen schwerer geworden, korrupte Praktiken vor der Öffentlichkeit zu verbergen. In vielen afrikanischen Ländern sind in den vergangenen Jahrzehnten starke Zivilgesellschaften entstanden mit zum Teil einflussreichen Menschen- und Bürgerrechtsorganisationen, die den Druck auf Regierungsmitglieder und Beamte hochhalten und Missstände publik machen. Auf Internetportalen und in Diskussionsforen im Internet wird ständig über Versuche der Selbstbereicherung berichtet. So gibt es beispielsweise seit 2003 das Information Portal on Corruption in Africa (IPOC), um nur eines zu nennen.[18] Realisiert haben es verschiedene Bürgerrechtsbewegungen in Südafrika und Simbabwe mit finanzieller Unterstützung der staatlichen Entwicklungsorganisationen von Dänemark und Norwegen.

Diese Berichte können auch Unternehmen in Europa und den Vereinigten Staaten nicht ignorieren. Denn andernfalls müssen sie ihrerseits im Norden kritische Nachfragen oder unangenehme Presseberichte fürchten – dies umso mehr, wenn sie sich auch noch dem Gedanken der Nachhaltigkeit verpflichtet haben und in diesem Rahmen ihr Handeln an den Kriterien Umwelt, soziale Mindeststandards und gute Unternehmensführung ausrichten. Zudem fühlen sich viele Investoren dem Gedanken des aktiven und engagierten Investments verbunden: Wenn ein Unternehmen gegen die Grundsätze nachhaltigen Wirtschaftens – und dazu zählt die Ablehnung und Bekämpfung von Korruption – verstößt, dann wollen diese Aktionäre nicht dazu schweigen, sondern werden aktiven Druck auf die Führung dieser Unternehmen ausüben.

Der Kampf gegen Korruption in Afrika und anderswo wird also zunehmend international geführt. Auch weil Afrika mehr und mehr Teil der internationalen, globalen Wirtschaftsgemeinschaft wird, werden auch Korruption und Bestechlichkeit in den kommenden Jahren in Afrika weiter stark zurückgehen.

Der stärkste Impuls im Kampf gegen Korruption kommt hingegen von einer kräftigen Aufwärtsdynamik der Wirtschaft. Es ist allgemein akzeptiert, dass eine wuchernde Korruption zu den stärksten Wachstumsbremsen zählt. Das ist nicht selbstverständlich. Es ließe sich ja auch vermuten, dass Korruption Verwaltungsentscheidungen beschleunigt, Investitionen schneller vorankommen lässt und auf diese Weise günstig für eine Volkswirtschaft insgesamt sein könnte.

Heute ist jedoch ökonomisch nachgewiesen, wie wichtig gut funktionierende Institutionen für ein langfristig hohes Wachstum sind. Diesen Zusammenhang haben beispielsweise Daron Acemoglu und James A. Robinson in ihrem richtungsweisenden Buch *Why Nations Fail: The Origins of Power, Prosperity, and Poverty* untersucht.[19] Eine niedrige Korruption oder die effiziente Bekämpfung solcher Erscheinungen zeigen besonders deutlich, wie gut ausgebildet die Institutionen einer Volkswirtschaft sind. Hier liegt in Afrika vieles im Argen.

Die öffentlichen Verwaltungen in vielen Ländern sind oft schlecht ausgestattet, die Rechtssysteme seit der Unabhängigkeit vor oft mehr als 50 Jahren nie gründlich den wirtschaftlichen Veränderungen angepasst worden. Es gibt zu wenig Beamte, Lehrer und Polizisten. Die meisten von ihnen sind ungenügend ausgebildet. Zudem ist die öffentliche Verwaltung in der Regel personell unterbesetzt und demotiviert. Kein Wunder, dass die meisten von ihnen – vor allem die talentierteren und ehrgeizigeren Beamten – bei der ersten Gelegenheit in die Privatwirtschaft abwandern. Je weiter eine Behörde oder Schule von der Hauptstadt entfernt auf dem Land liegt, desto schlimmer wird in der Regel die Versorgung mit öffentlichen Dienstleistungen. Manche Dörfer in der afrikanischen Savanne haben seit Jahren keinen Lehrer mehr gesehen.

Glücklicherweise gilt diese deprimierende Feststellung nicht für alle Länder Afrikas gleichermaßen. In den ärmeren Ländern ist die Lage der Beamten oft so desolat, dass sie keinen Rechner geschweige denn ein Laptop oder ein Mobiltelefon gestellt bekämen. Ist es Korruption, wenn ein Beamter in dieser Situation ausländische Handelspartner nach einem gebrauchten Laptop oder einem alten Handy fragt? Selbstverständlich, doch geschieht die Bitte um diese Zuwendungen nicht aus dem Versuch heraus, sich auf Kosten des Staates selbst zu bereichern, sondern nur um die Arbeit als Beamter überhaupt erledigen zu können.

Viele Investitionsprojekte kommen zum Erliegen oder werden unnötig kompliziert gemacht und verzögert, weil die öffentliche Verwaltung in vielen Ländern zu schlecht aufgebaut ist. Hier gilt es, die afrikanischen Staaten mit Nachdruck beim Aufbau eines zeitgemäßen, effizienten Verwaltungs- und Justizapparats zu unterstützen.

Dies ist eine langwierige und kostspielige Aufgabe, die den Beteiligten wenig Aufmerksamkeit seitens der internationalen Spendenorganisationen bringen wird. Es ist mit Sicherheit ein lohnendes Ziel, sich für den Erhalt der Berggorillas oder den Schutz von Nashörnern und Elefanten einzusetzen. Doch irgendwann muss diese Arbeit auch in die Einstellung von ausreichend Wildhütern und Polizisten münden, die am Ende Wilderer und Umweltfrevler dingfest machen.

Auch wenn sich das Thema wenig eignet, um im Weihnachtsgottesdienst Geld zu sammeln, so arbeiten doch viele Regierungen in Afrika daran, ein funktionierendes Kataster aufzubauen oder ein zuverlässiges Personenstandregister. Das mag langweilig und bürokratisch klingen. Doch solche Register sind absolut notwendig, um beispielsweise Eigentumsrechte an Grundstücken abzusichern oder funktionierende Banksysteme aufzubauen, die Kleinkunden Zugang zu Darlehen ermöglichen. Der Aufbau eines verlässlichen Rechtssystems mit gesicherten Rechten und Gerichten, die personell in der Lage sind, Recht zu sprechen, ist unerlässlich – auch um die Demokratie in den Schwellenländern zu verankern. Demokratie braucht beides: den Respekt der großen Prinzipien, wie sie beispielsweise in der Allgemeinen Erklärung der Menschenrechte festgeschrieben sind,[20] und den kleinteiligen Aufbau einer funktionierenden Verwaltung, eines Netzes an ausreichend Polizisten, Richtern und Staatsanwälten. Eine glaubwürdige Verwaltung, eine Justiz, die frei von politischen Einmischungen Recht sprechen kann, und eine Polizei, die das Vertrauen ihrer Bevölkerung genießt, sind unabdingbar für einen dauerhaften Aufschwung in Afrika.

Glücklicherweise haben dies viele Organisationen wie die Weltbank oder auch die deutsche Bundesregierung erkannt. Sie entsenden Experten in viele afrikanische Länder, die sich daranmachen, die Gesetzeswerke zu überarbeiten, Polizisten auszubilden oder Verwaltungsangestellte zu schulen. Diese Arbeit zeigt erste Früchte. Denn unter Afrikas Regierenden hat ein neuer Wettlauf eingesetzt: Manche von ihnen buhlen geradezu darum, möglichst schnell effiziente und moderne Verwaltungsapparate und Gesetzeswerke aufzubauen. Sie konkurrieren miteinander, in welchem Land am schnellsten eine Gesellschaft gegründet werden kann. Viele von ihnen haben Deutschland in dieser Hinsicht überholt.

Eines der modernsten Länder in Afrika ist heute Ruanda, jenes Land, das im Jahr 1994 Schauplatz einer der schlimmsten Genozide in der Geschichte der Menschheit war. Er kostete Hunderttausenden

Menschen das Leben – je nach Schätzung 800 000 bis zu einer Million – und traumatisierte die Einwohner des Landes bis heute. Staatspräsident Paul Kagame hat sich nach seiner Machtübernahme im April 2000 das Ziel gesetzt, einen modernen Staat im Herzen Afrikas zu bilden. Er lässt Glasfaserkabel in das Land verlegen, damit es Zugang zum internationalen Datenverkehr erhält. Er arbeitet an elektronischen Personalausweisen, am Aufbau eines modernen Finanzdienstleistungssektors und im Rahmen des staatlichen Programms »Vision 2020« an der Entwicklung eines zentralen Dienstleistungszentrums in der Region. Ruanda soll dem Vorbild Singapur nacheifern, lautet Kagames Motto.

So will er die vielen Nachteile ausgleichen, unter denen die Wirtschaft des Landes leidet: Ruanda ist ein kleines Land, kleiner als das Land Brandenburg. Es zählt 11 Millionen Einwohner und ist damit eines der am dichtesten bevölkerten Länder Afrikas. Ruanda liegt eingeschlossen mitten auf dem Kontinent, mehr als 1400 Kilometer von der Küste des Indischen Ozeans entfernt. Das Land besitzt kaum natürliche Rohstoffe und eine Topographie, die eine leistungsfähige Landwirtschaft kaum ermöglichen wird. Allerdings zeigt die entschlossene – oder je nach Lesart autoritäre – Politik Kagames Erfolge. »Ruanda hat seit dem Völkermord von 1994 und dem Bürgerkrieg beeindruckende Fortschritte im Hinblick auf seine Entwicklung erreicht«, urteilen die Ökonomen der Weltbank in einem Länderbericht.[21] Ruanda ist zwar weiterhin stark von internationaler Hilfe abhängig. Doch das Wirtschaftswachstum des Landes liegt seit Jahren deutlich über dem afrikanischen Durchschnitt. In den Jahren 2002 bis 2008 lag es im Mittel bei 8,3 Prozent jährlich. In den Jahren danach lag es selbst in den schwächeren Jahren wie 2009 oder 2013 bei mehr als 6 Prozent. Das zeigt, wie ernst manche Regierung die Aufholjagd nimmt, dank der Afrika den wirtschaftlichen Anschluss an den Rest der Welt erreichen will.

Ein anderes Vorzeigebeispiel ist Mauritius. Der kleine Inselstaat liegt rund 900 Kilometer östlich von Madagaskar im Indischen

Ozean. Die Inselgruppe wurde abwechselnd von den Portugiesen, den Holländern, den Franzosen und den Briten besetzt, bis sie 1968 unabhängig wurde. In der Kolonialzeit diente die Insel vor allem zur Produktion von Zuckerrohr. Nach der Unabhängigkeit entwickelte das Land, auch dank der Unterstützung Chinas, eine starke Textilindustrie und baute nach und nach mit großem Erfolg den Tourismus aus. Die Sandstrände mit ihren Palmen locken viele Urlauber an, die eindrucksvollen Korallenriffe speziell Taucher aus der ganzen Welt.

Schließlich entwickelte die Regierung in der Hauptstadt Port Louis ein Finanzzentrum, das die Drehscheibe für viele Afrika-Geschäfte wurde. Neben vielen Banken sind in Mauritius international versierte Steuerberater, Wirtschaftsprüfer und Rechtsanwälte präsent, die das Einkommensniveau der Inselbewohner weit über den afrikanischen Durchschnitt angehoben haben. Internationale Schulen, gehobene Gastronomie und vielfältige Freizeitmöglichkeiten in einem insgesamt sehr sicheren Rahmen schaffen das entsprechende Ambiente, um diese Fachkräfte mit ihren Familien anzulocken. Mauritius gilt heute als eines der großen Erfolgsmodelle des Kontinents und als eine der Vorzeigedemokratien in Afrika.

Viele Regierungen Afrikas eifern heute Beispielen wie diesen nach. Diese neue Bewegung wird dazu führen, dass die Zahl der Demokratien in Afrika in den kommenden drei Jahrzehnten rapide zunehmen wird und Diktaturen in Afrika die Ausnahme sein werden.

Schon heute mehren sich die Zeichen, die diese Hoffnung rechtfertigen. Auch wenn ein oberflächlicher Blick durch die deutschen Medien ein anderes Bild vermittelt: In Afrika geht die Zahl der bewaffneten Konflikte seit Jahren zurück. Hatte in den 1990er Jahren der erste »Weltkrieg Afrikas«, wie der französische Historiker Gérard Prunier diesen Konflikt bezeichnete,[22] Hunderttausenden von Menschen das Leben gekostet und von Ruanda, bis Zaire/DR Kongo, Uganda und Angola die gesamte Region in diese blutigen Kämpfe verwickelt, ist sowohl die Zahl der Konflikte stark gesunken wie auch ihre Intensität.

Zudem greifen auch die anderen Staaten über ihre Organisationen wie die Afrikanische Union (AU) oder wie in Mali über die Ecowas, die Westafrikanische Wirtschaftsgemeinschaft, in diese Konflikte ein. Auch die Rebellenaufstände in der Zentralafrikanischen Republik werden trotz der Unterstützung durch französische Truppen in Afrika als ein Konflikt aufgefasst, für dessen Lösung die Afrikaner die Hauptverantwortung tragen. So schaffen sie das Bewusstsein, dass Afrika selbstverantwortlich für Ruhe und Frieden auf dem Kontinent zu sorgen hat.

Je mehr Menschen und je mehr Länder mit ihren Regierungen von der Aufwärtsspirale auf dem afrikanischen Kontinent profitieren, desto stabiler wird dieser Aufschwung und desto größer wird die Wahrscheinlichkeit, dass er über die wirtschaftliche Sphäre hinaus der gesamten Gesellschaft zugutekommt. Das ist kein Selbstläufer. Hier sind auch die Regierungen gefragt, regionale, religiöse, ethnische und nationale Egoismen zu überwinden. Die vielfältigen Versuche, regionale Organisationen zu schaffen wie Ecowas oder die East African Community – mit ihrem Ziel einer gemeinsamen Währung für Kenia, Tansania, Uganda, Ruanda und Burundi –, müssen unterstützt werden und in echte Solidargemeinschaften münden, die auch für einen wirtschaftlichen Interessenausgleich unter ihren Mitgliedsstaaten sorgen.

Was für grenzüberschreitende Konflikte richtig ist, gilt auch im Inneren der meisten Staaten Afrikas: Der wirtschaftliche Aufschwung kann nur von Dauer sein, wenn andere Ethnien, Religionen oder politische Auffassungen geschützt und respektiert werden. Wer sich in seinen Rechten verletzt fühlt, muss sich auf rechtsstaatliche Prinzipien und eine unabhängige, schnell arbeitende Justiz verlassen können. Obwohl hier noch vieles im Argen liegt – Gerichtsprozesse verlaufen oft willkürlich und dauern in fast allen Fällen viel zu lange –, gibt es auch erstaunliche Fortschritte. Viele Länder, in denen unter der Kolonialherrschaft willkürlich Ethnien und religiöse Überzeugungen in ein Staatsgebilde gezwängt wurden, sind heute auf dem Weg zu einer nationalen Einheit, die zwar immer noch nicht konfliktfrei gelebt wird, aber doch nach gewissen Regeln.

In vielen Ländern Afrikas leben christliche Minderheiten mit muslimischen Minderheiten zusammen. Besonders die Moslems Schwarzafrikas praktizieren häufig einen toleranten, nach innen gekehrten Islam und versuchen nicht, andere Völker zu bekehren. In vielen Ländern leben Christen und Moslems seit langer Zeit friedlich nebeneinander. Ein Beispiel dafür ist Äthiopien, wo Christen und Moslems relativ spannungsfrei leben. Auch in Kenia sind die Beziehungen zwischen Angehörigen der beiden Religionen zwar nicht immer frei von Spannungen, doch immerhin frei von gewalttätigen Konflikten, auch wenn die somalische Al-Shabaab-Miliz ihren islamistischen Terror zusehends nach Kenia trägt. Die religiösen Auseinandersetzungen, die in den vergangenen Jahren Länder wie Nigeria, Mali, Tschad, Sudan oder die Zentralafrikanische Republik erschüttert haben, wurden häufig von religiösen Fanatikern – oft christlichen wie muslimischen – von außen in diese Länder getragen.

Solche Konflikte sind ja auch Europäern nicht fremd. Deutschland wurde von einem Kulturkampf genannten heftigen Konflikt zwischen der damaligen Regierung und der katholischen Kirche heimgesucht. Dieser fand in den Jahren zwischen 1871 und 1887 statt – und somit vor weniger als 150 Jahren. Die Kluft der Religionen in Deutschland war auch in den Jahren nach dem Zweiten Weltkrieg zu spüren, als protestantische Vertriebene in katholischen Dörfern angesiedelt wurden oder katholische in evangelischen. Manchmal wurden die Siedlungen für die Vertriebenen außerhalb der Dörfer gebaut, damit die Alteingesessenen nicht die Nähe der Vertriebenen anderer Konfession ertragen mussten.

Diese Konflikte sind in Deutschland weitgehend beigelegt, in Nordirland jedoch bis heute nicht. Afrika muss genauso einen friedlichen Weg finden, um diese religiösen Auseinandersetzngen wie auch häufige Streitereien zwischen sesshaften Bauern und Nomaden zu lösen. Eine bessere Bildung, die Kenntnis um die Lebensform der anderen, verlässliche Regeln, eine unabhängige Rechtsprechung und wirtschaftliche Entwicklung sind der Schlüssel, um ein friedliches Zusammenleben in Afrika zu ermöglichen. Das wird kein einfacher Weg, und er wird nicht frei von Streit und weiteren Auseinandersetzungen sein. Entscheidend wird auch sein, ob es den afrikanischen Regierungen gelingt, die gerechte Verteilung des Wohlstands sicherzustellen, der durch den Aufschwung in Afrika entsteht.

Auch Deutschland ist selbst heute nicht frei von einer gewissen Form der Stammeskultur. Auch hier gibt es Parteien, die sich nur in einer Region zur Wahl stellen. Und es wäre schwer vorstellbar, dass jemals eine Bundesregierung gebildet würde, die nicht einen gewissen regionalen Proporz abbildet. Noch in der Weimarer Reichsverfassung von 1919 war gleich im ersten Satz vom »deutschen Volk, einig in seinen Stämmen« die Rede.

Gerade die Deutschen, deren heutiger Staat sich erst nach blutigen Kriegen und jahrhundertewährenden Auseinandersetzungen aus vielen Einzelstaaten, Fürstentümern, reichsunmittelbaren Städten und Kirchenbesitz herausbildete, sollten Hochachtung davor haben, wie schnell – in nur 50 Jahren – die meisten afrikanischen Staaten auf dem Wege sind, stabile Staaten mit verlässlichen Rechtssystemen zu schaffen.

»Nation building is a bloody business«, der Aufbau einer Nation ist ein blutiges Geschäft, sagte einmal der irische Rocksänger Bob Geldof.[23] Doch warum sollte es nicht auch in Afrika gelingen, befriedete demokratische Staaten aufzubauen?

Die größte Gefahr für den Aufschwung in Afrika könnte davon ausgehen, dass die Regierungen darin scheitern, die Vorteile des wirtschaftlichen Wachstums – den Wohlstand – gerecht zu verteilen. Besonders in Asien zeigen sich die negativen Folgen, wenn ein schnelles Wirtschaftswachstum nur wenigen Menschen zugutekommt, die meist ohnehin schon wohlhabend sind. Jährliche Wachstumsraten von 7 Prozent jährlich habe Asien in den Jahren zwischen 1990 und 2010 verzeichnet, berichtete Christoph Hein, der Wirtschaftskorrespondent der *Frankfurter Allgemeinen Zeitung* in Singapur.[24] Dieses hohe Wachstumstempo in der gesamten Region von China bis Indonesien habe 700 Millionen Menschen aus großer Armut befreit. »Und dennoch: Hunderte von Millionen von Menschen bleiben zurück, während die Reichen Asiens schnell immer reicher werden und sich eine gut verdienende Mittelschicht herausbildet«, beklagte Hein. Zwei Drittel der Armen auf der Welt lebten immer noch in Asien. 760 Millionen Menschen müssten mit weniger als 1,25 Dollar am Tag auskommen und 1,7 Milliarden Menschen mit weniger als 2 Dollar.

Besonders krass sei dieses Ungleichgewicht in China – zwischen den reichen Städten an der Ostküste und den Provinzen im Inneren des Landes. Doch diese Spannung hat der Reporter auch in den Boomtowns an der Ostküste des Landes beobachtet: »Die Ungleichheit fällt im Straßenbild auf«, berichtete Hein. »In den reichsten 20 Prozent der Haushalte – überwiegend in den Städten – sind 5 Prozent der Kinder unter fünf Jahren untergewichtig.« Auch in Indien mache das Wachstum das Land insgesamt reicher. »Aber die Habenichtse bleiben immer weiter zurück.« Die im Süden gelegene Stadt Tamil Nadu habe eine florierende Automobil- und Zuliefererindustrie. Hier seien auch die deutschen Hersteller Daimler und BMW vertreten. Und dennoch verzeichne die Region eine Armenquote von 17 Prozent.

Auch für Afrika wird es eine der größten Herausforderungen der kommenden Jahrzehnte, möglichst viele Menschen an den Früchten des Aufschwungs teilhaben zu lassen. Der Schlüssel dazu sind durchlässige Gesellschaftsstrukturen, die jedem talentierten Menschen, unabhängig von seiner sozialen, religiösen und ethnischen Herkunft, unabhängig von seinem Geschlecht, die Chance auf Bildung und sozialen Aufstieg eröffnet.

Viele afrikanische Großstädte haben große Elendsviertel. Wohlstand und Armut liegen manchmal nur wenige hundert Meter nebeneinander. In Nairobi beispielsweise liegt direkt in der Innenstadt der Stadtteil Kibera. Er ist der größte Slum Afrikas, wenn nicht der größte der Welt. Es ist eine eigene Großstadt, gebaut aus billigen, notdürftig zusammengehaltenen Wellblechhütten. Es fehlt dort an allem, vor allem an Toiletten, Waschgelegenheiten, einer Müllentsorgung und Verteilstationen für Trinkwasser. Gefürchtet sind dort die »flying toilets« – viele Menschen in Kibera müssen ihre Notdurft in Plastikbeutel verrichten, die sie anschließend über ihren Zaun werfen.

Auf dem Land hingegen ist Geldmangel weniger sichtbar, weil die Menschen ihn dort leichter durch den Anbau von Gemüse, Mais und Früchten und durch die Haltung von etwas Vieh ausgleichen können. Das hohe Bevölkerungswachstum wird jedoch auch die Konflikte um fruchtbares Land erhöhen, wenn es nicht gelingt, die Produktivität in der Landwirtschaft zu steigern.

In den kommenden Jahren werden, so oder so, viele Menschen in die Großstädte abwandern. Dort werden die Folgen des Bevölkerungswachstums am stärksten zu beobachten sein. Die Zahl der Großstädte in Afrika wird rapide zunehmen. »In der sich entwickelnden Welt hat Afrika in den vergangenen zwei Jahrzehnten das stärkste Städtewachstum verzeichnet«, stellte die African Development Bank fest.[25] 36 Prozent der Afrikaner lebten 2010 in Städten. Der Anteil werde bis 2030 auf 50 Prozent steigen und bis 2050 auf 60 Prozent, schätzte die African Development Bank.

Damit kommt eine immense Herausforderung auf den Kontinent zu, eine logistische und wirtschaftliche, vor allem jedoch eine soziale: »Bisher ist es Afrika nicht gelungen, alle am Wachstum teilhaben zu lassen, was sich in einer Ausbreitung von Slums, städtischer Armut und steigender Ungleichheit niederschlägt«, heißt es in der Studie der African Development Bank. Die soziale Ungleichheit in afrikanischen Städten sei die zweithöchste auf der Welt – ein Schluss, den jeder Tourist leicht nachvollziehen kann, wenn er beispielsweise vom Flughafen Lagos auf dem Weg in die besseren Stadtviertel am Atlantischen Ozean an den schwimmenden Slums in der Lagune der Stadt vorbeifährt oder wenn er in Kapstadt auf der Fahrt an die unvergleichlich schöne Wasserfront die Slums am Rand der Stadt sieht.

Je größer die soziale Ungleichheit in einem Land ist und je geringer die Chancen auf sozialen Aufstieg sind, desto instabiler ist eine Gesellschaft. Wenn eine mächtige Clique sich festsetzt und die Wirtschaft des Landes kontrolliert, entsteht bei allen, die aus diesem System ausgeschlossen sind, Resignation, Frust und Wut auf die Herrschenden. Die Menschen haben ein sehr feines Gespür dafür, was fair ist und was nicht.

Korrupte Regime verwenden einen Großteil ihrer Mittel darauf, ihr System zu erhalten. Sie verteilen an politische Freunde Staatsmonopole. Sie stützen sich auf einen starken Repressionsapparat, der soziale Unruhen möglichst früh erkennt und erstickt. Sie müssen den Zugang zu Informationen kontrollieren, den Zugang zum Internet einschränken, die Meinungs- und Pressefreiheit ersticken. Sie fördern die soziale Ungleichheit, weil gesellschaftlicher Aufstieg nicht an Fähigkeiten und Intelligenz geknüpft ist, sondern an Regimetreue und Wohlverhalten.

In Nordafrika konnten die Machthaber es nicht verhindern, dass die Menschen sich auflehnten und dass sie sich über Facebook zusammenschlossen, um die korrupten Cliquen an den Schaltstellen von Wirtschaft und Politik loszuwerden. Als Anfang 2011 der Arabische Frühling ausbrach, nachdem sich in Tunesien ein Gemüsehändler öffentlich aus Protest gegen das Unrechtsregime verbrannt hatte, wurde spekuliert, dass die Unruhen auch die Staaten weiter im Süden Afrikas erfassen könnten. Berechtigterweise, denn auch in Subsahara-Afrika gibt es genügend Machthaber, die sich Sorgen machen mussten und die um ihre Unbeliebtheit in der Bevölkerung wussten.

Die Bekämpfung von Korruption und der Aufbau funktionstüchtiger Verwaltungsapparate mit einem verlässlichen Rechtssystem werden dabei helfen, in Afrika die Fehler zu vermeiden, die in Asien durch den Boom der vergangenen 20 Jahre entstanden sind. Das wird jedoch kaum genügen. »Auch aus Sicht der Asiaten wird die wachsende Ungleichheit zum sozialen Sprengstoff«, schrieb Hein weiter. »Nur großflächige Absicherungsprogramme, Versicherungs- und Rentensysteme, vor allem aber einträgliche Landarbeit, die die Migration in die Städte wenig attraktiv erscheinen lässt, könnten Abhilfe schaffen.«

Es mag utopisch klingen: Doch Afrika braucht eine soziale Marktwirtschaft, die auf die speziellen Bedürfnisse des Kontinents zugeschnitten ist. Neben politisch gut geführten Regierungen, einer klugen Wirtschaftspolitik und Chancengleichheit in Bezug auf Zugang zu Bildung und sozialem Aufstieg braucht Afrika funktionierende Pensionssysteme, die alten Menschen ein finanzielles Auskommen schaffen. Der Kontinent braucht Arbeitslosenversicherungen und neben einer gut funktionierenden Gesundheitsversorgungen Krankenversicherungen, die auch für Menschen mit geringem Einkommen bezahlbar sind.

Das ist ein weiter Weg. Doch allein der Aufbau einer Altersversorgung, die es ermöglicht, dass die Menschen für ihren letzten Lebensabschnitt finanziell vorsorgen können, wird finanzielle Mittel mobilisieren, die in wirtschaftlich vielversprechende Projekte investiert werden können – mit Renditen, die weit über dem Niveau liegen, das beispielsweise in Europa noch zu erreichen ist. Jetzt, da die Bevölkerungszahl auf dem Kontinent noch ansteigt und das Wirtschaftswachstum für mehr Wohlstand sorgt, ist die beste Zeit, um einen Kapitalstock aufzubauen, aus dem sich soziale Mindeststandards finanzieren lassen.

Das geschieht schon in vielen Ländern des Kontinents. Elias Masilela steht der Public Investment Corporation (PIC) vor, die in Südafrika die Alterssicherung von 1,2 Millionen Staatsbediensteten und 350 000 Mitgliedern des Pensionsfonds der Regierungsangestellten (GEPF) verwaltet, berichtet der deutsche Journalist Wolfgang Drechsler.[26] Umgerechnet 100 Milliarden Euro liegen in der Obhut Masilelas. Insgesamt hält die PIC einen Anteil von 11 Prozent an den 40 größten Unternehmen des Landes, riesige Anleihebestände und ein ansehnliches Immobilienportfolio.

»Die hohe Bedeutung der PIC für Südafrika erklärt sich jedoch auch damit, dass die Kaprepublik ein Land mit einer ausgesprochen niedrigen Sparquote ist«, meint Drechsler weiter. In Südostasien flössen je nach Land 25 bis 45 Prozent des Sozialprodukts in Investitionsprojekte. In Südafrika seien es weniger als 15 Prozent. Der staatliche Vermögensverwalter sei Herr über ein Viertel der gesamten Ersparnisse in Südafrika.

Das Beispiel der PIC zeigt, dass es in dieser Hinsicht Tendenzen gibt, die in die richtige Richtung gehen. Der Aufbau von Pensionskassen und anderen Einrichtungen zur Alters- und Gesundheitsvorsorge ist dringend notwendig – für die Menschen selbst, aber auch zur Bildung von Kapitalsammelstellen, die dann wiederum weitere Investitionen in Afrika finanzieren können. Der Aufbau einer funktionierenden Altersvorsorge erfordert jedoch auch den Aufbau moderner Kapitalmärkte. Denn die Beiträge, die all die verschiedenen Einrichtungen zur Altersvorsorge – Lebensversicherer, Pensionskassen oder Pensionsfonds – einnehmen, müssen ja irgendwo angelegt werden. Deshalb braucht Afrika leistungsstarke Aktien- und Anleihemärkte. Hier steht Afrika noch ganz am Anfang.

Aufstrebende Kapitalmärkte

7

Die Straßen sind eng, überfüllt, der Verkehr chaotisch wie überall in Lagos, der brodelnden Wirtschaftsmetropole von Nigeria, jenem Land, das sich anschickt, Afrikas bedeutendste Wirtschaftsnation zu werden. Linker Hand sind die Handelsschiffe zu sehen, die am Daddo Terminal entladen werden. Dort entstand das historische Lagos, das sich wegen seiner Lagune wie wenige Städte entlang der afrikanischen Küste als Hafen eignete. Hier landete im Jahr 1472 der portugiesische Seefahrer Rui de Sequeira und baute eine kleine Siedlung auf, die er Lago de Curamo nannte. Später erhielt die Stadt den Namen Lagos, nach der südportugiesischen Stadt Lagos, die ebenfalls einen wichtigen Hafen besitzt. Der Sklavenhandel machte das afrikanische Lagos groß. Das ist lange her. Doch auch heute noch ist es einer der wichtigsten Häfen des Kontinents.

Der Hafen liegt auf dem Festland dort, wo auch heute die meisten Einwohner der Stadt leben. Wie viele es sind, kann niemand verlässlich sagen. Manche schätzen ihre Zahl auf 22 Millionen. Jeden Tag kommen angeblich 6000 mehr hinzu als täglich wegziehen. Viele Kilometer weit zieht sich die Stadt in das Land hinein und schluckt immer mehr kleinere Städte und Siedlungen. Dennoch ist Land knapp. Entlang der Küste, auf dem Weg vom internationalen

Flughafen auf dem Festland in das Geschäftszentrum, drängen die Slums auf Pfahlsiedlungen in die Lagune hinein. Eine Elendsstadt mitten auf dem Wasser entsteht hier, mit eigenen Schulen auf dem Wasser und schwimmenden Textilgeschäften, Obstverkäufern, Schlachtern.

Das historische Lagos liegt auf einer Insel inmitten der Lagune, Lagos Island. In der westlichen Hälfte liegt das Geschäftszentrum der Stadt. Es ist staubig, heiß, überfüllt und eng, wie in so vielen anderen Millionenmetropolen der Welt auch. Im Westen der Insel liegt der Stadtteil Ikoyi, ein Ort der Ruhe für die Wohlhabenderen der Stadt. Und im Süden schließt sich auf einer Halbinsel Victoria Island an, nur durch eine natürliche Wasserstraße von Lagos Island getrennt. Nach Victoria Island haben sich viele Banken und Unternehmen aus dem überfüllten Geschäftszentrum zurückgezogen. Auch hier ist es ruhig, angenehm, gediegen.

Dann geht es ab von der Ring Road, die in einem weiten Kreis um Lagos Island herumführt, rechts ab, mitten hinein ins Business-Zentrum der Metropole. Business ist ein magisches Wort in Afrika geworden. Und um Business geht es auch dort an der Nigerian Stock Exchange, einem hohen Betonklotz, der in dieser engen Straße völlig überdimensioniert wirkt, als wäre ein Schwergewichtsboxer in einen Anzug der Größe XS gezwängt. In anderen Metropolen sind die Börsen in repräsentativen Gebäuden untergebracht. Gleich ob in New York, London, Paris oder Frankfurt am Main – die Börsen befinden sich hier stets in vornehmen Gebäuden mit Säulen davor nach griechischem oder römischem Vorbild, meist erbaut am Ende des 19. Jahrhunderts.

Die Börse in Lagos entstammt einer anderen Epoche. 1960 wurde sie gegründet. 19 Aktien konnten am Anfang dort gehandelt werden. »Heute haben wir an der Nigerian Stock Exchange rund 200 Aktien gelistet«, berichten Bola Adeeko und Yvonne Emordi, denen ich auf einer Reise im Mai 2012 begegne.[1] Die beiden arbeiten für die Börse Lagos, Emordi als Leiterin der Strategie-Abteilung,

Adeeko als Leiter der zentralen Unternehmensabteilung. Auf diesem Posten arbeitet er direkt dem Vorstandsvorsitzenden der Börse zu.

»200 Unternehmen, das ist bei weitem nicht genug«, sagen beide übereinstimmend. Doch 550 Kandidaten bereiteten sich schon auf einen Gang an die Börse vor. Das Gespräch mit den beiden Vertretern der nigerianischen Börse verläuft ähnlich wie das mit Vertretern anderer Börsen auf der Welt auch: Sie wollen mehr Indexfonds (ETF) auf den Markt bringen. Sie planen, die kleinen Anleger direkt anzusprechen, damit diese über die Kapitalmärkte mehr Produkte für ihre Altersvorsorge zur Auswahl haben, damit sie über Aktien und Anleihen sparen und ein Vermögen aufbauen können.

»Wir wollen auch nach dem Vorbild der Börse London ein Segment für junge wachstumsstarke Unternehmen entwickeln«, sagt Emordi. Sie sitzt mir in einem dunklen Kostüm mit weißer Bluse gegenüber. Die Haare sind straff nach hinten gebunden. Sie trägt zwei mit Perlen besetzte Ohrsticker. Yvonne Emordi ist eine beeindruckende, selbstbewusste Frau, die in der Schweiz zur Schule gegangen ist, viele Jahre in den Vereinigten Staaten gearbeitet hat und eine hervorragende Ausbildung nachweisen kann. Sie ist zur Börse Lagos gewechselt, weil sie an dieses Land glaubt und weil sie davon überzeugt ist, dass sie an der Börse viel bewegen kann. Bola Adeeko hat erst in Nigeria studiert, dann in den Vereinigten Staaten einen Masterstudiengang in Business Administration (MBA) absolviert. Er hat anschließend für erstklassige Adressen in den USA gearbeitet, unter anderem für die Großbank J. P. Morgan Chase. Auch er ist nach Lagos zurückgekehrt wegen der immensen Möglichkeiten, die dieses aufstrebende Land bietet.

Die Verantwortlichen an der Börse Lagos haben in der Tat viel vor. Terminmärkte wollen sie einführen, erst den Handel mit Optionen auf Aktien und Anleihen, dann auch den Handel mit Futures, mit Terminkontrakten auf Aktien und Anleihen. Den Handel mit Devisen wollen sie entwickeln. Kurz, die Börse Lagos will unter den Kapitalmärkten der aufstrebenden Wirtschaftsnationen in der oberen Liga mitspielen.

Dabei spiegelt die Nigerian Stock Exchange bisher kaum die Wirtschaftskraft des Landes. Alle dort notierten Unternehmen zusammen kommen auf einen Börsenwert von umgerechnet knapp 60 Milliarden Euro. Schon allein Volkswagen erreicht an der deutschen Börse eine Marktkapitalisierung von mehr als 90 Milliarden Euro. »Bis zum Jahr 2017 wollen wir die Marke von einer Billion Dollar knacken«, sagen Emordi und Adeeko selbstbewusst. Bis dahin ist es noch ein weiter Weg. Das wäre in etwa eine Verzehnfachung der Marktkapitalisierung innerhalb von drei Jahren. Doch Manager wachsen ja bekanntlich an ihren Zielen.

Der Handelssaal an der Börse Lagos befindet sich einige Etagen über dem Erdboden. In dem fensterlosen Saal stehen große Tische. An jedem von ihnen arbeiten etwa acht Händler an ihren Computerbildschirmen. Es dürften an die 20 Tische sein, die in diesem Saal verteilt sind. Ruhig sind die Händler und Händlerinnen in roten Kitteln über ihre Arbeit gebeugt. Der Aktienhandel an der Börse Lagos erinnert mehr an die Bibliothek einer Universität als an die gängigen Bilder kreischender, aufgeregter Händler, wie man sie von der Wall Street oder von den Terminmärkten in Chicago kennt.

Rund 300 Wertpapierhandelsfirmen zählt die Börse Lagos, berichtet Adeeko. Etwa 200 von ihnen seien aktiv. Alle größeren Adressen des Kontinents seien an der Börse in Nigeria vertreten. Die südafrikanische Bank Stanbic ist hier genauso aktiv wie Renaissance Capital, eine Investmentbank aus Russland, die sich stark auf den Schwellenmärkten der Welt und besonders in Afrika engagiert.

Die internationale Finanzindustrie entdeckt zunehmend die Wachstumschancen, die Afrika bietet. Vor Ausbruch der Finanzkrise im Herbst 2008 schwappte eine erste Welle von Finanzinvestitionen über den Kontinent. Private-Equity-Firmen beteiligten sich an vielversprechenden Unternehmen in Afrika, um an deren Aufstieg teilzuhaben. Manager von Aktienfonds investierten in die Aktien, die an Börsen wie Johannesburg, Kairo, Lagos oder Accra in Ghana gehandelt wurden. 22,2 Milliarden Dollar flossen laut OECD im Jahr 2006 in Form dieser sogenannten Portfolio-Investitionen auf den Kontinent.[2] Im Jahr 2007 waren es trotz der ersten Vorboten der ein Jahr später ausbrechenden Finanzkrise immer noch 12,8 Milliarden Dollar. Ungeachtet der Finanzkrise blieb der Zustrom an ausländischem Kapital an die afrikanischen Kapitalmärkte hoch.

»82 Prozent der nigerianischen Aktien werden heute von Investoren gehalten, die ihren Sitz außerhalb von Nigeria haben«, berichten Adeeko und Emordi. Vor dem Crash im September 2008, den der Zusammenbruch der amerikanischen Investmentbank Lehman Brothers ausgelöst hatte, habe der Einfluss der ausländischen Investoren nur rund die Hälfte betragen.

Unter dem Eindruck der globalen Erschütterungen zogen diese Investoren im Jahr 2008 rund 27 Milliarden Dollar mehr aus Afrika ab, als sie neu investierten. 2009 betrug der Netto-Investitionsabfluss noch 2 Milliarden Dollar. Doch schon 2010 flossen Afrika wieder 12 Milliarden Dollar Finanzinvestitionen netto zu. 2011 waren es weitere 8 Milliarden Dollar und 2012 schon wieder 16 Milliarden Dollar.

Die großen Finanzinvestoren sind schon alle da. Keine Fondsgesellschaft von internationalem Rang kann es sich leisten, Afrika unbeachtet liegenzulassen. Alle globalen Anbieter haben heute Aktienfonds aufgelegt, die in »Pan Africa« oder in »Sub-Saharan Africa« anlegen. Sie werden gemanagt und vertrieben von Akteuren wie JP Morgan Asset Management, Franklin Templeton oder der DWS, der Fondsgesellschaft der Deutschen Bank. In den Jahren bis 2013 suchten die professionellen Großanleger – all die Lebensversicherer, Versorgungswerke, Pensionskassen und berufsständischen Altersvorsorgeeinrichtungen – Alternativen zu den Niedrigzinsen in Europa und den USA. Sie investierten Milliarden in Schwellenländer-Aktien und Anleihen aus diesen Wachstumsregionen.

Die Investoren entdeckten schließlich die »Frontier Markets«, die ganz jungen Kapitalmärkte, nachdem ihnen die großen Schwellenmärkte wie Brasilien oder China zu teuer geworden waren. Die »Frontier Markets« stehen in der Vorstellungswelt der Finanzinvestoren an der Grenze zwischen einer Volkswirtschaft, die ganz ohne Börse auskommt, hin zu einem Land, das beginnt, Kapitalmärkte aufzubauen. Diese Grenzmärkte sind die letzten weißen Flecken auf der Weltkarte der Finanzbranche. Sie sind noch riskanter als Schwellenmärkte. Es sind Länder wie Kenia, Bangladesch, die Slowakei, die Ukraine, Tunesien, Vietnam, Mazedonien, Jordanien, Estland, Kroatien, die Elfenbeinküste oder Rumänien.

Die Wachstumsverheißungen der Schwellenländer lösten einen Zug in die jungen, riskanten und doch so schnell aufstrebenden Kapitalmärkte aus wie 1896 der Ruf in Amerika, am Klondike River sei Gold gefunden worden. Ernüchterung trat erst im Mai 2013 ein, als der damalige Präsident der amerikanischen Notenbank Federal Reserve, Ben Bernanke, bekanntgab, die amerikanische Geldpolitik irgendwann doch einmal etwas weniger lax gestalten zu wollen. Aus Furcht vor einem neuen Crash, den ein Zinsanstieg in den USA auslösen könnte, zogen Tausende von Anlegern ihr Geld aus den Schwellenmärkten ab und lösten dort einen Kurssturz aus, der für eine herbe Ernüchterung sorgte.

Den Anlegern wurde bewusst, dass viele der schnell wachsenden Länder gerade durch ihren Aufstieg große wirtschaftliche Ungleichgewichte aufbauen, die sich in hohen Defiziten in ihren Leistungsbilanzen und entsprechend verwundbaren Währungen zeigen. Zum nächsten Kurssturz auf den Schwellenmärkten kam es, als Ende Januar 2014 die türkische Zentralbank gegen den ausdrücklichen Willen des türkischen Ministerpräsidenten Recep Tayyip Erdoğan den Leitzins überraschend und überraschend stark von 4,5 auf 10 Prozent anhob, um den Kursverfall der türkischen Lira auf den internationalen Devisenmärkten zu stoppen.

Der Aufstieg der Schwellenländer ist jedoch keine Einbahnstraße. So wie es Renaissance Capital gelang, von Russland ausgehend auf den internationalen Finanzmärkten Fuß zu fassen, so schaffte es auch die eine oder andere Bank aus Afrika, international zu expandieren. So etablierte sich die südafrikanische Fondsgesellschaft Investec mit Erfolg in Europa.

Andere Finanzinvestoren waren noch mutiger und haben sogar eigene Fondsgesellschaften gegründet, die sich auf diese Märkte spezialisiert haben. So hat der niederländische Fondsexperte Zin Bekkali, dessen Eltern aus Marokko stammen, in London die Fondsgesellschaft Silk Invest gegründet, die sich ausschließlich auf den jungen Kapitalmärkten in Afrika, dem Nahen Osten und Zentralasien bewegt. Auch der Brite Paul Robinson hat die Chancen ergriffen, die Afrika bietet. Zehn Jahre lang hatte er in Asien in der Finanzbranche gearbeitet und gründete dann in London die Fondsgesellschaft Alquity, die nicht etwa in das aufstrebende Asien investiert, sondern in Afrika.

Allerdings werden Aktienfonds in ihren Möglichkeiten noch durch die geringe Auswahl an Aktien beschränkt, in die sie investieren können. Nur Südafrika bietet eine Börse mit einer gewissen Markttiefe. Ägypten, Marokko, Nigeria, Ghana und Kenia sind auf dem Weg dorthin. Viele Länder wie beispielsweise Äthiopien haben bis heute keine Börse. Markttiefe ist eine wichtige Größe für Aktienanleger. Gibt es nicht genügend Aktiengesellschaften in entsprechender Größe, dann ist das Risiko groß, dass die Kurse immer wieder verzerrt sind. Will ein Investor in eine Aktie investieren, dann treibt seine Kauforder den Kurs unmittelbar nach oben. Will er verkaufen, stürzt der Kurs ab. Er kann also nicht mehr entscheiden, wann er in eine Aktie einsteigen und wann er aussteigen will. Zudem ist das Risiko an kleinen Börsen groß, dass sich die wenigen Aktienhändler auf Kosten der Investoren absprechen.

In vielen afrikanischen Ländern ist ausländischen Investoren der Marktzugang verwehrt, oder er wird durch Kapitalverkehrskontrollen behindert. Diese Kontrollen können in Form von Steuern auf die Einfuhr oder die Ausfuhr von Kapital bestehen. Sie können allerdings auch Restriktionen beinhalten, in welcher Form Kapital transferiert werden darf, in welcher Höhe, welche Genehmigungen oder Meldepflichten notwendig sind. In manchen afrikanischen Ländern sind Devisen – Dollar oder Euro – so knapp, dass ausländische Investoren oft Wochen oder Monate warten müssen, bis sie von der Zentralbank Euro oder Dollar bekommen.

»Es gibt unzählige Länder, in die wir als internationale Investoren entweder nicht investieren können oder es besser nicht tun sollten«, beklagte sich einmal Richard Titherington, Leiter des Bereichs Schwellenländer bei JP Morgan Asset Management.[3] Viele Regierungen in Afrika hätten strenge Schutzwälle um ihr Land errichtet, Kapitalverkehrskontrollen eingeführt oder Verbote für ausländische Investoren verhängt, dort Börsengeschäfte zu betreiben. Viele Länder entwickelten sich kaum. »Nigeria beispielsweise hat sich in den vergangenen Jahren enorm verändert, Kamerun dagegen nicht«, führte Titherington aus.

Und dennoch: Trotz all der Schwierigkeiten, die ausländische Investoren in Afrika auf sich nehmen müssen, bricht der Zug an die Börsen des Kontinents nicht ab. Von der Dynamik auf diesen Kapitalmärkten profitierten auch Anleger im fernen Europa, meint Carlos von Hardenberg, Fondsmanager für Frontier Markets bei der Fondsgesellschaft Templeton.[4] »Sie bieten Diversifikation im Portfolio«, sagt er über diese Märkte. »Beispielsweise hat die Abhängigkeit der Frontier Markets, vor allem in Afrika, von Direktinvestitionen aus Europa oder Nordamerika stark abgenommen.« Die ausländischen Investoren, die in afrikanische Unternehmen direkt investierten, kämen heute zunehmend aus Arabien, China und Lateinamerika. Das Handelsvolumen zwischen Afrika und China sei heute größer als alle Handelsvolumina Afrikas mit dem Rest der Welt.

Allerdings dominieren an den meisten Aktienmärkten privatisierte Staatsunternehmen, Banken und Lebensmittelhersteller den Kurszettel. Allein die Börse Johannesburg in Südafrika kommt auf eine Marktkapitalisierung, eine Marktbreite und eine Markttiefe, die dem Aktienmarkt eine gewisse internationale Bedeutung einbringt.

Marion Mühlberger, Volkswirtin der Deutschen Bank, bezeichnet die Aktienmärkte in Subsahara-Afrika dementsprechend als »relativ illiquide«.[5] In der Sprache der Finanzfachleute kommt eine solche Aussage leicht einem Todesstoß gleich. Aktienfondsmanager wollen die Gewissheit haben, dass sie eine Aktie, die sie einmal gekauft haben, jederzeit wieder verkaufen können. Auf einem illiquiden Markt, auf dem das Handelsvolumen gering bleibt, haben sie diese Gewissheit nicht. So mussten einige Afrika-Aktienfonds im Frühjahr 2011 auf dem Höhepunkt des Arabischen Frühlings schließen – Anleger, die ihre Fondsanteile abstoßen wollten, konnten dies vorübergehend nicht tun, weil der Fondsmanager sich nicht von den Aktien in seinem Portfolio trennen und sie zu Bargeld machen konnte. Solange das Aktienangebot an den afrikanischen Börsen gering ist und die Handelstätigkeit auf niedrigem Niveau stattfindet, werden die Fondsmanager diese Marktplätze nur mit großer Vorsicht anfassen.

Im Falle von Südafrika sind die internationalen Investoren wohl am ehesten noch bereit, eine Ausnahme zu machen. Der Börsenwert aller Unternehmen, die an der Johannesburg Stock Exchange gelistet sind, liegt nach eigener Aussage bei etwas mehr als einer Billion Dollar und liegt im Vergleich der größten Kapitalmärkte der Welt auf Rang 19.[6] Hier haben die wichtigsten Aktien Afrikas ihre Heimat. Viele Schwergewichte der Börse Johannesburg sind schon so international, dass ihre Herkunft ihnen kaum noch anzumerken ist. Die Aktien des Bierkonzerns SAB Miller zählen auch an der Börse London zu den Standardwerten, genauso die großen Rohstoffkonzerne.

1887 wurde die Börse Johannesburg gegründet. Heute bietet die Wirtschafts- und Finanzmetropole ein breit diversifiziertes Finanzangebot wie jedes andere Finanzzentrum von Rang auf der Welt: Neben Aktien, Anleihen, Währungen und Rohstoffen können die Investoren auch all diese Produkte als Optionen und Terminkontrakte zeichnen. Insgesamt 388 Unternehmen waren Ende 2013 auf dem südafrikanischen Aktienmarkt gelistet. 60 davon sind im Alt-X gehandelt, einem speziellen Marktsegment für junge, wachstumsstarke Unternehmen. Die Deutsche Börse lag nach den Zahlen des Weltbörsenverbands WFE auf Rang 9 mit einer Marktkapitalisierung von 1,2 Billionen Euro, während Johannesburg auf umgerechnet 735 Millionen Euro kam.[7]

Die Börse Johannesburg gilt als das Zugangstor für Investoren, die sich in Afrika engagieren wollen. Hier finden sich praktisch alle internationalen Banken, die in Afrika Geschäft machen. Hinzu kommen viele lokale Broker und Banken, die alle auf internationalem Standard arbeiten. Die Finanzmärkte sind liquide und international ausgerichtet.

Südafrika hat in den vergangenen Jahren allerdings an Popularität bei den Investoren eingebüßt. Es liegt nicht an der Größe und nicht an der Entwicklung der Aktienkurse. Es sind vielmehr die strukturellen Schwächen der südafrikanischen Wirtschaft, die den Investoren Sorgen bereiten. »Wir in Südafrika wachsen langsamer als die anderen Schwellenmärkte«, sagt Chris Freund, Leiter Aktienstrategie bei der südafrikanischen Fondsgesellschaft Investec Asset Management. Grund seien der hohe Konsumanteil von rund 60 Prozent der jährlichen Wirtschaftsleistung und hohe Infrastrukturausgaben. »Wenn wir in Südafrika schneller wachsen wollen, dann müssen wir eindeutig unsere Exportwirtschaft voranbringen.«

Ich besuche den Fondsmanager in seinem Büro in Kapstadt. Hier hat die südafrikanische Investmentbank Investec ihre Wurzeln, auch wenn sie heute in Johannesburg genauso zu Hause ist wie in London und anderswo auf den internationalen Finanzmärkten. Direkt neben dem Sitz der Bank hat die Fondsgesellschaft ihren Turm. Der 3. Oktober 2013 ist ein warmer Frühlingstag auf der Südhalbkugel. In den vergangenen Jahren hat sich auch in Kapstadt eine Skyline entwickelt, die es mit der in Frankfurt durchaus aufnehmen kann. Dabei galt die Stadt an der Südspitze des Kontinents lange als liebenswerte, etwas verschlafene Stadt am Meer mit hohem Freizeitwert. Der Hafen von Kapstadt ist schon lange kein großer Umschlagplatz mehr für Waren aus aller Welt. Vielmehr ist der alte Hafen heute einer der beliebtesten Treffpunkte der Mittel- und Oberschicht am Kap. Hier am Wasser liegen die zurzeit angesagten Restaurants der Stadt. Hinter historischen Industriefassaden finden sich Shoppingmalls, in denen die Mittel- und Oberschicht alles findet, was international gerade schick ist. Im Wasser liegen friedlich schlichte Freizeitboote und größere Yachten nebeneinander vertäut. Hier gehen verliebte Paare Hand in Hand, den leichten Pullover von Ralph Lauren um die Schulter gelegt, gerne zum Sonnenuntergang spazieren.

Wenige hundert Meter vom Hafen entfernt zieht Freund eine nüchterne Bilanz. »In den Jahren 2000 bis 2011 hatten wir dank des Wachstums in China eine günstige Lage für unsere Außenwirtschaft«, sagt der Kapitalmarktprofi. Das Land profitierte von der starken Nachfrage Chinas nach Rohstoffen und vom steigenden Wechselkurs des südafrikanischen Rand zum amerikanischen Dollar. »Ich fürchte, das ist jetzt vorbei.« Grund seien nicht die vielen Streiks in den Minen und den Montagewerken der großen Autohersteller. Grund sei die mangelhafte Infrastruktur. »Wir haben zu viele Flaschenhälse, zu viele Engpässe in unserer Wirtschaft«, beklagt Freund. »Zum Beispiel können wir nicht mehr exportieren, weil unsere Seehäfen nicht mehr abwickeln können.«

Dem Investor fallen noch viele andere Ungleichgewichte ein, die Südafrikas Wirtschaft belasten. Das Defizit in der Zahlungsbilanz sei viel zu hoch, die Inflation steige, das Loch in den öffentlichen Kassen werde größer und die Regierung habe keine klare Idee, wie sich das wieder stopfen lasse. »Der Schlüssel ist: Wir müssen mehr exportieren«, fordert Freund. Südafrika habe doch viele Produkte, die auf der Welt gefragt seien: seine Weine, seine Rohstoffe, seine Industrieprodukte und viele landwirtschaftliche Produkte, die bisher überhaupt nicht auf den Exportmärkten angeboten würden.

Bei allen Schwächen habe der südafrikanische Kapitalmarkt, sagt Freund, einen enormen Vorteil: seine Pensionsfonds. Viele Arbeitgeber in Südafrika haben derartige Fonds als Beitrag zur Altersversorgung ihrer Angestellten eingerichtet. Da die gesetzliche Rentenversicherung nicht die Bedeutung hat wie in Deutschland, sind diese Pensionsfonds in Südafrika viel wichtiger. Die großen Konzerne haben eigene Pensionsfonds, die Minengesellschaften, aber auch viele öffentliche Arbeitgeber.

Zudem ist Südafrika anders als Deutschland ein Land mit einer durchschnittlich jungen Bevölkerung. Das führt dazu, dass diese risikofreudiger anlegen, weil sie jetzt hohe Beiträge einnehmen und relativ wenige Auszahlungen haben. »Die Pensionsfonds in Südafrika investieren im Durchschnitt 60 bis 70 Prozent ihres Vermögens in Aktien«, berichtet Investec-Experte Freund. In Deutschland liegt der Anteil, den die verschiedenen Einrichtungen zur Altersvorsorge in Aktien anlegen, häufig bei 5 Prozent und weniger. Durch den hohen Aktienanteil der Pensionsfonds fließen der Börse Johannesburg Monat für Monat neue Kauforders zu. Davon profitieren auch die anderen Aktienmärkte in Afrika.

In Südafrika ist der Markt für die private Altersvorsorge schon relativ gut entwickelt. Doch auch in den anderen erfolgreichen Ländern des Kontinents entstehen Pensionsfonds, oder es drängen Lebensversicherer auf den Markt, die den Menschen Kapitallebensversicherungen anbieten.

Ich spreche mit Joseph Rohm. Er leitet den Bereich Panafrikanische Aktien bei Investec Asset Management und ist ein Kollege von Chris Freund. »Es ist unmöglich, ein Bild dieses Kontinents mit einem einzigen Pinselstrich zu zeichnen«, beklagt er. »Afrika ist insgesamt ein ziemlich friedlicher Kontinent geworden, auch wenn es noch einige Stressfaktoren gibt«, womit er auf die aktuellen Konflikte in der Sahelzone von Mali über Tschad, Niger und Zentralafrika bis zum Sudan anspielt.

Die großen Konfliktherde in Afrika liegen derzeit weit weg von

Kapstadt. Juba, die Hauptstadt von Afrikas jüngstem Staat Südsudan, liegt mehr als 6000 Kilometer von Kapstadt entfernt, Malis Hauptstadt Bamako rund 9000 Kilometer. Und damit hat Rohm recht: Afrika ist ein Kontinent mit vielen Facetten. Auf Afrikaner wirken Fragen danach, wie sich der Krieg in der Zentralafrikanischen Republik auf ihr Leben in Nairobi, Kapstadt oder Casablanca auswirkt, oft befremdlich. Es ist in etwa so, als würden Amerikaner Holländer fragen, wie sie angesichts von Straßenkrawallen in Athen noch in Europa leben können.

Für die meisten Investoren auf den Kapitalmärkten in Afrika sind die gewaltsamen Konflikte am Südrand der Sahara politische Ereignisse, die ein Investmentklima beeinflussen können. Sie verschlechtern unter Umständen auch die Wahrnehmung Afrikas in der Weltöffentlichkeit. Allerdings beeinflussen die dramatischen Ereignisse in Zentralafrika oder Mali kaum die ökonomischen Rahmendaten des Kontinents.

Das große Thema, das Rohm viel stärker beschäftigt, ist die Industrialisierung des afrikanischen Kontinents. »Afrika bietet enormes Potenzial, besonders was die Leichtindustrie betrifft.« Das sind all jene Bereiche, die nicht zum Bergbau zählen oder zu den großen Eisen-, Aluminium- und Stahlwerken. In der Leichtindustrie werden diese Produkte verarbeitet, zu Elektro-Haushaltsgeräten zum Beispiel, zu Kunststoffprodukten oder allgemein zu Konsumgütern. »Schauen Sie, Afrika ist dabei, außerordentlich wettbewerbsfähig in der Industrie zu werden in Bezug auf die Kosten der Arbeit«, meint Rohm. »China verlagert ja schon industrielle Fertigung nach Afrika.«

In den vergangenen Jahrzehnten, während der 1980er und 1990er Jahre, sei die Arbeitsproduktivität in allen größeren afrikanischen Ländern gesunken. Doch jetzt, in den Jahren 2000 bis 2012, sei sie gestiegen, in Angola um 6 Prozent, in Äthiopien um 4 Prozent, in Ghana um 4 Prozent, in Nigeria um 6 Prozent, in Marokko um mehr als 3 Prozent – Rohm setzt die Aufzählung noch weiter fort. Das sei die wahre Wachstumsgeschichte. Denn steigende Arbeitsproduktivität ziehe Industrien an. Das bringe die Menschen in Lohn und Brot. Das schaffe Kaufkraft und Wohlstand.

Routiniert geht Rohm seine Powerpoint-Präsentation durch. Sie wird geziert von einem galoppierenden Zebra, dem Maskottchen von Investec, das sich immer wieder auf den Publikationen der Bank findet. Im Galopp geht Rohm auch durch seine Folien. Fünf Investmentthemen stehen für ihn im Vordergrund: die Weiterentwicklung der Finanzmärkte, Infrastruktur, Telekommunikation, Konsumgüter und immer noch Rohstoffe. »Nur nebenbei: Afrika nutzt seine Rohstoffvorkommen immer noch viel zu wenig, aber deshalb sind afrikanische Aktien trotzdem keine Rohstoffwette.«

Nein, lassen wir die Rohstoffe. »Die Mittelschicht, das ist die große demographische Dividende in Afrika.« Menschen, die an der Börse arbeiten, lieben offenbar Bilder, die sie ihrer beruflichen Sprache abgewinnen können: Wette, Dividende. Im Warenkorb der afrikanischen Verbraucher werde Nahrung bis zum Jahr 2020 etwas zunehmen, Wohnen und Strom enorm wachsen, Transport genauso, Kleidung, Kosmetik und Körperpflege, Möbel, Bildung, Waschmittel, Sparprodukte auch. Das sage nicht er, Rohm, das hätten die Volkswirte der Fondsgesellschaft in einer eingehenden Untersuchung zu den großen wirtschaftlichen Trends in Afrika herausgefunden.

Branchen wie Brauereien oder Nahrungsmittelhersteller werden seiner Ansicht nach am meisten davon profitieren, wenn der Wohlstand in Afrika steigt. So berichtet er von einem börsennotierten Getreideverarbeiter in Nigeria. Seinen Ursprung habe das Unternehmen in einer Mühle. Heute expandiere es in die Herstellung von Nudeln und Müslisnacks und somit in Produkte, die höhere Gewinne versprächen.

Dass die Aktienmärkte in Afrika nicht so liquide sind wie anderswo, stört ihn nicht so sehr. »Ja, das ist enttäuschend«, räumt Rohm ein. »Ich hätte mir erhofft, dass die Liquidität auf den Aktienmärkten in Afrika schneller zunimmt.« Allerdings sei der Markt für

Unternehmensbeteiligungen (Private Equity) unglaublich aktiv. So beteiligten sich die Aktienfonds von Investec auch immer wieder an Unternehmen, die kurz vor dem Börsengang stünden. In Europa ist dies nicht üblich. Dort warten die Fondsmanager in der Regel ab, bis der Börsengang erfolgreich abgeschlossen ist. Doch Aktienfonds von Investec haben sich schon vor dem Börsengang an IHS Towers beteiligt – einem Betreiber von Mobilfunkmasten in Westafrika und eine der großen, in Europa weitgehend unbekannten Erfolgsgeschichten, wie sie derzeit wohl nur Afrika schreibt.

Ist Afrika schon reif für Aktienfonds? Ist es vernünftig für deutsche Anleger, in afrikanische Aktien zu investieren? Manche Vertreter der Finanzbranche antworten auf diese Frage mit »nein«. Noch seien die Kapitalmärkte auf dem Kontinent zu klein. Die Branchenauswahl sei zu stark vom Zufall abhängig. Auch fänden sich die wirklich interessanten Unternehmen oder Branchen gar nicht an einer Börse. Viele, selbst professionelle und erfahrene Anleger meiden die regulierten Börsen und investieren lieber direkt in Unternehmen, deren Aktien noch gar nicht an der Börse notiert sind.

Afrika dürfte der einzige Kontinent auf der Welt sein, auf dem Private Equity größer ist als der Aktienmarkt, auf dem sich die Investoren lieber direkt an Unternehmen oder an Private-Equity-Fonds beteiligen als an Aktien oder Aktienfonds.

Einer der größten Private-Equity-Investoren in Afrika hat seinen Sitz in der Kölner Altstadt. Hier in der Kämmergasse, wenige Fußminuten vom Neumarkt entfernt, hat die DEG Invest in einem modernen, kantigen Bürogebäude ihren Sitz. 1962 gegründet, ist sie heute Teil der staatlichen Förderbank KfW und ihr privatwirtschaftlicher Arm. Vergibt die KfW auch zinsbegünstigte Kredite oder fördert andere Zwecke, die nach Meinung der öffentlichen Hand im Gemeinwohl liegen, so verfolgt die DEG ausschließlich privatwirtschaftliche Zwecke wie jeder andere Finanzinvestor auch: Sie soll sich an vielversprechenden Unternehmen in Entwicklungsländern beteiligen oder diesen auch Kredite zur Verfügung stellen, diese in ihrem Wachstum begleiten und die Beteiligung nach einigen Jahren möglichst mit Gewinn wieder verkaufen. Daneben unterstützt die DEG auch deutsche Unternehmen, die in diesen Ländern Geschäft machen wollen.

1,5 Milliarden Euro hat sie allein im Jahr 2013 investiert, davon gut 326 Millionen Euro in Afrika, sagte Bruno Wenn, Sprecher der DEG-Geschäftsführung, in einem Gespräch mit dem französischsprachigen Wochenmagazin *Jeune Afrique*.[8] Dabei will es die DEG nicht belassen: »Unser Ziel ist, dass unsere Investitionen in Afrika ein Drittel unseres Neugeschäfts erreichen, das heißt, mehr als 500 Millionen Euro im Jahr«, sagte Wenn weiter.

Seit gut 30 Jahren ist die DEG in Afrika aktiv. Sie war eine der Ersten, die das Potenzial des Mobiltelefons für den Kontinent erkannten, und unterstützte den Unternehmer Mo Ibrahim beim Aufbau seiner Mobilfunkaktivitäten, als dieser Ende der 1990er Jahre begann, Celtel aufzubauen. Dieses Engagement sei damals sehr kontrovers aufgenommen worden, weil niemand daran geglaubt habe, erinnert sich Wenn. Doch es wurde ein Erfolg. Chancen sieht Wenn in der Landwirtschaft und der Industrie. So erwähnt er in seinem Gespräch mit *Jeune Afrique* eine Beteiligung an dem kenianischen Fruchtsafthersteller Kevian.

Lange dominierten staatliche oder staatsnahe Institutionen das Geschehen auf dem afrikanischen Beteiligungsmarkt. Neben der DEG Invest ist die International Finance Corporation (IFC) einer der größten Investoren auf dem afrikanischen Kontinent. Sie ist der privatwirtschaftliche Ableger der Weltbank und investierte zuletzt rund 4 Milliarden Dollar (knapp 3 Milliarden Euro) in Subsahara-Afrika und sammelte weitere 1,2 Milliarden Dollar bei anderen Investoren ein.[9]

Auch die Entwicklungsfinanzierer FMO aus den Niederlanden und Proparco aus Frankreich sind auf dem Kontinent aktiv. Proparco gehört zu 57 Prozent der französischen Entwicklungsorganisation Agence française de développement und zu weiteren 26 Prozent französischen Banken. Das Besondere an Proparco ist, dass außerdem internationale Investoren wie der Aga Khan Fund for Economic Development an ihr beteiligt sind und die großen französischen Unternehmen, die in Afrika aktiv sind – Bolloré etwa oder der Baukonzern Bouygues und das Textilunternehmen DMC. Allein in Subsahara-Afrika geht Proparco neue Engagements von rund 350 Millionen Euro jährlich ein. Das ist knapp die Hälfte ihres gesamten Neugeschäfts.[10]

Alle großen Private-Equity-Fonds sind heute in Afrika aktiv. Und es sind einige neue, unerwartete Marktteilnehmer hinzugekommen: Transaktionen im Wert von rund 4 Milliarden Dollar (knapp 3 Milliarden Euro) habe die Private-Equity-Branche laut dem Analysehaus Preqin allein im Jahr 2013 getätigt. Dies sei der zweithöchste Wert seit 2006. Allein während des Private-Equity-Booms sei das Volumen im Jahr 2007 mit 7,2 Milliarden Dollar höher ausgefallen. Die Investmentbank mit pakistanischen Wurzeln Abraaj setzte einen Private-Equity-Fonds mit einem Volumen von 800 Millionen Dollar auf. Der internationale Finanzinvestor Carlyle Group folgte mit einem 700-Millionen-Dollar-Fonds mit Fokus auf das Afrika südlich der Sahara, den Carlyle im April 2014 bei 698 Millionen Dollar schloss. Der in der Schweiz basierte Vermögensverwalter Partners Group schloss einen Private-Equity-Fonds Afrika bei einem Volumen von 680 Millionen Euro. – Kein Wunder, wenn Marktbeobachter sagen, Private Equity sei in Afrika viel bedeutender als die Aktienmärkte.

Das Kapital, das die Private-Equity-Branche einsammelt, ist allerdings nicht der einzige Gradmesser für den Erfolg dieses Geschäfts. Ein anderer sind die Beteiligungsverkäufe, die diese Investoren mit Erfolg abwickeln. Wenn dieses »Exits« nicht möglich sind, dann können die Private-Equity-Fonds nicht fristgerecht wieder aufgelöst werden und die Investoren müssen länger auf ihr Geld warten. 2012 hatte das Volumen mit 14 Beteiligungsverkäufen einen Rekord erreicht. 2011 waren es nur acht. Der Wert der Verkäufe stieg 2012 gegenüber dem Vorjahr um 13 Prozent auf 1,65 Milliarden Dollar.[11]

Selbst der irische Rockmusiker Sir Bob Geldof hat Private Equity für sich entdeckt.[12] Der Initiator der »Live 8«-Konzerte gründete 2011 den »8 Miles«-Beteiligungsfonds – acht Meilen, weil dies nach seiner Schätzung die geringe Distanz ist, die bei Gibraltar Europa von Afrika trennt. »Bridging the gap«, lautet der Slogan des Fonds. Um die beiden Fondsmanager Doug Agble und Hemen Shah sammelte er bis Februar 2012 immerhin 200 Millionen Dollar ein – dank der Beteiligung der International Finance Corporation (IFC), der Afrikanischen Entwicklungsbank und der britischen Entwicklungsbank CDC, die 1948 als Colonial Development Corporation gegründet wurde und sich später in Commonwealth Development Corporation umbenannte.[13] Einziger privater Investor bei 8 Miles ist die afrikanische Beteiligungsgesellschaft Vital Capital Fund, die sich mit 30 Millionen Dollar beteiligte.[14] Insgesamt strebt der 8 Miles Fonds ein Volumen von 450 Millionen Dollar an.[15]

Der Geldof-Fonds will hauptsächlich in Bereiche investieren, die auch sozialen Nutzen stiften: Landwirtschaft, Konsum, Gesundheit, Telekommunikation, Finanzdienstleistungen. Typischerweise liegen die angestrebten Beteiligungshöhen bei 15 bis 45 Millionen Dollar. »Handel, nicht Entwicklungshilfe führt die Leute aus der Armut heraus«, sagt Geldof nun[16] – aus gutem Grund. Denn Entwicklungshilfe und Spenden haben nur eine begrenzte Wirkung. Von dem Augenblick an, in dem der Spender dem Empfänger das Geld überwiesen hat, gibt er die Kontrolle über die Verwendung der Mittel weitgehend ab. Wer sich dagegen mit Kapital an einem Unternehmen beteiligt, wird Partner und begleitet das weitere Wachstum dieses Unternehmens. Wird die Beteiligung eines Tages mit Gewinn verkauft, erhalten die Kapitalgeber ihr Geld samt Gewinn zurück. Der Rest kann in neue Projekte fließen. Seine Karriere als Musiker hat Geldof seiner Überzeugung nach auf seine Tätigkeit als Investor bestens vorbereitet. »Ich mag Business, ehrlich«, sagte er einmal und versicherte, bestens für Private Equity geschult zu sein: »Glaubt mir, es gibt kein Geschäft, das skrupelloser und profitorientierter wäre als Rock & Roll.«[17]

Auch die Private-Equity-Fonds sind nicht mehr allein auf dem Kontinent. In den vergangenen Jahren haben verstärkt die großen Staatsfonds angefangen, sich für Afrika zu interessieren. Neben der China Investment Corporation (CIC) oder der SAFE Investment Company aus China sind dies aus Singapur die Temasek Holdings oder die Government of Singapore Investment Corporation (GIC). Auch in der arabischen Welt nimmt das Interesse der Staatsfonds an Afrika zu, beispielsweise der Qatar Investment Authority (QIA) oder der Abu Dhabi Investment Authority, um nur einige Beispiele zu nennen. Die China Development Bank hat 2007 sogar den China-Africa Development Fund (CAD) auf den Weg gebracht und mit 5 Milliarden Dollar ausgestattet.[18]

Auch die BRICS-Staaten (Brasilien, Russland, Indien, China und Südafrika) arbeiten an einer eigenen Bank. Ihre fünf Regierungs- und Staatschefs hatten auf ihrem Gipfeltreffen in der indischen Hauptstadt Delhi im März 2012 beschlossen, als Gegengewicht zur Weltbank und zum Internationalen Währungsfonds (IWF) eine eigene Bank zu gründen und diese mit einem Startkapital von 50 Milliarden Dollar auszustatten.[19] »Die BRICS-Staaten stellen nicht nur politisch, sondern auch wirtschaftlich eine sehr heterogene Gruppe dar«, dämpft allerdings die Journalistin Andrea Spalinger zu große Erwartungen in diese Bank. »Die vier anderen Mitglieder befürchten vor allem, dass die wirtschaftliche Großmacht China mit ihren enormen Währungsreserven innerhalb der Institution eine zu dominante Rolle übernehmen könnte, und stehen dem Projekt eher skeptisch gegenüber.«

Sollte die BRICS-Bank jedoch ein Erfolg werden, wäre ein weiterer großer Investor auf dem afrikanischen Kontinent aktiv, der Ländern mit Schwierigkeiten in der Zahlungsbilanz helfen und darüber hinaus in Infrastrukturprojekte investieren will, hieß es nach dem BRICS-Gipfel im März 2013 in der südafrikanischen Hafenstadt Durban.[20] Auch wenn das Wachstum der Kapitalbeteiligungen nicht in einem fort steigt, so nimmt das Interesse an Afrika aus dieser Branche doch stetig zu.

Allerdings sind die Beträge, mit denen sich all diese Fonds – staatliche und Private Equity – an afrikanischen Unternehmen beteiligen relativ hoch. Denn mehr als 15 bis 20 Beteiligungen kann ein Private-Equity-Fonds in der Regel nicht sinnvoll betreuen. Deshalb müssen die Fondsmananger relativ hohe Beträge in ein Unternehmen investieren – wie im Falle von Bob Geldof 15 bis 45 Millionen Dollar. Das ist auf einem Kontinent, der erst am Anfang seiner Wachstumsgeschichte steht und deshalb besonders viele Unternehmensgründungen aufweist, schwer zu erreichen und stellt die Fondsmanager vor besondere Herausforderungen. Sie müssen die Unternehmer relativ eng begleiten und neben Kapital auch Know-how bereitstellen. Glücklicherweise entsteht in Afrika eine engagierte, hoch motivierte und immer besser ausgebildete Schicht an mutigen Unternehmern.

Private Equity allein genügt nicht, um Afrika voranzubringen. Denn die Investoren aus Übersee – gleich ob sie staatlich oder privat sind – investieren nur in Projekte bestimmter Größe und in Unternehmen bestimmter Branchen. Doch immerhin sind sie ein wichtiges Glied in einer Aufwärtsspirale auf dem Kontinent. Sie können jene Unternehmen finanzieren, die später dazu beitragen, dass sich die Finanzmärkte Afrikas weiterentwickeln und den Einwohnern dieses Kontinents dann eines Tages ein breiteres Angebot an Möglichkeiten für ihre Altersvorsorge bereitstellen.

Caleb King ist ein Mittfünfziger aus den Vereinigten Staaten, der vor einigen Jahren mit seiner Frau nach Ruanda gezogen ist. Die beiden Ärzte sind sehr christlich und waren begeistert von der Idee, in Ruanda ein christliches Missionskrankenhaus aufzubauen. Es befindet sich weitab von der Hauptstadt Kigali, fernab von vielen Bequemlichkeiten der Großstadt und vor allem abgeschnitten von elektrischer Versorgung. Die jedoch ist in einem Krankenhaus notwendig.

Caleb wollte daraufhin ein Kleinwasserkraftwerk bauen und den überschüssigen Strom an den staatlichen Strommonopolisten verkaufen. Das war schwierig, weil der gesetzliche Rahmen dafür fehlte. Mit Hilfe der deutschen Entwicklungsorganisation GIZ gelang dies Caleb jedoch Schritt für Schritt. Er baute ein kleines Kraftwerk mit einer Leistung von 500 Kilowatt.

Die ruandische Regierung wollte daraufhin mehr Investoren in das Land holen, um ein ganzes Netz von Kleinwasserkraftwerken aufzubauen – eine sinnvolle Idee, lässt sich doch so der chronische Strommangel im Land bekämpfen, ohne dass Stauseen oder überdimensionierte Kraftwerke die wunderschöne Landschaft aus Hügeln, Wäldern, Bergbächen, Flüssen und Wasserfällen zerstören. »Die Investoren, die kamen, interessierten sich nicht für Kleinkraftwerke im Kilowattbereich«, berichtet Caleb.[21] »Die wollen alle in Kraftwerke im Bereich von 10 oder 20 Megawatt investieren.«

Enttäuscht zogen die Investoren aus Ruanda wieder ab und suchen nun wahrscheinlich nach Großprojekten anderswo in Afrika. Private Equity ist eben geeignet, um größere Projekte zu realisieren, aber nicht für kleinere. Dennoch kann Private Equity zumindest eine Dynamik in Gang setzen. Private Investments in einigen Branchen strahlen möglicherweise auf andere Branchen aus. Die erfolgreichen Unternehmen vergeben vielleicht Aufträge an kleinere Unternehmen, die keinen Zugang zu Private Equity haben, aber auf diese Weise dennoch wachsen können. Und sollte sich der Markt für Unternehmensbeteiligungen weiter entwickeln, können vielleicht auch europäische Unternehmen, die sich in Afrika engagieren wollen, auf diese Weise Finanzierungen für ihre Pläne finden, die das Risiko für sie erträglich erscheinen lassen. Denn europäische Unternehmen, ganz besonders die deutschen, lassen die Möglichkeiten, die der afrikanische Kontinent bietet, bisher sträflich aus.

Investitionen in den Aufschwung

8

Die neueste Errungenschaft der Millionenstadt Lagos wird eine Seilbahn sein. Nicht, dass die nigerianische Wirtschaftsmetropole an der Küste des Atlantiks von Bergen beherrscht wäre. Nigeria hat zwar eindrucksvoll hohe Berge, der höchste von ihnen, der Munungu, ist knapp 3800 Meter hoch.[1] Die meisten von ihnen liegen an der Ostgrenze zu Kamerun und einige andere im Zentrum des Landes, nördlich der Hauptstadt Abuja – und somit mehrtägige Autofahrten von Lagos im Südwesten des riesigen Landes entfernt.

Lagos, die alte Handelsstadt an der Küste mit seiner großen Lagune, dagegen ist flach. Und ihre Bewohner ersticken im Verkehr. Die Stadtverwaltung baut einige S-Bahn-Linien in das Umland – den Verkehr im Zentrum allerdings entlastet es kaum. Für eine U-Bahn ist das Gelände zu sumpfig, für Straßenbahnen gibt es keinen Platz. Da bekam der österreichische Seilbahnhersteller Doppelmayr den Auftrag, eine Seilbahn in Nigeria auf den Gipfel einer dieser zentralen Berge zu bauen, um diese wunderschöne Region mit ihren tropischen Bergwäldern für den Tourismus zu erschließen. Der Auftrag interessierte den Senior-Chef Artur Doppelmayr so sehr, dass er selbst hinfuhr. Als er den täglichen Verkehrskollaps in Lagos sah, kam ihm eine andere Idee: eine Seilbahn quer durch die Stadt.

Solche städtischen Seilbahnen baut Doppelmayr auf der ganzen Welt. 500 Millionen Dollar, etwa 380 Millionen Euro, wird die in Lagos voraussichtlich kosten. Sie wird vor allem durch Darlehen der Afrikanischen Entwicklungsbank finanziert und durch Eigenmittel, von denen ein Großteil vom Seilbahnhersteller Doppelmayr stammt. Ein Nigerianer, Captain Dapo Olumide, will das Lagos Cable Car Transit System realisieren.[2] Er leitete die Fluggesellschaft Virgin Nigeria, bis diese im Jahr 2010 verkauft wurde. Heute ist er Vorstandsvorsitzender des Unternehmens Ropeways Transport.

250 000 Passagiere will Dapo Olumide jeden Tag in modernen Kabinen durch die Luft befördern. Die Schätzungen schwanken zwar. Doch schon heute ist klar, dass diese Seilbahn, die das Festland, wo die meisten Einwohner leben, über die Lagunenbucht hinweg mit dem Geschäftsviertel auf Victoria Island verbinden soll, zu klein sein wird. »Es ist sehr schwer, Bevölkerungswachstum zu berücksichtigen«, sagte Dapo Olumide in einem Gespräch mit der nigerianischen Zeitung *The Sun News*. »Lagos wächst mit einer Rate von sechs Prozent jährlich, das bedeutet jährlich 1,2 Millionen zusätzliche Einwohner jedes Jahr.«

Und tatsächlich platzt die Stadt aus allen Nähten. Die Stadt entwickelt riesige Areale östlich von Victoria Island auf der Lagunenhalbinsel, entlang von Alpha Beach. Lekki Phase 1 oder auch Eti-Osa heißen die neuen Viertel, die hier entstehen und der aufstrebenden Mittelschicht modernen Wohnraum bieten sollen. Doch die Bewohner müssen sich alle durch enge Straßen nach Victoria Island drängeln und über eine der wenigen Brücken nach Lagos Island oder auf das Festland übersetzen.

Es mangelt an allem in Lagos: an Straßen, an Brücken, an Bussen oder anderem öffentlichem Nahverkehr. Auch der Flughafen ist viel zu klein. Und obwohl er sich in eine Dauerbaustelle verwandelt hat, weiß jeder in der Stadt, dass er auch nach seiner Vergrößerung zu klein sein wird. Es gibt zu wenig Strom. Oft können die Einwohner in der Stadt nur wenige Stunden täglich Elektrizität aus dem öffentlichen Netz beziehen. Olumide wird in jede Station seiner Seilbahn Generatoren einbauen, die den Strom für den Betrieb der Kabelbahn selbst erzeugen.

Afrika wächst und entwickelt sich dermaßen schnell, dass es an allem fehlt. Der Kontinent hat zu wenige Häfen und zu kleine Flughäfen. Er braucht Straßen, Eisenbahn, S-Bahnen, Schulen, Krankenhäuser, Universitäten, Verwaltungsgebäude, Wohnsiedlungen, Trinkwasserversorgung, Abwasserentsorgung, Strom, Gas, Benzin, Mobilfunktürme, Müllabfuhren und Müllverwertung.

Die Vereinigten Staaten haben erkannt, welches Potenzial für ihre Wirtschaft im Aufbau einer modernen Infrastruktur in Afrika liegt – und damit lange vor der deutschen Bundesregierung. Im Juni 2013 reiste der amerikanische Präsident Barack Obama in einer vielbeachteten Reise nach Senegal, Tansania und Südafrika. Nach einer Stippvisite 2009 in Ghana war es erst seine zweite Reise auf den Kontinent, auf dem sein Vater geboren wurde. »Wir haben riesige Interessen dort«, zitierte Tobias Zick, Afrika-Korrespondent der *Süddeutschen Zeitung,* in seinem Bericht Obamas Vize-Sicherheitsberater Ben Rhodes.[3] Afrika sei »ein Ort, wo die USA ihr Engagement in den nächsten Jahren entscheidend verstärken sollten«. Eine gewaltige Wirtschaftsdelegation habe Obama begleitet. Sieben der zehn am schnellsten wachsenden Volkswirtschaften der Welt lägen in Afrika. Neben Rohstoffen interessierte sich Obama vor allem für die Energiewirtschaft und verkündete den Start des Projekts »Power Africa«.

Sieben Milliarden Dollar über fünf Jahre hinweg wollten die USA in den Ausbau der Stromversorgung in Afrika investieren, kündigte der amerikanische Präsident weiter an.[4] Die Zugänge zu Elektrizität in den Ländern südlich der Sahara sollten verdoppelt werden. In Äthiopien, Kenia, Tansania, Liberia, Ghana und Nigeria solle »Power Africa« starten.

Das neue Interesse der USA an Afrika hat nichts mit Entwicklungshilfe zu tun. Es geht hier darum, mit Investitionen amerikanischer Konzerne am Aufschwung des afrikanischen Kontinents teilzuhaben. Denn der Kampf zwischen den USA und China um die Frage, wer die wirtschaftliche Supermacht des 21. Jahrhunderts sein wird, wird sich auf dem afrikanischen Kontinent entscheiden. Die USA haben sich ein entscheidendes Thema ausgesucht. Der mangelnde Ausbau der Infrastruktur wird eine der größten Hürden beim wirtschaftlichen Aufbau Afrikas werden. Hier liegt auch das größte Risiko für die Zukunft des Kontinents.

Mit sieben Milliarden Dollar lässt sich allerdings auch in Afrika nicht der Durchbruch in der Energieversorgung erzielen. Doch mehr dürfte kaum möglich sein angesichts der zahlreichen Schwierigkeiten, die Investitionen in Afrika immer noch behindern. Es ist auch völlig gleichgültig, wie viel in die öffentliche Infrastruktur investiert wird. Die Bevölkerung auf dem Kontinent wächst so schnell, dass, unabhängig davon, wie viel eine Regierung oder ein Unternehmen investiert, es nie genug sein wird.

Der Bedarf an Infrastruktur wird in den kommenden Jahren und Jahrzehnten auch deshalb enorm zunehmen, weil das rapide Wirtschaftswachstum zu steigenden Einkommen führt und die Menschen in Afrika mehr reisen werden – auch hierfür werden mehr Flugzeuge, größere Flughäfen, bessere Straßen und Eisenbahnverbindungen gebraucht werden. Alle zehn Jahre wird sich das Flugpassagieraufkommen verdoppeln – und das in den nächsten 40 Jahren, lautet die vorsichtige Schätzung der Ökonomen der Investmentbank Renaissance Capital.[5]

Afrika muss in den nächsten Jahren etwa 90 Milliarden Dollar jährlich investieren, um die bestehende Infrastruktur zu erhalten und neue aufzubauen, schätzte das Africa Infrastructure Country Diagnostic (AICD).[6] Für das Jahr 2012 zählen die Unternehmensberater von Ernst & Young 800 Infrastrukturprojekte auf dem Kontinent mit einem Investitionsvolumen von mehr als 700 Milliarden Dollar.[7] Nun lassen sich die beiden Zahlen nicht miteinander vergleichen. Denn die erste bezieht sich darauf, was in einem Jahr notwendig ist, und die andere auf die Investition für die einzelnen Projekte, deren Realisierung in der Regel mehrere Jahre in Anspruch nimmt.

Dennoch geben die Zahlen von Ernst & Young Anlass zu Hoffnung. Wie wichtig der Ausbau der Infrastruktur in Afrika ist, dürfte grundsätzlich erkannt sein. Für Südafrika zählen die Experten von Ernst & Young (Stand Februar 2013) insgesamt 134 laufende Infrastrukturprojekte mit einem Investitionsvolumen von knapp 130 Milliarden Dollar. An zweiter Stelle folgt Nigeria mit 106 Projekten und 95 Milliarden Dollar. Unter den Top-Ten-Ländern mit den meisten Infrastrukturprojekten finden sich dann Ägypten, Uganda, Kenia, Algerien, Mosambik, Libyen, Tansania und Kamerun. Die meisten Projekte seien im Transportwesen mit 41 Prozent und mit 37 Prozent im Energiebereich zu finden.

Und noch etwas hat sich verändert: Afrika war in den 1970er und 1980er Jahren berühmt für breit angekündigte Großprojekte, die allerdings selten verwirklicht wurden. Auch dies hat sich laut Ernst & Young geändert. 27 Prozent der laufenden Infrastrukturprojekte werden bereits realisiert oder stehen kurz vor ihrer Fertigstellung. 36 Prozent sind schon finanziert und stehen kurz vor dem Beginn der Realisierung. Nur 37 Prozent sind noch relativ unsicher und befinden sich im Stadium von Konzept- oder Machbarkeitsstudien.

Viele Infrastrukturprojekte lassen sich durch die Einnahmen finanzieren, die sie ermöglichen. Flughäfen, Flugzeugflotten oder auch Strom- und Mobilfunknetze rechnen sich wirtschaftlich durch die Gebühren, mit denen ihre Nutzer belastet werden können. Bei Straßen und Eisenbahnlinien wird dies schon schwieriger, bei vielen anderen Infrastrukturprojekten unmöglich. Diese rechnen sich nur durch höhere Steuereinnahmen, die erst dann entstehen, wenn Engpässe in der Wirtschaft abgebaut und eine höhere Wachstumsdynamik freigesetzt wird. Diese Projekte könnten durch Anleihen finanziert werden und so zur weiteren Entwicklung der Kapitalmärkte in Afrika beitragen.

In Nigeria ist die Stromversorgung berühmt-berüchtigt schlecht. An manchen Tagen in Lagos haben die Bewohner nur zwei oder drei Stunden lang Strom. Den Rest des Tages müssen sie entweder ohne auskommen oder einen Generator benutzen, um den benötigten Strom selbst zu erzeugen. Diese unzähligen meist mit Diesel betriebenen Generatoren sorgen für eine immense Ressourcenverschwendung. Außerdem muss Nigeria den benötigten Diesel importieren, obwohl das Land eines der größten Ölförderländer in Afrika ist. Doch die Regierung hat nie den Bau von Raffinerien unterstützt. Auf diese Weise werden dringend benötigte Devisen für eine ineffiziente Stromerzeugung verschwendet, wo Nigeria doch gleichzeitig mit kostengünstigen Strom aus Solarparks, Wasserkraftwerken oder Windkraftanlagen versorgt werden könnte. Die Engpässe auf dem nigerianischen Strommarkt sind heute die größte Entwicklungs- und Wachstumsbremse für die gesamte Wirtschaft des Landes. Und in den übrigen 53 Ländern des Kontinents sieht es kaum anders aus.

In vielen Ländern sind die Strommärkte nicht liberalisiert. Staatliche Monopole halten in der Regel die Hand auf die Erzeugung und die Verteilung von Strom. Die Preise wiederum sind oft staatlich reguliert und werden künstlich niedrig gehalten. Eine Liberalisierung dieser Märkte hätte positive Folgen für das Wachstum. Diese muss nicht zwingend in einen völlig unregulierten und gesetzlosen Markt münden. Schon eine Öffnung des bisher staatlichen abgeschotteten Systems für private Investitionen in Stromerzeugung und Stromnetze würde vieles zum Besseren verändern.

Die Befürchtung ist groß, dass die Strompreise ins Unermessliche stiegen, wenn die staatlich subventionierten Preise abgeschafft würden, und dass dann viele Afrikaner nicht mehr in der Lage wären, den Strom zu bezahlen. Doch bisher zahlen sie wenig für ein Gut, das allerdings kaum zur Verfügung steht. Die sozialen Folgen für die ärmere Bevölkerung müssten durch andere Hilfen aufgefangen werden. Auch deshalb ist es so wichtig, dass in Afrika ein soziales Netz entsteht, das die Ärmeren, Kranken und Bedürftigen auffangen kann. Dies wiederum erfordert den Aufbau eines effizienten Steuersystems, das die Einkommen der Bevölkerung zuverlässig erfasst.

Für die Stromversorgung wäre schon viel dadurch geholfen, nach deutschem Vorbild ein Energieeinspeisegesetz für erneuerbare Energien zu beschließen. Dies würde die staatlichen Monopole verpflichten, Strom aus Windenergie, Photovoltaikanlagen oder Erdwärme von privaten Investoren zu einem vorab festgesetzten Preis abzunehmen. Damit würde der Aufbau einer ressourcenschonenden Stromerzeugung gefördert. In Nigeria hat die Regierung bereits behutsam damit begonnen, den Strommarkt zu liberalisieren. Die positiven Folgen dürften bald zu erkennen sein.

Zudem haben die deutsche und die nigerianische Regierung die Deutsch-Nigerianische Energiepartnerschaft gegründet, die den nigerianischen Energiesektor stärken und zugleich die Energieversorgung Deutschlands sichern soll.[8] Sämtliche Energiequellen sollen in Nigeria genutzt werden: Kohle, Gas, Öl, Wasser, Wind und Solar. Außerdem soll das veraltete Stromnetz instand gesetzt werden. So ist geplant, den Staudamm Kiri Dam in ein Wasserkraftwerk umzubauen oder in Bauchi ein Solarkraftwerk mit einer Leistung von 30 Megawatt entstehen zu lassen. Koordinator dieser bisher einzigartig gebliebenen Partnerschaft ist der Brite Jeremy Gaines, der die Projekte von Frankfurt am Main aus koordiniert.

Investitionen in neue Energiequellen tun dringend not. Die Strom- und Benzinsubventionen kommen die afrikanischen Regierungen teuer zu stehen – Geld, das sinnvoller eingesetzt werden könnte. Die steuerlichen Kosten der subventionierten Energiepreise belasteten das Bruttoinlandsprodukt der Region Subsahara-Afrika mit rund 3 Prozent, stellte der IWF fest.[9] Damit wende die öffentliche Hand in der Region für die Subventionierung der Energiepreise genauso viel auf wie für die gesamte Gesundheitsversorgung. »In vielen Ländern verdrängen offene und versteckte Subventionen weiterhin die viel effizientere Finanzierung von dringend benötigten

Projekten im Sozialbereich und in der Infrastruktur«, heißt es in der Studie des IWF weiter. »Schließlich verhindern allgegenwärtige Energiesubventionen Investitionen und den Erhalt im Energiesektor in vielen Ländern in Subsahara-Afrika, was zu einer kostenträchtigen und schlecht angepassten Energieversorgung führt, die sich zunehmend als Flaschenhals für das Wirtschaftswachstum erweist.«

Ein positives Beispiel für den richtigen Ansatz ist Kenia. Dort hatte die Regierung schon im Jahr 2004 die Strompreise angehoben und auch Subventionen für Benzin reduziert. In der Folge stieg das Angebot an Strom um rund 5 Prozent jährlich.[10] Gleichzeitig gingen die Stromverluste im Netz von 18 Prozent im Jahr 2005 auf 16 Prozent im Jahr 2011 zurück. Die Erfassungsrate von Stromabnehmern zur Rechnungsstellung stieg von 85 Prozent im Jahr 2005 auf 99 Prozent im Jahr 2011. Dies ist ein bedeutender Schritt nach vorn. Denn viele Stromnutzer in Afrika zweigen sich den benötigten Strom einfach von bestehenden Leitungen illegal ab. Und schließlich ist die Zahl der Kunden, die Zugang zum Stromnetz haben, in den Jahren 2005 bis 2011 um rund 140 Prozent gewachsen.

Afrika hat die Chance, beim Aufbau seiner Stromversorgung wieder eine Entwicklungsstufe zu überspringen. Vor wenigen Jahrzehnten war die Energiewirtschaft bei uns genauso zentralistisch organisiert wie das Telefonnetz. Einige wenige Großkonzerne teilten sich den Markt untereinander auf und bildeten diese zentralistische Wirtschaftsstruktur über zentrale Großkraftwerke nach. Atomkraftwerke bildeten die Spitze dieser zentralisierten Struktur. Heute jedoch könnte im Prinzip jeder Haushalt seinen Strombedarf selbst decken, durch verbrauchsarme Passivhäuser und den Einsatz erneuerbarer Energien.

Afrika hat die Gelegenheit, die zentralistische Phase der Stromwirtschaft zu überspringen und gleich eine bessere Mischung aus großen und kleinen Kraftwerken und einen ausgewogenen Mix der Energiequellen zu erreichen. Solarpanels, Windräder, Erdwärme, Biogasanlagen und viele andere moderne Systeme könnten es einzelnen Farmern, ganzen Dörfern oder Dorfgemeinschaften ermöglichen, eigenen Strom zu erzeugen, ohne weiterhin darauf angewiesen zu sein, dass die Angestellten der Strommonopolisten das Leitungsnetz instand halten. Und manche von ihnen könnten problemlos so viel Strom erzeugen, dass sie den Überschuss ins nationale Leitungsnetz abgeben könnten.

Andere Regierungen haben schon erkannt, welches Potenzial in der Energieerzeugung liegt. Äthiopien beispielsweise, aus dem der weitaus größte Teil des Nilwassers stammt, das durch Ägypten fließt, will ein Netto-Exporteur von Strom werden. Das brächte dem Land dringend benötigte Deviseneinnahmen. Die Regierung plant dazu den Bau großer Stauseen im Land, die neben der Stromerzeugung auch die Wasserstände der Flüsse zum Nutzen der Landwirtschaft regulieren könnten. Allerdings gibt es an diesen Projekten auch die Kritik, dass Umweltbelange bisher zu wenig berücksichtigt wurden.

Es wäre zu bedauern, wenn die Regierung nicht die Fehler vermiede, die in Ägypten beim Bau des riesigen Assuan-Staudamms begangen worden sind. Elf Jahre lang bauten dort von 1960 bis zur Eröffnung im Januar 1971 bis zu 2000 Ingenieure und 30 000 Arbeiter an der 111 Meter hohen und 3800 Meter langen Staumauer, die an ihrem unteren Ende 980 Meter und an ihrem oberen immer noch 40 Meter dick ist. Der Staudamm verbessert die Schiffbarkeit des Nils, sichert dem Land die Trinkwasserversorgung, ermöglicht selbst den Anbau von Reis in diesem Wüstenland und bewässert eine landwirtschaftliche Nutzfläche von mehr als einer halben Million Hektar. Zugleich produziert das Wasserkraftwerk 2100 Megawatt Strom und liefert diesen sogar bis in die knapp 900 Kilometer entfernte Hauptstadt Kairo. Damit produziert der Assuan-Staudamm wesentlich mehr Strom als beispielsweise das Atomkraftwerk Brokdorf in Deutschland, das auf eine Bruttoleistung von 1480 Megawatt kommt.

Zugleich aber hat der Assuan-Staudamm jede Menge negative

Folgen. Die gravierendste dürfte wohl sein, dass die Staumauer den besonders nährstoffreichen Nilschlamm zurückhält. Das hat nicht nur im Nil unterhalb von Assuan den Fischbestand rapide sinken lassen, sondern sogar im gesamten östlichen Mittelmeer. Der Nährschlamm, der durch die Staumauer nicht flussabwärts fließen kann, fehlt nun der Landwirtschaft entlang des Nils zur Düngung. Jahrtausendelang, seit der Zeit der Pharaonen, basierte die Landwirtschaft in Ägypten darauf, dass die Felder entlang des Nils regelmäßig mit dem nährstoffreichen Schlamm überflutet wurden. Der fehlt nun und sammelt sich stattdessen im Stausee an, der zunehmend versandet und deshalb immer weniger Wasser speichern kann. Darüber hinaus verändert der Nil unterhalb von Assuan seine Fließgeschwindigkeit. Weil der Schlamm fehlt, fließt das Wasser schneller und reißt wichtiges Ackerland mit sich. Dadurch erhöht der Staudamm die Erosion des Bodens entlang des Nils.

Vor zwei Jahren hatte die äthiopische Regierung am Blauen Nil, der sich in der sudanesischen Hauptstadt Khartum mit dem Weißen Nil zum Nil vereint, mit dem Bau der Renaissance-Talsperre begonnen. 2017 soll sie fertig werden. Die Staumauer soll 170 Meter hoch werden und damit den Assuan-Staudamm überragen. 16 Turbinen sollen schließlich 6000 Megawatt Strom produzieren, fast dreimal so viel wie der Assuan-Staudamm und mehr als viermal so viel wie die leistungsstärksten Atomkraftwerke in Deutschland. 4,8 Milliarden Dollar wird der Bau kosten, schätzt die äthiopische Regierung.

Doch die Widerstände gegen das Projekt sind enorm. Die ägyptische Regierung fürchtet, künftig noch abhängiger vom Wohlwollen der äthiopischen Regierung am Oberlauf des Nils zu werden. Mitte Juni 2013 wurde bekannt, dass der kurz darauf abgesetzte islamistische Präsident von Ägypten, Mohammed Mursi, sogar daran gedacht haben soll, seinen Geheimdienst zu beauftragen, die Mauer zu sprengen.[11]

Die UNEP, die Umweltorganisation der Vereinten Nationen, hatte schon Jahre zuvor Bedenken über die ökologischen Folgen der verschiedenen Staudammprojekte in Äthiopien geäußert. »Ein Staudammbau ist immer ein sehr komplexes und heikles Thema«, zitierte die französische Nachrichtenagentur AFP im Frühjahr 2010 Achim Steiner, den deutschen Exekutivdirektor der UNEP.[12] Er bezog sich auf den Staudamm Gilgel Gibe III im Omo-Fluss, der 1870 Megawatt Strom erzeugen soll. Steiner befürchtete eine Verringerung des Wasserspiegels im Turkana-See im Norden Kenias, für den der Omo der wichtigste Zufluss ist. Der Bau des riesigen Damms könnte neben zwei anderen schon auf dem Omo errichteten Dämmen den Kreislauf der Kondensation und Verdampfung von Wasser stören und die besonders starken Winde in der Turkana-Region ändern.

Umweltorganisationen befürchten, dass der Staudamm Gibe III die Lebensgrundlage von mindestens acht Naturvölkern im unteren Omo-Tal gefährdet. Der Damm werde den natürlichen Überschwemmungskreislauf des Omo beenden, warnt die Organisation Survival International und beklagt zugleich, dass Chinas größte Bank, die Industrial and Commercial Bank of China (ICBC), den Bau mit einem Kredit über 400 Millionen US-Dollar finanziere.[13]

Afrika hat die Chance, die Fehler, die China beim wirtschaftlichen Aufbau des Landes begangen hat, zu vermeiden. Afrika kann es noch verhindern, dass die Luft in den künftigen Millionenstädten vergiftet ist oder dass der Ausbau der Infrastruktur Umweltschäden mit sich bringt, die sich nicht mehr reparieren lassen werden. Viele Afrikaner fürchten, dass europäische Umweltorganisationen ihnen ein Recht auf Entwicklung absprechen wollen. Doch wirtschaftliche Entwicklung und ein Schutz der Umwelt oder die Vermeidung schwerer sozialer Folgen sind keine unvereinbaren Gegensätze.

Äthiopien ist bei weitem nicht das einzige Land, das Großprojekte in der Energieversorgung verfolgt. In der Demokratischen Republik Kongo plant die Regierung 250 Kilometer westlich der Hauptstadt Kinshasa das Staudammprojekt Grand Inga. Es ist ein gigantisches Projekt, ein unwirklich groß anmutendes. Grand Inga soll doppelt so groß werden wie der bisher größte Staudamm der Welt, die Drei-Schluchten-Talsperre in China, die auf eine Leistung von 22 500 Megawatt Strom kommt. Grand Inga dagegen soll eines Tages 40 000 Megawatt Strom produzieren, wenn eine riesige, rund 200 Meter lange Staumauer den Kongo aufstaut. Damit könnte allein dieses Wasserkraftwerk den gesamten aktuellen Stromverbrauch des afrikanischen Kontinents südlich der Sahara decken.[14]

Mit einer Länge von 4374 Kilometern ist der Kongo nach dem Nil, der seine Wassermassen auf 6852 Kilometern durch den Kontinent schiebt, der zweitlängste Fluss Afrikas und führt sogar mehr Wasser als der Nil. Die beiden ersten Wasserkraftwerke Inga 1 mit einer Leistung von ursprünglich 350 Megawatt und Inga 2 mit einer Leistung von 1420 Megawatt auf dem Papier waren schon kein Erfolg. Zudem sind sie in die Jahre gekommen. Inga 1 wurde 1971 gebaut, Inga 2 Anfang der 1980er Jahre.

Vor allem wegen mangelnder Instandhaltung und chronischer Misswirtschaft im Land erreichen diese beiden Kraftwerke einen Bruchteil ihrer vorgesehenen Leistung. Deswegen werden sie in Kongo gerne als »weiße Elefanten« bezeichnet, als eine Sache, die mehr Ärger als Nutzen einbringt. Auch Entwicklungsprojekte, die von vornherein zum Scheitern verurteilt sind, werden so genannt.

Und dennoch sind die Weltbank und die Afrikanische Entwicklungsbank bereit, zusammen mit weiteren Geldgebern das Großprojekt mit rund 150 Millionen Dollar zu unterstützen. Das kann jedoch nur eine Initialzündung sein. Denn Inga 3, wie die erste Phase heißt, wird allein schon rund 12 Milliarden Dollar kosten. Das entspricht in etwa der gesamten Wirtschaftsleistung der Demokratischen Republik Kongo in einem Jahr. An dem Projekt sind der französische Stromkonzern EDF und das amerikanische Unternehmen Aecom beteiligt, die mit den Voruntersuchungen beauftragt waren. Hier dürfte das erste größere Projekt zu sehen sein, in dem sich das neue Interesse der USA an der Energiewirtschaft Afrikas konkret zeigt, auch wenn die DR Kongo bisher nicht auf der Liste der Länder steht, auf die sich Obama zunächst konzentrieren will. Im Jahr 2015 soll der Grundstein gelegt werden.

Angesichts der riesigen Exportmöglichkeiten von Strom bis nach Südafrika interessiert es die Weltbank auch wenig, dass die DR Kongo auf dem Korruptionswahrnehmungsindex 2013 der Organisation Transparency International den 154. Rang von 175 Ländern belegt.[15] Der Vertrag zwischen Südafrika und der DR Kongo sieht vor, dass die Hälfte des in Inga 3 produzierten Stroms nach Südafrika exportiert wird, das wie alle anderen afrikanischen Länder auch unter regelmäßiger Stromknappheit leidet. Doch dafür ist noch der Bau einer 3800 Kilometer langen Stromtrasse notwendig.

Das Riesenprojekt stößt auf Widerstand, doch nicht wie in der deutschen Energieversorgung wegen der Stromleitungen. »Es würde genügen, Inga 1 und Inga 2 instand zu setzen, um das gesamte Land mit Elektrizität zu versorgen«, zitiert die französische Tageszeitung *Le Monde* Jean-Marie Muanda von der Organisation Aktion für das Recht, die Umwelt und das Leben.[16] Doch wie in Deutschland spielen umweltpolitische Aspekte auch in Afrika eine immer größere Rolle. »Keine ernstzunehmende Umweltstudie wurde bisher erstellt«, beklagt im selben Bericht von *Le Monde* Rudo Sanyanga von der afrikanischen Sektion der Organisation International Rivers.

Die Afrikanische Entwicklungsbank versucht, diese Bedenken zu zerstreuen. Niemand werde wegen der Talsperre umgesiedelt, die unter Wasser gesetzte Fläche sei relativ gering und der wirtschaftliche Effekt des Stausees auf die Bevölkerung an seinem Ufer sogar positiv.

Inga 3 wird jedoch auch der Schauplatz eines Kampfes der Kontinente um den Betrieb dieses riesigen Wasserkraftwerks sein. Drei Unternehmen haben sich bisher um diesen Auftrag beworben: Eines kommt aus China, eines aus Südkorea und Kanada und ein drittes aus Europa. Die China Three Gorges Corporation, das Konsortium Daewoo-Posco-SNC und das Tandem Eurofinsa-ACS aus Spanien streiten sich um diesen Riesenauftrag.

Inga 3 soll erst der Auftakt sein. Wie bei Inga 1 und 2 ist hier nur geplant, über neue Kanäle Wasser aus dem Kongo für die Wasserturbinen abzuzweigen und aufzustauen. Für Grand Inga dagegen soll der gesamte Kongo komplett umgeleitet und aufgestaut werden. 80 Milliarden Dollar würde dieses Projekt kosten, was die Befürchtung aufkommen lässt, dass eine solche Bausumme entweder die Korruption im Land in die Höhe schnellen lässt oder das Land vor einen Schuldenberg stellt, den es niemals wieder abtragen kann. Vielleicht treten auch beide Befürchtungen ein.

Auch abseits dieser Großprojekte ist der Bedarf an Elektrizität so groß, dass europäische Unternehmen Afrika als Markt entdecken. 590 Millionen der rund eine Milliarde Menschen auf dem Kontinent hätten keinen Zugang zu Strom, stellte die Führung des schwedisch-schweizerischen Elektrotechnikkonzerns ABB fest.[17] Der große Konkurrent von Siemens will bis 2015 den Umsatz auf dem Kontinent um jährlich bis zu 10 Prozent steigern. Zuletzt lag dieser bei 890 Millionen Euro. »Wir wollen in Afrika schneller oder mindestens mit derselben Geschwindigkeit wachsen wie die gesamte ABB-Gruppe«, zitierte das Frankfurter Wirtschaftsblatt *Börsen-Zeitung* Carlos Poñe, den Afrika-Verantwortlichen des Konzerns. Das Gros der Orders käme bisher aus Ägypten und Südafrika. Doch auch in Nigeria, Botswana, Elfenbeinküste und Namibia ist ABB aktiv.

ABB hat unter anderem das Fußballstadion, das für die Weltmeisterschaft 2010 in Kapstadt gebaut wurde, und die neue Eisenbahnlinie Gautrain in Johannesburg mit Elektrotechnik ausgestattet. Davon abgesehen arbeitet der Konzern für Minengesellschaften und den Ölsektor. Doch die ABB-Manager sind nicht die Ersten, die den Kontinent entdeckt haben. Vor allem auf die Konkurrenten Siemens, Rockwell und General Electric stößt Poñe immer wieder. Im französischsprachigen Teil des Kontinents kämen noch französische Konzerne wie Schneider Electric und Legrand hinzu.

Zunehmendes Geschäft erwartet ABB mit den Energieversorgern. Bis zum Jahr 2035 werde sich die Stromerzeugung in Afrika in etwa verdoppeln, schätzt Poñe. Die Geschäfte scheinen weiter gut zu laufen. Im Jahr 2013 gewann ABB die Ausschreibung für ein 75 Megawatt starkes Photovoltaik-Kraftwerk in der Kalahari-Wüste in Südafrika im Volumen von 25 Millionen Dollar.[18] Dies könnte rund 40 000 Menschen mit Strom versorgen.

Den ökonomischen Nutzen und den ökologischen Schaden von solchen Infrastrukturprojekten gegeneinander abzuwägen fällt schon in den hochentwickelten Regionen der Erde schwer. Um wie viel schwerer fällt dies in jenen Teilen des Globus, in denen es an allem fehlt? In vielen Ländern Afrikas ist der Druck zur Modernisierung so groß, dass ökologische Bedenken oder Nachhaltigkeitskriterien oft wie Bremsklötze wirken. Und dennoch sind in Afrika die Möglichkeiten immens, die Infrastruktur von vornherein auf eine nachhaltigere Basis zu stellen als die in Europa, den Vereinigten Staaten oder gar in China, Indien und Südostasien. Afrika hat die Chance, von vornherein eine Infrastruktur aufzubauen, die mit den natürlichen Ressourcen schonender umgeht, als es jemals Europa oder Nordamerika gelungen ist.

»Wir haben in Afrika einen Trend zu einem aktiven Management von ESG-Praktiken gesehen«, meint Sasja Beslik, Leiter für nachhaltige Investments bei der skandinavischen Bank Nordea.[19] Mit ESG sind die zentralen Nachhaltigkeitskriterien Umwelt (*Environment*), Soziales (*Social*) und Unternehmens- wie auch Staatsführung (*Governance*) gemeint. Ein Unternehmen oder ein Projekt wird also vor der Investition daraufhin untersucht, wie stark diese drei Kriterien berührt werden.

Häufig teilen sich diese drei in mehr als hundert Einzelkriterien auf. Unter dem Aspekt Soziales beispielsweise wird untersucht, inwieweit Bestimmungen zum Arbeitsschutz eingehalten werden, und es wird ausgeschlossen, dass Frauen benachteiligt, Kinder als Arbeitskräfte eingesetzt oder Sklaven beschäftigt werden. Unter dem Kriterium Governance wird betrachtet, wie sehr Minderheitsaktionäre geschützt werden, wie die Unternehmensführung entlohnt wird oder wie das Kräfteverhältnis zwischen Vorstand und Aufsichtsrat austariert ist. Immer mehr Anleger – vor allem in Skandinavien und den Niederlanden, zunehmend jedoch auch in Deutschland und anderen Ländern – beziehen Nachhaltigkeitsaspekte in ihre Investmententscheidung mit ein und berücksichtigen die Einhaltung der ESG-Kriterien.

Beslik ist davon überzeugt, dass Nachhaltigkeitsaspekte auch in Afrika stärker in Investitionsentscheidungen einfließen. »Im Besonderen wird zunehmend anerkannt, dass es einen Wettbewerbsvorteil und einen Wertzuwachs für das Unternehmen darstellt, eine gute ESG-Praxis vorweisen zu können«, schreibt Beslik weiter. Ein hohes Umweltbewusstsein hat er besonders bei jenen Unternehmen ausgemacht, die große Fabriken betreiben, die in der Förderung von Öl und Gas engagiert sind, die im großen Stil Land- und Forstwirtschaft betreiben, und bei jenen Unternehmen, die in den Bereichen Bau, neue Infrastrukturprojekte und in der ressourcenintensiven Industrie, beispielsweise Zementwerken, aktiv sind.

Der Nachhaltigkeitsgedanke fließt auch in Stromerzeugungsprojekte wie Desertec ein. Bei diesem riesigen Projekt ging es zunächst darum, die Sahara zu nutzen, um von dort Solarstrom über Leitungen, die auf dem Boden des Mittelmeers verlegt werden sollten, nach Europa zu exportieren. Die Anfangsüberlegung war: Die Wüste bietet Sonne im Überfluss – warum sollte man diesen nicht für Europa nutzen? Bis zum Jahr 2050, so lautete die Idee, sollte Afrika rund 15 Prozent des europäischen Strombedarfs decken.[20] Ein Investitionsbedarf von 400 Milliarden Euro war vorgesehen – ein gigantisches Projekt, das manche deshalb für eine nie zu realisierende Utopie hielten.

Desertec selbst ist gescheitert. Doch die Idee dahinter lebt unverändert. Auf dem ganzen afrikanischen Kontinent entstehen nachhaltige Stromprojekte, nicht selten mit deutscher Beteiligung. So hat die deutsche Förderbank KfW in Kenia den Bau von Geothermiekraftwerken finanziell mit einem Darlehen von 60 Millionen Euro unterstützt. Dieses soll die Erweiterung von Olkaria I und den Neubau von Olkaria IV unterstützen. »Mit jeweils 140 Megawatt sind dies die beiden größten Geothermiekraftwerke, die jemals in Afrika gebaut wurden«, heißt es bei der KfW.[21]

Nicht nur die Deutschen sind an diesem Projekt in Kenia interessiert. Auch die Europäische Investitionsbank, die Weltbank und die Japanische Entwicklungsagentur interessieren sich für den Aufbau erneuerbarer Energien in Afrika und unterstützten das Geothermie-Projekt am Naivashasee, etwa 120 Kilometer nordwestlich von Kenias Hauptstadt Nairobi. Geothermie könnte dazu beitragen, in Kenia den Einsatz von umweltschädlichen und teuren Dieselkraftwerken überflüssig zu machen. Entlang des großen Grabens in Ostafrika ist es relativ leicht, Erdwärme zur Stromerzeugung zu nutzen. Mehr als 200 Grad Celsius heißer Wasserdampf befindet sich dort an vielen Stellen schon in 1000 Meter Tiefe, denn der Grabenbruch ist vulkanisch aktives Gebiet.

Das Gute an Investitionen in die afrikanische Infrastruktur ist, dass diese Investitionen in andere Bereiche der Wirtschaft nachziehen und diese sich dann ebenfalls entwickeln. Laut einer Studie des Overseas Development Institute, einem englischen privaten Forschungs- und Beratungsinstitut zu Themen der Entwicklungshilfe, könnte ein Wachstumsprogramm zugunsten der Infrastruktur in Afrika einen dauerhaften Wachstumsbeitrag von 2,5 Prozent des Bruttoinlandsprodukts freisetzen.[22]

Um die wirtschaftliche Dynamik aufrechtzuerhalten und zu beschleunigen, wird entscheidend sein, dass die Regierungen weiter daran arbeiten, die Engpässe in der wirtschaftlichen Infrastruktur abzubauen. Das hat die chinesische Regierung erkannt. Auch wenn Investoren aus China jenen Infrastrukturprojekten den Vorrang geben, die zu ihrem eigenen Nutzen sind, ist es vorteilhaft, dass sie überhaupt in die Infrastruktur des Kontinents investieren.

Die Entwicklungshelfer aus dem Norden haben jahrzehntelang den banalen Bau von Straßen vernachlässigt. Das geben deutsche Regierungsvertreter mittlerweile unumwunden zu, wenn auch nur hinter vorgehaltener Hand. Dabei geht es oft um ganz schlichte Projekte. In der kenianischen Hafenstadt Mombasa bleibt den vielen Touristen nur eine Möglichkeit, um zu ihren Hotels nach Diani Beach zu gelangen. Sie müssen am Rand der Altstadt Mombasas mit der Likoni-Fähre die kurze Strecke über die Bucht übersetzen. Genauso ergeht es allerdings auch den vielen Einheimischen, die im Süden Mombasas ihren Arbeitsplatz erreichen wollen. Die Folge sind oft lange Wartezeiten, denen eine Brücke ein Ende setzen würde. Die wurde bisher aber nicht gebaut, obwohl ihr Bedarf und ökonomischer Nutzen offenbar sind.

Beispiele wie diese finden sich zuhauf in Afrika. Den Regierungen fehlt häufig das Geld, um solche Infrastrukturprojekte anzugehen. Sie warten deshalb oft bewusst darauf, bis eine Straße in einen so schlechten Zustand geraten ist, dass internationale Geldgeber eine neue bauen. Die jedoch punkten wiederum bei ihren Bürgern oder Spendern in Europa nicht damit, wenn sie Straßen finanzieren. Da kommen Projekte im sozialen Bereich einfach besser an. Die Folge ist, dass Infrastrukturprojekte nicht einer Bedarfsplanung folgen, sondern dem Zufall. Je nachdem, wer gerade Interesse daran hat, eine Straße zu bauen, investiert dann eben.

Schon die Engländer hatten davon geträumt, quer durch ihre Kolonien in Ostafrika eine Straße von Kairo über Khartum, Nairobi, Dodoma, Lusaka und Gaborone bis nach Kapstadt zu bauen. Diese Straße ist bis heute nicht gebaut. Allerdings könnte sie unter chinesischer Führung in den nächsten Jahren doch Wirklichkeit werden, wenn sie die großen, noch ungeteerten Trassen Zug um Zug ausbauen. Von Querverbindungen, die den Kontinent von Ost nach West verbinden, wagt noch nicht einmal jemand zu träumen.

Immerhin werden – auch wieder häufig unter chinesischer Führung – längst heruntergekommene Eisenbahnstrecken neu gebaut, so die Linie von Addis Abeba nach Dschibuti. Noch steht in Äthiopiens Hauptstadt der Bahnhof der 1917 von den Franzosen gebauten Linie verlassen da. Allein der Schriftzug der Compagnie du Chemin de Fer djibouto-éthiopien prangt noch über dem Haupteingang. Und der Waggon, den der 1974 gestürzte Kaiser Haile Selassie I. benutzt hat, steht noch auf einem Nebengleis. Ein Wächter achtet darauf, dass er nicht besichtigt wird. 20 Jahre hatte es vor rund 100 Jahren gebraucht, um die 780 Kilometer lange Strecke zu bauen. 2008 wurde die Strecke, die bis dahin nur schlecht funktionierte, stillgelegt. Nun sind chinesische Ingenieure und Arbeiter dabei, die Linie zu modernisieren, um sie in wenigen Jahren wieder in Betrieb zu nehmen. Sie soll dann nach Kenia, Sudan und Südsudan verlängert werden. Zusätzlich sollen Autostraßen neben den Gleisen gebaut werden.

Auch in Kenia kommt allmählich Bewegung in den dringend erforderlichen Neubau der Uganda-Bahn, der Eisenbahnstrecke, die von Mombasa über Nairobi nach Kisumu am Victoriasee und Kampala, der Hauptstadt Ugandas, führt. Die britische Kolonialmacht baute die Linie Ende des 19. Jahrhunderts, sie war schon damals umstritten. Ihre Gegner im britischen Parlament nannten sie die *Lunatic Line*, die Strecke des Irrsinns. Zehntausende Arbeiter wurden meist zwangsweise in Indien rekrutiert. Tausende von ihnen starben, vor allem weil das Terrain schwierig und gebirgig ist. Von den Überlebenden blieben viele in Britisch-Ostafrika, bildeten in Uganda und Kenia einflussreiche Minderheiten und prägen unter anderem die Küche der Region bis heute. Viele Inder kamen vor allem durch Fleiß, Strebsamkeit und Handel zu Wohlstand, was ihnen den Argwohn der Afrikaner einbrachte. Viele von ihnen emigrierten nach der Unabhängigkeit von Kenia und Uganda, meist nach Großbritannien. Der Diktator Idi Amin befahl 1972 die Ausweisung aller Asiaten aus Uganda, ein Schlag, von dem sich das Land bis heute nicht erholt hat.

Wirtschaftlich war die Bahn ein Erfolg. Sie senkte die Transportkosten in Britisch-Ostafrika drastisch und erschloss das riesige Gebiet im Inneren des Kontinents. Entlang der Bahnlinie entstanden bedeutende Tee- und Kaffeeplantagen. Nairobi war 1899 ursprünglich nur als Depot entlang der Bahn angelegt worden. Doch rasch erkannten die Engländer, dass dort das Klima viel günstiger als in der tropischen, schwül-heißen Hafenstadt Mombasa war, und verlegten ihre Hauptstadt ins Landesinnere.

In den Jahrzehnten nach ihrer Fertigstellung wurde die Bahnlinie immer mehr vernachlässigt. Vor allem blieb sie eingleisig und konnte dadurch nicht das zunehmende Transportaufkommen bewältigen. Die Fahrtgeschwindigkeit ist oft nur gering, Entgleisungen kommen häufig vor.

Seit einigen Jahren werden die Bemühungen konkreter, die Linie neu zu bauen. Ein internationales Konsortium aus der deutschen Förderbank KfW, der niederländischen Entwicklungsbank FMO und ihrem belgischen Pendant Société belge d'Investissement pour les Pays en Développement (BIO), der zur Weltbank gehörenden International Finance Corporation und der Afrikanischen Entwicklungsbank hat im Jahr 2011 Finanzmittel von 287 Millionen Dollar für die Renovierung und Modernisierung der Linie freigegeben.[23]

Das Besondere an diesem Projekt ist: Der Neubau der traditionsreichen Strecke findet weitgehend unter afrikanischer Führung statt. Hier ging die Initiative nicht von der Entwicklungshilfe oder internationalen Geldgebern aus. Vielmehr übernahmen afrikanische Finanzinvestoren, erst aus Südafrika, dann aus Ägypten, Kenia und Uganda die führende Rolle.

2006 hatte die Gesellschaft Rift Valley Railways (RVR) die beiden Betreibergesellschaften der Bahnlinie in Kenia und Uganda übernommen, und damit ein Streckennetz von insgesamt gut 2500 Kilometern im Osten Afrikas. Die RVR wurde zunächst unter südafrikanischer Führung von der Sheltam Trade Close Corporation (STCC) geführt, mit Minderheitsbeteiligung für Investoren aus Kenia und

Tansania. Im März 2010 wurde nach einigen Turbulenzen in der Eigentümerstruktur die ägyptische Investmentgesellschaft Citadel Capital neuer Mehrheitseigner. Sie hält 51 Prozent der Anteile über ihre beiden Investmentvehikel Ambience Venture Limited und Ambience Rail Company Limited. Die private kenianische Investmentgesellschaft TransCentury Limited of Kenya, deren Aktien auch an der Börse Nairobi gelistet sind, hält 34 Prozent, und die private Investmentgesellschaft Bomi Holdings Limited of Uganda hält 15 Prozent der Anteile an der Kenia-Uganda-Bahn. 80 Millionen Dollar sollen neben der Finanzierung durch das internationale Konsortium über private Mittel gehoben werden.

Die neuen Eigentümer der RVR planen, mehr Verkehr auf die Schiene zu bringen und bei laufendem Betrieb die Strecke zu modernisieren. Für die Vermarktung der Bahn ist der Deutsche Tobias Heinemann als Chief Marketing and Commercial Manager zuständig.[24] Der 1971 geborene Jurist hatte zunächst eine steile Karriere bei der Deutschen Bahn gemacht und wurde 2007 Chef der Berliner S-Bahn. Allerdings wurde er im Sommer 2009 abgesetzt und wechselte im Herbst 2010 nach Nairobi.

Als ersten Erfolg kann die Gesellschaft verbuchen, dass sie im September 2012 wieder den Fährbetrieb auf dem Victoriasee eröffnen konnte. Jetzt lassen sich 22 vollbeladene Güterwaggons wieder über den See transportieren, nachdem der Fährbetrieb 2005 nach einem Schiffsunglück eingestellt werden musste.

Das wird in Zukunft noch häufiger zu sehen sein: dass wirtschaftlich erfolgreiche und prosperierende Projekte von Afrikanern selbst initiiert und getragen werden. Darauf werden sich auch deutsche Investoren und die heimische Industrie einstellen müssen.

In Kenia wird im Norden des Landes nahe der Insel Lamu ein neuer Hafen geplant. Er soll dazu dienen, Öl aus Südsudan an die Küste zu bringen, um es dort auf Tanker zu verschiffen. Der Hafen soll mit einer Eisenbahnlinie, Straßen und Ölpipelines erschlossen werden.

Deutsche Unternehmen zeigen bisher so gut wie kein Interesse an diesem Projekt. Dabei gibt es in Deutschland Unternehmen, die sich als Hafenbetreiber einen Namen gemacht haben oder mit dem Bau von Hafenkränen. In Deutschland gibt es Unternehmen, die auf Bahntechnik spezialisiert sind, auf den Straßenbau und vieles anderes. Zudem könnten deutsche Projektentwickler viel Gutes bewirken. Denn der Inselarchipel vor der Küste bietet eine einzigartige Natur, deren fragilem Gleichgewicht durch den Hafen die Zerstörung droht. Projektentwickler mit Erfahrung in diesem schwierigen Ausgleich zwischen wirtschaftlichen und ökologischen Interessen wären hier gefragt.

Jene vorsichtige Haltung deutscher Unternehmen ist insofern nachvollziehbar, als Infrastrukturentwicklung als Geschäft mit besonders hohen Risiken gilt. Viele dieser Projekte werden von Regierungen lanciert oder hängen stark von der Unterstützung und von Genehmigungen seitens der Regierungen ab. Unternehmen, die sich für Infrastruktur interessieren, sehen sich besonders in Schwellenländern einem hohen Risiko ausgesetzt, sich das Wohlwollen der öffentlichen Hand in diesen Ländern erkaufen zu müssen. International ist das Bewusstsein für diese Umstände öffentlicher Investitionen gewachsen. Institutionen wie Weltbank, International Finance Corporation oder auch die deutsche Förderbank KfW und ihre Tochtergesellschaften GIZ und DEG Invest achten sehr stark darauf, Korruption oder andere illegale Wirtschaftspraktiken nicht zu unterstützen. Schließlich geht es ja auch um ihre eigene Reputation. Ausschließen lässt sich dieses Risiko jedoch nicht völlig.

Auch die hohen Investitionssummen, die für viele Infrastrukturprojekte benötigt werden, bergen Risiken – wie ja auch bei Bauprojekten in Deutschland oder anderswo in der entwickelten Welt. Hierzulande werden Auseinandersetzungen zwischen dem Bauherrn und den Bauunternehmen oft genug ein Fall für die Gerichte. In afrikanischen Ländern, so die Befürchtung, ist dies kaum möglich, weil Rechtssicherheit in vielen Ländern nicht gegeben ist, die

Gerichte überlastet und die Richter für Wirtschaftsdelikte nicht profund genug ausgebildet sind. Zudem ist es in vielen Schwellenländern auch nicht immer klug, einen Geschäftspartner vor Gericht zu zerren. Oft sind andere Möglichkeiten zur Schlichtung von Konflikten besser anerkannt oder zielführender, weil diese traditionell und gesellschaftlich tiefer verankert sind als die oft von außen übergestülpten Rechtsnormen, die sich aus dem amerikanischen, dem französischen und manchmal auch aus dem deutschen Rechtsverständnis ableiten. Häufig lässt sich mehr erreichen, wenn die Betroffenen lokale Mediatoren suchen, beispielsweise einen dritten, neutralen Unternehmer oder gar eine religiöse Autorität.

Zwischen größeren Unternehmen gibt es zudem die Möglichkeit, internationale Schiedsstellen anzurufen wie die der Internationalen Handelskammer (ICC). Je mehr die afrikanische Wirtschaft in das internationale Handelsgeflecht eingebunden ist, desto weniger können sich die betroffenen Unternehmen oder Behörden internationalen Gepflogenheiten entziehen.

Es wäre nachvollziehbar, wenn die deutsche Wirtschaft nur jene Infrastrukturprojekte miede, die besonders groß sind und besonders hohe Risiken bergen. Doch sie ist auch in jenen Bereichen kaum präsent, die den Alltag betreffen und bei überschaubaren Gefahren Schritt für Schritt aufgebaut werden können.

Infrastruktur – das sind nicht nur Großprojekte wie Seehäfen, Eisenbahnlinien, Talsperren oder Flughäfen. Infrastruktur – das sind auch dringend benötigte Schulen, Krankenhäuser, Wasserversorgung, Universitäten, Anlagen zur Müllentsorgung. Hier ließen sich mit kalkulierbarem Risiko viele Projekte realisieren und finanzieren – Investitionsmöglichkeiten, die Unternehmen aus anderen Ländern schon längst wahrnehmen.

Wendel, die börsennotierte Beteiligungsgesellschaft der französischen Industriellenfamilie de Wendel, hat sich im Herbst 2012 über ihre Tochtergesellschaft Oranje-Nassau Développement an der IHS Holding beteiligt, einer afrikanischen Gesellschaft, die hauptsächlich in Westafrika Masten für Mobilfunkunternehmen betreibt.[25] Wendel investierte 125 Millionen Dollar und wurde so mit einem Anteil von mehr als 25 Prozent größter Einzelaktionär von IHS. Ende Juli 2013 investierte Wendel weitere rund 100 Millionen Dollar auf nun insgesamt 276 Millionen Dollar und baute sein Engagement auf 35 Prozent aus.[26] Dort befindet sich Wendel in illustrer Gesellschaft. Denn die International Finance Corporation der Weltbank, das amerikanische Beteiligungsunternehmen Emerging Capital Partners und die südafrikanische Investmentgesellschaft Investec Asset Management sind auch an IHS Holding beteiligt, die mit einem Unternehmen – IHS Nigeria – an der Börse Lagos notiert ist.

Das Unternehmen kaufte die Mobilfunkmasten des südafrikanischen Mobilfunkbetreibers MTN, als dieser Kapital für die weitere Expansion freisetzen wollte. IHS übernahm diese Masten, vermietete sie an MTN und nimmt dann weitere Betreiber auf diese Masten, beispielsweise Airtel und Orange. Die Pläne sind ehrgeizig. Zum Zeitpunkt des Wendel-Einstiegs im Herbst 2012 betrieb IHS rund 5700 Türme, von denen 3000 dem Unternehmen gehören. Die meisten stehen in Nigeria. Doch IHS kaufte von MTN weitere 1758 Masten in Elfenbeinküste und Kamerun. Im Sommer 2013 betrieb IHS schon mehr als 8500 Mobilfunkmasten in Afrika.[27]

Das Risiko hält das Wendel-Management für überschaubar. Die Mobilfunkgesellschaften, die IHS-Masten nutzen wollen, müssen dem Unternehmen regelmäßig Mietzahlungen überweisen. Zudem sind die meisten Mobilfunkgesellschaften international tätig und gehören global agierenden Konzernen. Das senkt das Risiko. Zudem sind diese ja unmittelbar auf Masten angewiesen, um ihr Geschäft zu betreiben. Auch die politischen Unwägbarkeiten schätzt Wendel als beherrschbar ein, da vielleicht einzelne Masten Ziel von Sabotageakten werden können, doch kaum das gesamte Netz von heute mehreren tausend Masten.

Mit Investitionen wie dieser bleibt die Familie de Wendel ihrer

Tradition als Unternehmer treu. Die Familie baute in Lothringen vom 18. Jahrhundert an Schmieden und später Hüttenwerke auf, sie dominierte im 19. Jahrhundert die Schwerindustrie in dieser Region. 1981 verlor die Familie mit der Verstaatlichung der französischen Stahlindustrie ihre Fabriken. Daraufhin wendete sich die Familie dem Beteiligungsgeschäft zu, und das mit Erfolg. Wendel erreichte zuletzt einen Umsatz von rund 6,7 Milliarden Euro und einen Gewinn von etwa 337 Millionen Euro. Dazu haben Beteiligungen am französischen Glaskonzern Saint-Gobain von gut 17 Prozent und am französischen Elektro- und Elektronikkonzern Legrand von rund 6 Prozent beigetragen. Über ihre Investmentgesellschaft bleibt die Familie ihrer unternehmerischen Tradition treu und unterstützt die Expansion zahlreicher Unternehmen in Frankreich – und nun auch zunehmend in Afrika.

Der Gang der Familie de Wendel aus der lothringischen Provinz nach Afrika hat gute Gründe: Die Weltwirtschaft ist einem Wandel unterworfen, wie er nur alle paar Jahrhunderte auftritt. Die Globalisierung ist dabei, die Handelsströme auf der Welt von Grund auf zu verändern. »Fast fünf Jahrhunderte lang haben die Europäer die weltweiten Seehandelsrouten beherrscht«, stellte die *Süddeutsche Zeitung* im Juli 2013 fest.[28] »Jetzt werden die weniger entwickelten Länder bedeutsamer.« Asien tausche mehr Waren mit Afrika aus, Afrika mehr mit Südamerika und Südamerika wiederum mehr mit Asien. »Die Weltwirtschaft ist erstmals seit den Seefahrern nicht mehr auf Europa zentriert«, heißt es in dem Bericht weiter. Der neue Warenverkehr auf dem Globus verlange auch nach neuer Infrastruktur, neuen Häfen, neuen Umschlagplätzen.

Die zehn größten Containerhäfen der Welt liegen laut *Süddeutscher Zeitung* bis auf Los Angeles (Rang 9) und Dubai (Rang 10) allesamt in Fernost. Der größte nach Umschlagvolumen ist, Stand 2012, Schanghai mit einem Volumen von 32,5 Milliarden Euro, gefolgt von Singapur, Hongkong, Shenzhen und einigen anderen chinesischen Häfen. Hamburg, der größte Containerhafen in Europa, folgt erst auf Rang 15 mit einem Umschlagvolumen von 8,9 Milliarden Euro. Das ist weniger als ein Drittel dessen, was der Hafen Schanghai umschlägt.

Die Globalisierung löst enorme Verschiebungen im Welthandel aus. Hinzu kommt, dass es fraglich wird, ob Deutschland angesichts der Überalterung seiner Gesellschaft seinen Rang als führende Exportnation auf Dauer halten kann. Auch wenn die führenden Industrienationen in den kommenden Jahren ihre Positionen im Welthandel verteidigen sollten, wird sich der Zuwachs spürbar abschwächen. Ihr Anteil ist schon von 80 Prozent im Jahr 2001 auf 60 Prozent im Jahr 2013 gesunken. Das wird sich auch auf den Handel mit Afrika auswirken. Bisher dominierten europäische Exporte den Handel mit Afrika. Für den Kontinent südlich des Mittelmeers ist der mächtige Nachbar im Norden immer noch der wichtigste Handelspartner mit einem Volumen von 205 Milliarden Dollar (Stand 2011).[29] Doch Asien ist mit 146 Milliarden Dollar an die zweite Stelle gerückt.

Auch wenn die Handelsrouten der Zukunft noch nicht endgültig feststehen, so ist doch klar, dass sie neu gezeichnet werden. Sie haben als festen Bezugspunkt Asien schon dazubekommen. Darüber hinaus werden Lateinamerika und Afrika in den internationalen Warenaustausch fest eingebunden werden.

Schon heute arbeitet die nigerianische Regierung sogar daran, in die Riege der Weltraumnationen aufzusteigen. 2001 hatte der damalige Präsident Olusegun Obasanjo die National Space Research and Development Agency (NASRDA) gegründet. Bisher hat die nigerianische Raumfahrtbehörde fünf Satelliten in den Weltraum gebracht. Nigeriasat-1 hieß der nigerianische Satellit, der von Russland aus 2003 in seine Umlaufbahn geschickt worden ist. Er diente vor allem wissenschaftlichen Zwecken und sollte beispielsweise Daten über Umweltveränderungen und die Ausbreitung der Sahara nach Süden sammeln.

Die Weltraumpläne der nigerianischen Regierung wären wohl in

Europa und in Nordamerika als utopisch abgetan worden. Hat der Hunger- und Katastrophenkontinent im Süden keine anderen Sorgen, als solche Prestigeprojekte zu verfolgen? Doch die afrikanischen Regierungen wollen auch in Hightech-Fragen nicht länger abhängig vom Norden sein. Deshalb ist es sinnvoll, wenn Afrika eigene Satelliten besitzt. Zudem stehen mit Russland und China Partner bereit, die nur zu gerne die Weltraumpläne Nigerias unterstützen. Auch dies zeigt, wie sich die Gewichte in der Weltwirtschaft verschieben.

Die ersten Satelliten gingen noch mit russischer Hilfe in den Weltraum. Doch schon die Kommunikationssatelliten Nig Com Sat-1 und Nig Com Sat-1R wurden 2007 und 2011 mit chinesischen Trägerraketen vom Xichang Satellite Launch Centre in China aus in den Weltraum geschickt. Nun arbeitet Nigerias Raumfahrtbehörde daran, den ersten nigerianischen Astronauten in den Weltraum zu schicken. Auch ein eigener Weltraumbahnhof, der sich auf Grund der Nähe zum Äquator anbietet, ist geplant. Er soll mit ukrainischer Unterstützung bis 2028 verwirklicht werden.

Die Infrastruktur in Afrika wird also in den kommenden Jahrzehnten vielfältiger und moderner. Es werden zeitgemäße Einrichtungen entstehen, und der Abstand zur entwickelten Welt wird sich verringern – und damit die Abhängigkeit Afrikas von den Industrienationen im Norden. Es ist am Ende eine einfache Rechnung: Der Welthandel wird sich dorthin verlagern, wo die Bevölkerung und damit die Nachfrage am höchsten sind. Das werden weder Europa noch Nordamerika oder China sein, wo die Bevölkerung in den kommenden Jahrzehnten schrumpfen wird. Die künftigen Zentren des Welthandels werden in Westafrika, in Ostafrika und im Nahen Osten entstehen.

Aus diesem Grund engagieren sich heute mehr und mehr internationale Unternehmen in Afrika. Sie kommen nicht nur aus China oder dem Fernen Osten. Es sind auch nicht nur die alten Kolonialmächte Großbritannien und Frankreich, die sich wirtschaftlich für Afrika interessieren – im Gegenteil, gerade die Kolonialgeschichte erweist sich häufig als Handicap, um Geschäfte in Afrika zu machen. Die Investoren kommen immer häufiger aus Ländern wie Brasilien oder Indien und Russland, neuerdings auch stärker aus den Vereinigten Staaten.

Nur die deutsche Wirtschaft ist in Afrika im Vergleich zu den anderen Regionen der Welt, in denen sie vertreten ist, stark unterrepräsentiert. Die Exportmacht Deutschland ist in Afrika noch ein Zwerg. Stellt sich die deutsche Wirtschaft nicht auf die neue Realität im Welthandel ein, wird sie an Bedeutung verlieren und in die Provinzialität gedrängt.

Eine Party ohne die Deutschen

9

Die kenianische Regierung plant in diesen Jahren große Projekte. Mombasa ist einer der wichtigsten Seehäfen an der afrikanischen Ostküste. Von hier wird nicht nur ein Großteil des kenianischen Außenhandels abgefertigt, sondern auch der Außenhandel von Uganda, Burundi, Ruanda, vom östlichen Teil der DR Kongo und ein Großteil der Exporte und Importe von Südsudan. Ungefähr 22 Millionen Tonnen werden Jahr für Jahr hier umgeschlagen. Der Hafen platzt aus allen Nähten und gilt als veraltet. Regelmäßig klagen die Spediteure über Ineffizienz und Korruption in diesem wichtigen Nadelöhr für die gesamte Wirtschaft in Ostafrika. Der Hafen Dar es Salam weiter im Süden in Tansania sorgt kaum für Entlastung. Dort können kaum mehr als fünf Millionen Tonnen jährlich umgeschlagen werden.

Deshalb soll ein neuer Hafen weiter im Norden die Lage entlang der afrikanischen Ostküste entscheidend verbessern. Er soll nicht nur Mombasa entlasten, sondern neben Uganda, Südsudan, Ruanda und Burundi auch dem Außenhandel Äthiopiens, einer besonders schnell wachsenden Wirtschaft, zugutekommen. In der Nähe der Insel Lamu plant die Regierung in Nairobi ein enormes Infrastrukturprojekt. Es besteht aus einem neuen Seehafen in Manda Bay, einem neuen Straßennetz, Ölpipelines, einer Ölraffinerie, Flughäfen und Eisenbahnlinien – sogar die Förderung des Tourismus ist mit eingebunden.

Seit 1975 ist dieses Projekt schon im Gespräch. Doch nun hat es bessere Chancen denn je, tatsächlich verwirklicht zu werden, seit es die Regierung in ihr Programm »Kenya's Vision 2030« aufgenommen hat und, mehr noch, seit Südsudan auf dieses Projekt angewiesen ist, um seine enormen Ölvorkommen exportieren zu können. Als Sudan und Südsudan noch ein Land waren, wurde das Öl durch Pipelines zum Roten Meer gepumpt. Jetzt sucht Afrikas jüngstes Land einen neuen Zugang zu den Weltmärkten, um sich vom ungleich größeren Nachbarn im Norden unabhängig zu machen. Vor allem chinesische Investoren pflegen die Beziehungen zu Südsudan, und wegen ihrer Interessen ist es wahrscheinlicher geworden, dass der sogenannte Lamu-Korridor nun auch verwirklicht wird.

Die geschätzten Kosten für dieses Projekt variieren stark. Mal ist von 16 Milliarden US-Dollar die Rede, mal von 22 Milliarden, dann von 29 Milliarden oder doch wieder nur von 24 Milliarden Dollar. Sie weichen stark voneinander ab, weil sich die Planungen schon so lange hinziehen, immer neue Varianten durchdacht werden und immer wieder neue Ideen ins Spiel gebracht werden, wie groß das Projekt werden soll. Für den neuen Hafen liegen die Schätzungen bei etwa 3,5 Milliarden Dollar. Allein die mehr als 1700 Kilometer lange Eisenbahnlinie von Südsudans Hauptstadt Juba an den Indischen Ozean dürfte rund sieben Milliarden US-Dollar kosten. Wie hoch die Rechnung am Ende tatsächlich ausfällt, hängt selbstverständlich auch davon ab, welche Einzelprojekte gebaut werden und wie groß diese am Ende ausfallen.

Nur eines ist gewiss: Der Lamu-Korridor wird eines der größten Infrastrukturprojekte in Afrika sein, für das sich fast alle großen Unternehmen der Welt interessieren. Nur die deutschen tun dies offenbar nicht. In Deutschland gibt es anerkannte Betreiber von Seehäfen, deren Aktien sogar an der Börse notiert sind, es gibt Hersteller von Hafenkränen und von Eisenbahntechnik, Spezialisten für den Bau von Straßen oder Brücken, Experten in der Elektrotechnik und international anerkannte Ingenieurbüros. Deutsche Unternehmen könnten in vielerlei Hinsicht zum Gelingen des Projekts beitragen, Geschäfte machen und wertvolle Geschäftsbeziehungen in Afrika knüpfen. Nur: Entweder sind die Bemühungen der deutschen Wirtschaft so diskret, dass davon nichts nach außen dringt, oder – wahrscheinlicher – es gibt sie gar nicht. Ein erster Teilauftrag für den Bau des Hafens Lamu über ein Volumen von 484 Millionen Dollar ging an ein chinesisches Unternehmen, die China Communications Construction Company.[1]

Das Engagement deutscher Unternehmen in Afrika ist erschreckend gering. Die große Aufschwungsparty auf unserem Nachbarkontinent im Süden findet weitgehend ohne die deutschen Unternehmen statt. Der deutsche Außenhandel mit Subsahara-Afrika liegt bei etwas mehr als 26 Milliarden Euro und fällt dabei kaum ins Gewicht angesichts der Waren und Dienstleistungen von mehr als 2000 Milliarden Euro, auf die Deutschland insgesamt im Handel mit dem Ausland kommt.[2] Der Anteil von Subsahara-Afrika liegt nach Informationen der deutschen Organisation zur Exportförderung Germany Trade & Invest bei 1,3 Prozent und somit in Bereichen, die kaum noch wahrgenommen werden können. Zwar wächst der deutsche Außenhandel derzeit auch nur moderat. Im Jahr 2012 lag das Plus bei 2,2 Prozent. Doch Geschäfte mit dem aufstrebenden Kontinent Afrika ziehen nicht die deutschen Ausfuhrüberschüsse nach oben – im Gegenteil, im Jahr 2012 beispielsweise ist der deutsche Außenhandel mit Afrika sogar um 3,1 Prozent gefallen.

Wichtigster deutscher Handelspartner in Afrika ist nach wie vor Südafrika, das Abnehmer von mehr als der Hälfte der deutschen Exporte nach Afrika ist. Dagegen macht Westafrika etwa die Hälfte der deutschen Importe aus Afrika aus. Hier fallen vor allem Rohstoffe – Kakao und Mineralöl beispielsweise – ins Gewicht.

»Europa muss aufpassen, dass es in Afrika nicht den Anschluss verpasst«, zitiert der Afrika-Verein der deutschen Wirtschaft in einer Mitteilung den ehemaligen Bundespräsidenten Horst Köhler.[3] Wahrscheinlich hat Köhler vor allem aus Höflichkeit von Europa und nicht ausdrücklich von Deutschland gesprochen. Denn nicht alle Unternehmen in Europa drohen den Anschluss in Afrika zu verpassen. Besonders Frankreich hat Unternehmen, die ihre Strategie sehr entschieden auf Afrika ausgerichtet haben.

Die CFAO-Gruppe beispielsweise ist der führende Importeur von Autos in Afrika, wo das Unternehmen in 33 Ländern vertreten ist – und nicht nur in französischsprachigen, sondern auch in Ländern wie Angola, wo Portugiesisch gesprochen wird, oder in Tansania, Kenia, Uganda oder Nigeria, in denen Englisch dominiert. Die Ursprünge der CFAO reichen bis ins Jahr 1845 zurück, als in Marseille die Etablissements Verminck gegründet wurden. Anfangs war das Unternehmen im Export französischer Waren in die Kolonien aktiv und im Import von typischen Produkten aus den Kolonien – dem Handel mit Erdnüssen, Kautschuk, Ölen, Kaffee, Leder, Kakao, Tabak, Alkohol und Seife. 1887 änderte das Unternehmen seinen Namen in CFAO und dehnte das Geschäft auf Industriegüter und andere verarbeitete Produkte aus. Schon 1913 begann die CFAO, Autos nach Afrika zu exportieren. Lange gehörte die Gruppe in den Einflussbereich des französischen Unternehmers François Pinault. Im Jahr 2012 ging die Mehrheit jedoch an die japanische Toyota Tsusho Corporation. Heute erzielt das Unternehmen einen Umsatz von rund 3,6 Milliarden Euro. Damit macht die in Deutschland weitgehend unbekannte CFAO allein schon rund 14 Prozent des gesamten deutschen Außenhandels mit Afrika aus.

Ein anderer bekannter französischer Unternehmer, Vincent Bolloré, ist ebenfalls stark in Afrika engagiert. Bolloré wurde auch außerhalb Frankreichs etwas bekannter, als sich der damals frisch gewählte französische Staatspräsident Nicolas Sarkozy im Jahr 2007 gemeinsam mit seinem Freund Bolloré auf dessen Luxusyacht vor der Küste Maltas von den Strapazen des Wahlkampfs erholte, derweil er der französischen Öffentlichkeit mitteilen ließ, er habe sich in ein Kloster zurückgezogen.

Über sein Unternehmen Bolloré Africa Logistics ist Bolloré nicht nur im Handel, sondern mehr im Betrieb von Containerterminals aktiv, beispielsweise im Seehafen von Abidjan in der Elfenbeinküste, von Freetown in Sierra Leone oder am Hafen von Lagos in Nigeria und vielen anderen afrikanischen Häfen. Aber auch fernab der Küste betreibt er Umschlagplätze und Güterverkehrszentren für den Containertransport, beispielsweise in Bangui, der Hauptstadt der Zentralafrikanischen Republik. 25 000 Angestellte zählt Bolloré Africa Logistics und kommt auf einen Umsatz von etwa 2,5 Milliarden Euro jährlich.

Damit machen allein die beiden französischen Unternehmen CFAO und Bolloré Africa Logistics zusammen knapp ein Fünftel des deutschen Außenhandels mit Afrika aus.

Seehäfen, Containerterminals, das klingt zunächst langweilig. Doch Bolloré hat seine Engagements in Afrika systematisch und strategisch aufgebaut. »Afrika ist wie eine Insel, mit der Welt verbunden über die Meere«, zitiert der französische Journalist Thomas Deltombe einen ungenannten ehemaligen Mitarbeiter Bollorés.[4] »Wer also die Kontrolle über die Hafenkräne hat, kontrolliert den Kontinent.«

Dabei ist Bolloré Africa Logistics nur ein kleiner Teil im Reich des Vincent Bolloré, das insgesamt auf ein jährliches Kampfgewicht von mehr als 10 Milliarden Euro Umsatz kommt. Darüber hinaus bewirtschaftet die Bolloré-Gruppe riesige Palmöl- und Kautschukplantagen in Afrika. Zudem ist Bolloré über seine Unternehmen Havas, SFP und diverse Beteiligungen in Afrika auch im Werbe-, Kommunikations-, Medien- und Fernsehgeschäft aktiv. Zudem gehören ihm Eisenbahngesellschaften, etwa die Sitarail, die Burkina Faso und die Elfenbeinküste miteinander verbindet, oder die Camrail, die Eisenbahngesellschaft von Kamerun.[5]

Vieles dreht sich bei Bollorés Afrika-Engagement um Logistik. So ist er auch im Transport für die Ölindustrie, den Bergbau und einige Energieunternehmen tätig, für den Ölkonzern Total in Angola, Kamerun und Kongo, für den französischen Atomkonzern Areva in Niger oder für ein Kraftwerk in Ghana. Doch aufgrund der desolaten Infrastruktur ist Logistik eine Schlüsselindustrie. Den Vorteil, hier stark zu sein, nutzt Bolloré immer mehr, um neue Geschäftsfelder aufzubauen. So plant er nun mit der französischen Supermarktkette Casino den Aufbau einer Discountkette in Afrika, Cdiscount.[6] Casino betreibt schon Supermärkte in Marokko und Tunesien und strebt nun weiter in den Süden. So fügen französische Unternehmen ihre Stärken zusammen, um in Afrika zu reüssieren.

Weniger umstritten, weil weniger nah an den Schaltstellen der afrikanischen Politik, ist das Afrika-Engagement des französischen Nahrungsmittelkonzerns Danone. Mit einem Umsatz von gut 21 Milliarden Euro zählt er zu den weltgrößten Vertretern seiner Branche überhaupt. Deutschen Verbrauchern ist das Unternehmen bestens aus den Kühlregalen der Supermärkte dank Marken wie Actimel, Fruchtzwerge oder Activia bekannt. Auch die Wassermarken Evian und Volvic gehören zu Danone genauso wie die Babynahrungshersteller Milupa, Nutricia und Blédina.

In 35 afrikanischen Ländern ist Danone präsent. Damit zählt der Konzern zu jenen französischen Unternehmen, denen es gelungen ist, über das französischsprachige Afrika hinaus zu wachsen. Auch in Kenia, Ägypten und in Südafrika zählt Danone zu den führenden Anbietern von Milchprodukten und Babynahrung. Diese Präsenz ist mit einer logistischen Meisterleistung verbunden. Auf einem Kontinent, auf dem Stromausfälle zum Alltag gehören, ist es nicht gerade leicht, eine lückenlose Kühlkette für Milchfrischprodukte zu garantieren. Nachdem dies geschafft ist, laufen die Geschäfte von Danone bestens in Afrika: 22 Prozent Wachstum im Geschäft mit Babynahrung verzeichnet der Konzern auf dem Kontinent[7] – denn auch afrikanische Mütter scheuen keine Ausgaben für das Wohl ihrer Kleinsten, sobald sie es sich leisten können. Babynahrung von Markenherstellern steht weit oben auf der Wunschliste der wachsenden Mittelschicht in Afrika.

Danone, Bolloré, CFAO – nur drei Vertreter einer breiten Bewegung in der französischen Unternehmenslandschaft. Insgesamt 62 000 Unternehmen machen auf dem Kontinent Geschäfte, schätzt der französische Unternehmerverband Medef. Es sind große wie kleine dabei. Und sie reüssieren in unerwarteten Branchen. So erzielt der elsässische Hersteller von Brotbackmaschinen Mécatherm 2 bis 3 Millionen Euro Umsatz auf dem afrikanischen Kontinent. Wer würde schon damit rechnen, dass sich Afrikaner für Backfertigwaren interessieren? Der Erfolg von Mécatherm zeigt, wie sehr Wahrnehmung und Realität beim Thema Afrika auseinanderliegen. Millionen Afrikaner interessieren sich eben sehr wohl für frisch aufgebackene Backwaren, sobald sie es sich leisten können – und sie werden täglich mehr.

Der Anlagenbauer Vergnet setzte sich gegen deutsche Konkurrenten in Äthiopien bei einem Windparkprojekt mit einem Investitionsvolumen von 210 Millionen Euro durch. 120 Megawatt Leistung soll dieser Windpark einmal haben. Afrika wartet eben nicht darauf, bis die deutschen Unternehmen aus dem Sektor erneuerbarer Energien sich nach Afrika aufraffen. Liegt es dabei nicht nahe, dass Afrika als Standort für Solar- oder Windkraftwerke mindestens genauso geeignet ist wie das Sauerland oder die Mark Brandenburg? Vielleicht hätte das eine oder andere Unternehmen aus dieser Branche überlebt, wenn es rechtzeitig in Afrika investiert hätte.

Frankreich ist nach wie vor einer der größten Investoren in Afrika, fast gleichauf mit dem Spitzenreiter USA. Dabei ist die koloniale Vergangenheit nicht so sehr ein Vorteil, wie manche Unternehmer in Deutschland denken mögen. Nicht in allen Ländern haben die Franzosen gute Erinnerungen hinterlassen. Vor allem in der Zeit nach der großen Unabhängigkeitswelle in Afrika Ende der 1950er und Anfang der 1960er Jahre ist Paris bis in die 1990er Jahre hinein immer wieder Potentaten beigestanden, die es nicht verdient hatten, gestützt zu werden. Ein weiterer Nachteil ist, dass Frankreich als Kolonialmacht in vielen Ländern präsent war, die heute eher zu den wirtschaftlich schwächeren Staaten zählen: In Ländern wie Mali, Burkina Faso, Tschad, Niger oder auch der Zentralafrikanischen Republik ist von der wirtschaftlichen Aufbruchstimmung, die den Kontinent erfasst hat, bisher wenig zu spüren. In der Folge sind die französischen Unternehmen in den vergangenen Jahren in Afrika zurückgefallen, was Marktanteile und Präsenz angeht.

Deshalb hat die französische Regierung im Dezember 2013 eine Afrika-Strategie beschlossen, die konkreter und ambitionierter als alle Afrika-Konzepte ist, die bisher aus der deutschen Regierung kamen. Dem ging ein detaillierter Bericht über die künftige Afrika-Strategie voraus, die – konkreter als das Afrika-Konzept der Bundesregierung – einen präzisen Aktionsplan mit zehn Prioritäten und 70 konkreten Maßnahmen enthält.[8]

Darüber hinaus hält der französische Staatspräsident, gleich wie sein Name jeweils sein mag, regelmäßige Gipfeltreffen mit den Staatschefs des frankophonen Afrikas ab. Diese werden zunehmend an wirtschaftlichen Interessen ausgerichtet. Außerdem sieht sie vor, die französische Präsenz gezielt in den englischsprachigen Ländern Afrikas auszubauen. »Frankreich muss sich auf jene Länder stützen, die funktionieren, in erster Linie Südafrika, Nigeria, Ghana und Äthiopien«, zitierte die französische Zeitung *Le Monde* einen ungenannten Diplomaten.[9] Wenige Monate später reiste Frankreichs Staatspräsident François Hollande auch gleich nach Nigeria, um dort bei Präsident Goodluck Jonathan gute Stimmung für Unternehmen aus seinem Land zu machen.

Die deutsche Wirtschaft wenigstens leidet nicht unter dem Problem, dass sie in Afrika in den falschen Ländern engagiert wäre. Sie ist dort so gut wie gar nicht präsent, in den wirtschaftlich schwachen genauso wenig wie in den aufstrebenden. Dabei finden sich durchaus schon Unternehmen, die in Afrika aktiv sind. Der schwäbische Autohersteller Daimler betreibt in Südafrika ein Montagewerk in der Küstenstadt East London. Dort wird die C-Klasse für die Rechtslenkermärkte montiert sowie Wagen für den amerikanischen Markt. Seit 1948 besteht dort das Werk, das heute immerhin mehr als 2500 Angestellte beschäftigt und 60 000 Fahrzeuge jährlich montiert. Konkurrent BMW betreibt ebenfalls in Südafrika ein Montagewerk, in Rosslyn, einem Vorort von Pretoria. Das ist allerdings mit rund 1000 Beschäftigten deutlich kleiner. Volkswagen betreibt seit 1946 die immer noch größte deutsche Investition in Südafrika. Dort rollte am 31. August 1951 der erste VW Käfer für den afrikanischen Markt vom Band. Erst 1979 wurde die Produktion eingestellt. Heute produzieren die etwa 6000 Beschäftigten im Werk Uitenhage, etwa 35 Kilometer von Port Elizabeth entfernt, die Modelle Golf, Beetle, Jetta und Polo.

Abgesehen von den Montagewerken der deutschen Autohersteller finden sich in Afrika so gut wie keine deutschen Fertigungsstätten. Dabei ist Südafrika das bedeutendste Ziel deutscher Investitionen. Allerdings investieren die wenigsten deutschen Unternehmen in Afrika, um dort zu produzieren. Der Hamburger Kosmetikkonzern Beiersdorf unterhält immerhin eine Produktion in Kenia, die auch dazu beiträgt, dass Cremes der Marke Nivea in Ostafrika begehrte Produkte der aufstrebenden Mittelschicht sind. Doch aus dieser Einzelaktivität hat sich bisher keine beherzte Afrika-Strategie entwickelt. Ein Posten in Kenia gilt intern als Station, auf der junge Führungskräfte zeigen können, was in ihnen steckt – mehr nicht.

Eine Ausnahme ist der Unternehmer Bruno Steinhoff. Er ist Möbelfabrikant in Westerstede, einem kleinen Städtchen im Ammerland, etwa 30 Kilometer nordwestlich von Oldenburg, hart an der Grenze zu Ostfriesland gelegen. Er gründete eines der erfolgreichsten Möbelunternehmen Deutschlands und besitzt noch sein großes Zentrum direkt an der Autobahnausfahrt Westerstede an der A28. Doch darüber hinaus baute er in Südafrika eines der größten und erfolgreichsten Unternehmen des Kontinents auf.

1964 machte sich Bruno Steinhoff selbstständig und begann, hinter dem Eisernen Vorhang im damals kommunistischen Osteuropa Möbel für die westeuropäischen Märkte bauen zu lassen. Das galt damals in bestimmten Kreisen als politisch nicht korrekt und war auf jeden Fall neu. Nach dem Fall der Mauer 1989 begann er zunächst auch, in den neuen Bundesländern sowie in Ungarn, Polen und der Ukraine Fertigungskapazitäten aufzubauen. 1994 gründete er zusammen mit Gomma Gomma Holdings ein Joint-Venture in Südafrika. Unterstützt von seinem Freund Claas Daun, Gründer und Eigner von Daun & Cie, baute Steinhoff seine Engagements in Südafrika aus und konsolidierte schließlich im Jahr 1998 seine deutschen, europäischen und afrikanischen Einheiten komplett in der Steinhoff International Holdings Limited. Am 23. September 1998 wurde die Steinhoff-Aktie erstmals an der Börse Johannesburg gehandelt. Mit einem Jahresumsatz von umgerechnet rund 4,6 Milliarden Euro, einem Gewinn von 306 Millionen Euro und einem Börsenwert von 7,3 Milliarden Euro ist Steinhoff eines der erfolgreichsten Unternehmen an der Börse Johannesburg. Heute ist Steinhoff International nicht nur in Südafrika aktiv, sondern im gesamten südlichen Afrika, selbst im krisengeschüttelten Simbabwe. Daun und Steinhoff sind beide noch Mitglieder im Board des Unternehmens, auch wenn Steinhoff die operative Führung abgegeben hat.

Steinhoffs Partner Claas Daun ist selbst sehr erfolgreich als Unternehmer und Investor in Afrika tätig. Er stammt aus Rastede, das wenige Kilometer von Westerstede entfernt ebenfalls im Ammerland liegt. Hier hielten sich die Großherzöge des Hauses Oldenburg ihre Residenz. Auch heute noch ist die Anlage mit ihrem großzügigen Schlosspark im Familienbesitz. Von der Öffentlichkeit weitgehend unbemerkt, baute Daun im Laufe der Jahre das größte Textilunternehmen Deutschlands auf. Allein seine Handelskette NKD kam auf einen Umsatz von rund 600 Millionen Euro im Jahr. Ende 2013 trennte er sich jedoch von dieser Beteiligung, nachdem die Billigkette durch schwierige Zeiten gegangen war. Ein Großteil von Dauns

Geschäften liegt ohnehin im Bereich technischer Textilien. So gehört der Daun & Cie AG beispielsweise die Lauffenmühle im Süden Baden-Württembergs, die Proflax Textilmanufaktur in Tübingen oder der Wäschehersteller Damino in Großschönau bei Zittau.

Einen Teil seiner Beteiligungen hat Daun in der KAP Beteiligungs-AG mit Sitz in Fulda gebündelt, deren Aktien an den Börsen Frankfurt am Main, Stuttgart, Düsseldorf und Berlin gehandelt werden. Er investiert immer gerne dann in ein Unternehmen, wenn es tief in einer Krise steckt und die meisten den Betrieb verloren geben. Dann wechselt er in der Regel die Unternehmensführung aus, baut überflüssige Arbeitsplätze ab und saniert den Betrieb von Grund auf. »Wenn alle weglaufen, dann komme ich«, sagte er einmal. »Was andere als Verlustmasse ansehen, ist für mich gewaltiges Potenzial.«[10] Das geht nicht immer gut. Manchmal gehen auch Dauns Investments in die Insolvenz.

Das sind die Geschäfte in Deutschland. Dauns große Liebe gilt jedoch Südafrika und seinen Investitionen dort. »Wenn ich in Johannesburg ankomme, fühle ich mich zu Hause«, vertraute er einmal einem Reporter an.[11] Seinen Wohnsitz in Südafrika hat er jedoch in Kapstadt, vielleicht weil die See dort ähnlich rau ist wie vor den Ostfriesischen Inseln. Ein Problem, das europäische Unternehmer davon abhalte, in Afrika zu investieren, sei das Fehlen eines gewachsenen Mittelstands. »Aber es ist ja nicht so, dass keiner käme«, fügte Daun an. »Im Gegenteil: ich habe meinen Geschäftsfreund Bruno Steinhoff nach Südafrika geholt.« Dass er sein Südafrikageschäft zuletzt reduziert habe, sei kein Rückzug, er begründete dies vielmehr mit seinem Alter. Daun ist Jahrgang 1943.

Früh hatte Daun begonnen, seine Beteiligungen im Textilbereich nach Südafrika zu diversifizieren. Er investierte in Goldminen, beispielsweise in die East Rand Proprietary Mine am Stadtrand von Johannesburg. Er war damit der erste Deutsche, dem in Südafrika eine Goldmine gehörte. »Alle haben mich für verrückt gehalten, und genau das hat mich gereizt«, erzählt er.[12] Auf der ganzen Welt rauchen Launs Schornsteine, in Portugal genauso wie in Indien, China und den USA. »Aber Südafrika ist mein Schwerpunktland«, sagt Daun.[13] »Hier verstehe ich die Sprache, hier scheint die Sonne, und die Gewerkschaften sind noch nicht so wie in Deutschland.« Immerhin bringt er es auf rund 20 000 Beschäftigte in Südafrika.

Herzstück seiner Aktivitäten im Süden ist die KAP Industrial Holdings, deren Aktien an der Börse Johannesburg notiert sind. Diese haben sich in den vergangenen Jahren spürbar besser als die Aktien der KAP Beteiligung in Deutschland entwickelt. Im Juli 2003 hatte Daun die Kolosus übernommen, ein Unternehmen, das schon an der Börse Johannesburg notiert war und das er erst in KAP International und dann in KAP Industrial umbenannte. Um diese Akquisition herum baute er seine Industriebeteiligungen am Kap der Guten Hoffnung auf, die sich heute auf einen Wert von umgerechnet rund einer Milliarde Euro beziffern.

Die KAP Industrials ist im Management komplexer Lieferketten aktiv, betreibt Busunternehmen und Holzwirtschaft, ist im Autozuliefergeschäft tätig, in der Schuhfabrikation, in der Kunststoffproduktion, im Textilbereich und im Möbelgeschäft, beispielsweise in der Herstellung von Matratzen. Auf einen Umsatz von umgerechnet rund 580 Millionen Euro kam die KAP Industrials Ende 2013 und einen Betriebsgewinn von etwa 48 Millionen Euro. Damit zeigt Daun, dass sich in Afrika Geschäfte erfolgreich betreiben lassen – wie auf jedem anderen Teil des Erdballs auch.

Nur wenige Unternehmer sind den beiden Ammerländern Steinhoff und Daun gefolgt. Weitere Mittelständler finden sich kaum. Und selbst unter den großen Multis der deutschen Wirtschaft ist die Zurückhaltung groß. Zu den wenigen deutschen Konzernen mit dezidierter Afrika-Strategie zählt der Münchner Elektronikkonzern Siemens. Vor mehr als 150 Jahren schon hatte Siemens die Siemens East Africa Limited in Nairobi gegründet. Die lange Tradition hat Siemens bisher kaum zu nutzen gewusst. Immerhin scheint der Vorstand erkannt zu haben, dass er beginnen muss, das Versäumte nachzuholen. In Südafrika hat der Konzern auch seinen CEO Africa Siegmar Proebstl installiert, den ich 2012 am Rande einer Afrika-Konferenz in Frankfurt am Main gesprochen habe. Siemens wolle vor allem von der Urbanisierung auf dem Kontinent profitieren, sagt Proebstl mir im Gespräch. Dazu brauche der Kontinent Eisenbahnen, einen öffentlichen Nahverkehr, Kraftwerke und vieles mehr, was Siemens herstellen könne.[14] In 36 der offiziell 54 afrikanischen Länder ist Siemens heute vertreten.

Siemens, lange durch die quälende Korruptionsaffäre und Streitigkeiten in der Führungsetage gelähmt, liegt allerdings klar hinter seinen beiden Erzrivalen Alstom aus Frankreich und ABB zurück. 4500 seiner weltweit 130 000 Beschäftigten stehen in Afrika auf dem Lohnzettel von ABB. Von einer solchen Präsenz sind deutsche Konzerne in der Regel weit entfernt.

Auch der Chemiekonzern Bayer nimmt sich Afrika nun systematisch vor. Denn Bayer, besonders die Einheit CropScience, stellt genau das her, was der afrikanische Kontinent dringend braucht: Dünger, Saatgut und Pflanzenschutz. Bisher verharrte die afrikanische Landwirtschaft zum großen Teil auf Subsistenzniveau – Afrikas Farmer haben nur das angebaut, was sie und ihre Familien zum Überleben brauchten. Doch mit der Verstädterung des Kontinents und der wachsenden Bevölkerung muss die Menge an produzierten Nahrungsmitteln gesteigert werden. Deshalb setzt Bayer nun rund 200 Führungskräfte gezielt auf den afrikanischen Markt an.

Die wenigen deutschen Erfolgsgeschichten in Afrika sind denn auch rasch aufgezählt. Die Bauer-Gruppe, die ihren Sitz in der oberbayerischen Gemeinde Schrobenhausen aufgeschlagen hat, zählt mit Sicherheit zu ihnen. Das Familienunternehmen sieht sich führend im Spezialtiefbau und in der Herstellung von Maschinen, beispielsweise für die Rohstoffindustrie. Das Unternehmen ist auf der ganzen Welt tätig, in Saudi-Arabien genauso wie in China oder eben auch in Afrika. Auch einige Ingenieursunternehmen wie Gauff oder Lahmeyer International haben ein starkes Afrika-Geschäft entwickelt.

Beispiele wie Bayer oder Siemens zeigen, dass Bewegung in die deutsche Wirtschaft kommt. Doch die Investitionen der deutschen Autokonzerne oder von Möbelunternehmer Steinhoff haben keinen Nachahmeffekt ausgelöst. *Interesse der deutschen Wirtschaft an Afrika wächst,* lautete im August 2013 eine Schlagzeile im *Handelsblatt.*[15] Und auch andere Presseorgane trommeln regelmäßig für Engagements auf dem Kontinent. *Warum Afrika interessant für deutsche Firmen wird,* lautete am selben Tag die Überschrift in der Tageszeitung *Die Welt.*

Auch der Afrika-Verein der deutschen Wirtschaft – der Verband der deutschen Unternehmen, die sich für Afrika interessieren – macht regelmäßig Werbung für Investitionen in Afrika oder wenigstens für verstärkte Exportbemühungen. *Wachstumsmarkt Afrika – Chancen für die deutsche Wirtschaft nutzen* ist ein Positionspapier des Afrika-Vereins überschrieben. Dieser meldet auch regelmäßig Verbesserungen, größeres Interesse und stärkeren Zulauf zu seinen Veranstaltungen.

In der Tat: Auch wenn sich die genannten Fortschritte im mikroskopischen Bereich bewegen, allmählich tut sich etwas: Angestoßen vom Boom auf den afrikanischen Aktienmärkten und im Private-Equity-Bereich hat sich eine Schar deutscher Finanzinvestoren aufgemacht, deutsche Anleger nach Afrika zu locken. Die meisten dieser Engagements gehen nicht auf und scheitern. So ging im Jahr 2012 Pearl Gold, eine Beteiligungsgesellschaft, an die Frankfurter Börse, die als einzigen Wert eine Beteiligung an einer Goldmine in Mali hielt. Der Aktienkurs stürzte binnen kurzem auf ein Zehntel seines ursprünglichen Werts.

Ein anderes Unternehmen namens Acazis investierte in ein riesiges Agrarprojekt in Äthiopien. Auf einer Fläche von sage und schreibe 56 000 Hektar will das Unternehmen Pflanzenöl auf Basis von Rizinus und Erdnuss anbauen und verarbeiten. Das Land, das dieses Unternehmen kaufte, war ursprünglich ein Militärgelände der israelischen Armee, das die äthiopische Regierung dann an die ausländischen Investoren verpachtete, weil in Äthiopien alles Land dem Staat gehört. Investoren können Landnutzungsrechte kaufen, die einem Eigentumstitel recht nahe kommen. Erst emittierte Acazis im Februar 2007 seine Aktien im Freiverkehr an der Börse Frankfurt. Diese wurden dann nach Jahren von Kursverlusten im Juni 2013 vom Handel zurückgezogen. Die Acazis-Aktie war für die meisten Anleger kein gutes Geschäft. Dann versuchte es das Unternehmen mit Fremdkapital und emittierte im Herbst 2012 eine Anleihe über 5 Millionen Euro mit einem Kupon von 7 Prozent.

Mit relativ großem Lärm ging im Oktober 2012 das Finanzkonglomerat Angermayer, Brumm & Lange in Frankfurt am Main zu Bruch. Die ABL-Gruppe, wie sich das Geflecht um den jungen Unternehmerstar Christian Angermayer nannte, investierte in alles, was in den Jahren nach dem Jahrtausendwechsel schick war: in mittelständische Betriebe, Windkraft, Solarenergie – und in Afrika. Mehr als 40 Gesellschaften hatte Angermayer im Laufe der dreizehnjährigen Geschichte der ABL-Gruppe zusammengetragen, darunter die Investmentbank Silvia Quandt & Cie, den Finanzvertrieb Jung, DMS & Cie, den Vermögensverwalter Altira mit der Beteiligungsgesellschaft Heliad und eine Beteiligung an der African Development Corporation (ADC), ebenfalls eine Gründung Angermayers, die auf Bankbeteiligungen in Afrika spezialisiert ist und deren Aktien an der Börse Frankfurt notiert sind. Immerhin, die ADC erwies sich noch als eines der soliden Bestandteile im zerfallenen Reich des Christian Angermayer. Sie überstand den Zusammenbruch relativ gut und baute seither ihre Beteiligungen an afrikanischen Banken sogar noch aus. Im April 2014 gab ADC bekannt, dass Bob Diamond, der ehemalige Vorstandsvorsitzende der britischen Bank Barclays, über sein Investmentvehikel Atlas Mara Co-Nvest die ADC übernehmen will.[16] Das ist eine klare Bestätigung für die Aufbauarbeit, die ADC in den vergangenen Jahren geleistet hat.

Erfolgsgeschichten wie die von ADC sind für deutsche Anleger bisher die Ausnahme geblieben. Den Initiatoren von vielen Anlagemodellen in Afrika geht es meist nicht darum, ein solides Geschäft dort aufzubauen und zum Aufschwung auf dem Kontinent beizutragen. Sie wollen vor allem schnelles Geld verdienen. Dabei ist ihnen keine Branche fremd. Sie investieren in den Agrarsektor, in Windkrafträder oder in Solarkraftwerke. Gemeinsam ist den Initiatoren dieser Anlagemodelle, dass sie in der Regel wenig über Afrika wissen und zum Teil noch nie dorthin gereist sind. Meist haben sie zuvor bei Investmentbanken, Wertpapierhändlern oder sonst irgendwo im Umfeld des Finanzgeschäfts als Vertriebsprofi, Aktienhändler, Steuerberater, Anwalt oder Wertpapieranalyst gearbeitet.

Für Anleger und die Initiatoren dieser Investmentprojekte problematisch ist in erster Linie, dass sie kaum Möglichkeiten haben, sich selbst ein Urteil über die tatsächliche Werthaltigkeit dieser Investments zu bilden. Selbst wenn sie die Mühen einer Reise in die afrikanische Provinz auf sich nähmen, fehlt diesen Finanzhaien oft die Afrikakenntnis, um die Beteiligungen und Projekte, die sie betreiben, wirklich beurteilen zu können. Das macht viele dieser Geldanlagen aus Perspektive der Anleger zu einem riskanten Glücksspiel.

Auch Großkonzerne und Großprojekte sind nicht vor einem Scheitern gefeit. Ein Beispiel ist Desertec. Auf Initiative des deutschen Ablegers des Club of Rome entstand das Projekt, die Sahara zur Erzeugung von Ökostrom auf Basis von Wind und Sonne zu nutzen. Träger der Idee war die Desertec Foundation, eine im Jahr 2009 gegründete Stiftung. Die Deutsche Gesellschaft des Club of Rome, der sie nahesteht, versteht sich als globales Forum, um Gedanken über die großen Herausforderungen, vor denen die Menschheit steht, auszutauschen. Mit seinem 1972 veröffentlichten Bericht *Die Grenzen des Wachstums*,[17] in dem der Club of Rome eine Abkehr von der Fixierung auf Wirtschaftswachstum forderte, erlangte diese Plattform internationale Geltung. Dem Wüstenstromprojekt lag die Idee zugrunde, dass die Sahara klimaneutral und umweltschonend

Energie im Überfluss erzeugen könnte. Würde nur ein Tausendstel der Wüstenfläche der Erde mit Solarzellen bedeckt, ließe sich mit dem daraus erzeugten Strom der Energiebedarf der gesamten Menschheit decken – so sahen zumindest die theoretischen Gedankenspiele aus.[18]

Es gelang den Initiatoren, eine Reihe deutscher Unternehmen wie Münchener Rück, Deutsche Bank, den Glaskonzern Schott und später auch europäische Unternehmen von dieser Idee zu überzeugen und sie zur Unterstützung dieses Projekts zu bewegen. Im Oktober 2009 kam es zur Gründung der Dii GmbH, der Desertec Industrie-Initiative. Dieser schlossen sich anfangs die Münchener Rück, die Deutsche Bank, die HSH Nordbank und die Industrieunternehmen ABB, RWE, Schott Solar, Eon, M+W, das spanische Solarunternehmen Abengoa Solar und der algerische Nahrungsmittelhersteller Cevital an. Später gehörten der Dii etwa 20 Unternehmen und einige assoziierte Partner an.

Ursprünglich war die Idee, den Strom aus der Wüste in großen Gleichstromleitungen über Spanien oder Italien nach Europa zu transportieren und so den Norden mit sauberem Ökostrom aus der Sahara zu versorgen. Ein Stromverbund über das Mittelmeer hinweg könnte es Europa ermöglichen, bis zu 20 Prozent seines Strombedarfs aus dem Nahen Osten und Nordafrika zu importieren und 33 Milliarden Euro jährlich zu sparen, warb das Industriekonsortium Dii für das Projekt.[19] Der Stromexport bringe den beteiligten Sonnen- und Windstaaten Erlöse von jährlich bis zu 63 Milliarden Euro, verspricht die Industrie im Norden.

Bald zeigte sich allerdings, dass der Energiebedarf allein in den nordafrikanischen Ländern von Marokko über Tunesien bis nach Ägypten so groß ist, dass diese selbst ein großes Interesse daran haben, den Wüstenstrom für ihren eigenen Bedarf zu nutzen. Das stellte das Projekt jedoch vor große Finanzierungsschwierigkeiten. Denn in den meisten afrikanischen Ländern sind Öl und Erdgas so stark subventioniert, dass sich Ökostrom aus der Sahara kaum zu konkurrenzfähigen Preisen dort anbieten lässt. Zudem basierten die Kalkulationen auf den wesentlich höheren Einspeisepreisen für erneuerbare Energien in das europäische Energienetz.

Der Arabische Frühling, ausgebrochen im Jahr 2011, verschärfte die Schwierigkeiten. Denn Desertec sah eine Vernetzung der Energiesysteme in ganz Nordafrika und mittelmeerüberschreitend in Europa vor. Das setzte einen starken und gleichgerichteten politischen Willen in allen beteiligten Ländern voraus. Dies wurde jedoch angesichts der politischen Umwälzungen immer schwieriger, zumal Algerien und Libyen angesichts ihrer hohen Vorkommen an Erdgas und Erdöl ohnehin noch nie ein allzu großes Interesse an diesem Projekt gezeigt hatten.

Am stärksten wurde die Idee des Ökostroms in Marokko aufgenommen, das als wahrscheinlich erstes afrikanisches Land ein Energieeinspeisegesetz beschlossen hatte, das verlässliche Preise für die Einspeisung von Ökostrom in das nationale Stromnetz schuf. Zudem verabschiedete die Regierung einen großangelegten Plan zur systematischen Nutzung von Sonne und von Wind zur Stromerzeugung. Denn Marokkos Energieversorgung basiert bisher auf Kohle, Öl und Erdgas, die zu 95 Prozent importiert werden müssen. In der Nähe von Ouarzazate, einer kleinen Stadt in den Bergen im Süden des Landes, entsteht seit 2012 der bis dahin größte Solarpark der Welt, der bis 2017 in drei Blöcken eine Leistung von 500 Megawatt Strom erzeugen soll. Im Jahr 2020 sollen es gar 2000 Megawatt sein. Rund 700 Millionen Euro kostet die Investition, die die Europäische Kommission, die Europäische Investitionsbank (EIB), die französische Entwicklungsagentur AFD, die Afrikanischen Entwicklungsbank und die Weltbank aufbringen. Den größten Teil übernimmt mit 115 Millionen Euro die KfW, die Förderbank der deutschen Bundesregierung.

Der Sonnenpark in Ouarzazate basiert – wie alle im Rahmen von Desertec vorgesehenen Solarkraftwerke – nicht auf den in Deutschland üblichen Solarpanels, die nur tagsüber Strom produzieren können, sondern auf der Solarthermie-Technik. Dabei erhitzt die Sonnenstrahlung zunächst ein Trägermedium, zum Beispiel synthetisches Öl. Dieses kann dann zur Stromerzeugung genutzt werden. Auf diese Weise kann ein Solarthermiekraftwerk bis weit in die Nacht hinein Strom produzieren. Allerdings bestehen bei dieser Technik ökologische Bedenken, weil hier toxische Substanzen eingesetzt werden, die beispielsweise bei einem Leck im Leitungssystem ins Grundwasser gelangen könnten. Versuche mit anderen Substanzen, Wasser oder Salz, sind noch in der Erprobung.[20]

Die Spannungen zwischen dem Industriekonsortium Dii und der Desertec Foundation nahmen immer mehr zu. Während die Dii den Solarpark in Ouarzazate unterstützte, wandte sich die Stiftung einem Projekt in Tunesien zu, TuNur, das 2000 Megawatt Strom produzieren und im Jahr 2016 ans Netz gehen sollte. Während das Industriekonsortium einen Anschluss an das europäische Netz über die Straße von Gibraltar nach Spanien favorisierte, sprach der damalige Geschäftsführer der Desertec Foundation Thiemo Gropp von einer neuen Gleichstromleitung von Tunesien nach Italien mit einer Investitionssumme von 1,5 bis 2,5 Milliarden Euro. Insgesamt sollte diese Investition eine Finanzierung von gut 11,5 Milliarden Euro erfordern.[21]

Damit war der Bruch zwischen dem Club of Rome und der Wirtschaft offensichtlich – Dii und Desertec Foundation gingen von nun an getrennte Wege. Noch versuchten beide Seiten diese Initiative aus einem Zusammenspiel zwischen politisch motivierten Vertretern der Zivilgesellschaft und den Gewinninteressen der Industrie zu retten. »Wir werden vielleicht zusammen neue Projekte in Südamerika oder Asien angehen«, sagte Gropp damals noch kryptisch. Doch der Burgfriede sollte nicht lange währen.

»Desertec verliert seinen Initiator«, hieß es Ende Juni 2013 in einer exklusiven Meldung der *Frankfurter Allgemeinen Zeitung*.[22] Die Desertec Foundation hatte extra eine außergewöhnliche Sitzung einberufen und beschlossen, aus der Dii auszutreten und dieser zu untersagen, weiter den Begriff »Desertec« zu verwenden. Mit ihrem Schritt ziehe die Desertec Foundation »die Konsequenzen aus den unüberbrückbaren Meinungsverschiedenheiten bezüglich der zukünftigen Strategie, den Aufgaben und der dafür notwendigen Kommunikation sowie nicht zuletzt des Führungsstils der Dii-Spitze«, hieß es in einer damals noch unveröffentlichten Mitteilung der Desertec Foundation.

Der Streit hatte sich zuletzt am Projekt Sawian in Marokko entzündet, dessen Baukosten auf bis zu 600 Millionen Euro geschätzt wurden. Die Dii wollte das Kraftwerk kleiner bauen. Das hätte jedoch den Stromexport nach Europa in Frage gestellt. Kurze Zeit danach verließ Gropp die Geschäftsführung der Desertec Foundation. Damit sind die Projekte, die Desertec in Nordafrika verwirklichen wollte, nicht unbedingt tot. Viele Solarkraftwerke und Windparks werden dennoch entstehen. Doch damit ist dieser einzigartige Verbund aus politischen Aktivisten und der Industrie gescheitert – und der erste größere Versuch deutscher Unternehmen, gemeinsam und systematisch Geschäfte in Afrika zu betreiben.

Es ist schade, dass Desertec nicht zustande kam. Die Idee überzeugt und hat in der breiten Öffentlichkeit Interesse an Nordafrika geweckt. Vor allem konnte das Projekt viele deutsche Unternehmen um ein nutzenstiftendes Wirtschaftsvorhaben in Afrika vereinen. Initiativen wie diese fehlen in Deutschland. Und offenbar fehlt den deutschen Unternehmern der Mut, es auf eigene Faust in Afrika zu versuchen.

Warum nur zeigt sich die deutsche Industrie in Afrika so zögerlich? Ansonsten schrecken deutsche Handelsreisende doch auch nicht vor widrigen Umständen und unwirtlichen Gegenden zurück. Es sei die Korruption und die hohe Rechtsunsicherheit in Afrika, führen manche als Grund an. Doch zugleich machen deutsche Unternehmen Geschäfte in Russland, Kasachstan oder China. Mit heiklem

Geschäftsgebaren umzugehen, dürften deutsche Exporteure allesamt perfekt beherrschen.

Ein anderer häufig genannter Grund ist, dass die Deutschen die falschen Produkte herstellten, Produkte, die in Afrika nicht gebraucht würden. In vielen traditionellen Erfolgsbranchen der deutschen Industrie – weltweit, nicht nur in Afrika – hätten heute die Chinesen die Nase vorn, heißt es in einem Bericht der Wirtschaftszeitung *Handelsblatt* über eine Studie zu diesem Thema.[23] Deren Autoren beklagen, dass die Priorität der deutschen Exportwirtschaft zu sehr der EU und China gelte und dass ein »gewisser Herdentrieb« zu dieser einseitigen Ausrichtung geführt habe. Ferner seien für die Schwellen- und Entwicklungsländer viele deutsche Produkte zu komplex und zu teuer. »Die deutschen Ingenieure forschen an diesen Märkten vorbei«, heißt es in der Studie. Gefragt seien in den Entwicklungsländern nicht »High-End-Produkte in Spitzenqualität«, sondern funktionelle, verlässliche und wartungsfreie Güter. Das mag sein. Doch es ist ja nicht so, dass die deutschen Unternehmen jahrzehntelang versucht hätten, überkandidelte Spitzenprodukte nach Afrika zu verkaufen, und dann frustriert ihre Bemühungen eingestellt hätten. Die meisten haben bisher gar nichts versucht.

Das fehlende Afrika-Interesse der deutschen Wirtschaft ist nicht einfach nur die Summe individuellen Desinteresses. Vielmehr liegen die Ursachen tiefer in den Strukturen der deutschen Wirtschaft. Denn selbst kleine Mittelständler schrecken ja nicht davor zurück, in den abgelegensten Teilen des Erdballs Geschäfte zu machen. Manch kleines Ingenieurbüro war schon vor dem Sturz des Machthabers Gaddafi am Bau von Fabriken in der Libyschen Wüste beteiligt. Deutsche Unternehmer und Experten reisen in die Steppen Zentralasiens, auf die Spitzen der Anden und die eisigen Kälten Alaskas oder Sibiriens, um dort Fabriken zu bauen, Brücken zu spannen oder Überlandleitungen zu legen. Genau dies war ja schon immer eine Stärke des deutschen Mittelstands.

Deshalb darf es nicht nur darum gehen, die deutschen Exporte nach Afrika zu fördern. Sicher, die Vertreter dieser These glauben, dass sich die Unternehmen schrittweise an das besondere Geschäftsklima in Afrika gewöhnen könnten. Doch in den Supermärkten von Nairobi oder Lagos findet sich doch schon längst die deutsche Sektmarke Henkell Trocken oder deutscher Riesling unter der Marke Blue Nun, dem Nachfolger der Liebfrauenmilch. Auch dürfte wohl in kaum einem afrikanischen Land ein Importeur von Mercedes oder BMW fehlen. Es würde der deutschen Präsenz auf unserem Nachbarkontinent im Süden nicht entscheidend weiterhelfen, wenn sich zu den Henkell-Flaschen noch deutsches Schwarzbrot oder Jägermeister gesellten.

Gerade die starke deutsche Präsenz in China zeigt, worum es in Afrika wirklich geht: nicht darum, etwas mehr Außenhandel zu betreiben und den Absatz deutscher Waren im Ausland zu fördern. Es geht darum, feste strategische Partnerschaften mit afrikanischen Unternehmen einzugehen, die zu tiefen und verlässlichen Wirtschaftsbeziehungen führen. Wollen die deutschen Unternehmen ihre Stellung in der Weltwirtschaft behaupten, führt für sie kein Weg daran vorbei, dauerhafte Beziehungen zu Afrika aufzubauen. Dazu kann Außenhandel, bei dem die Geschäftsbeziehung mit der Ablieferung der Ware endet, nicht mehr als ein erster Schritt sein. Das geht nur über gemeinsame, langfristig angelegte Investitionsprojekte, aus denen dauerhafte Wirtschaftsbeziehungen entstehen, die Arbeitsplätze und eine feste Präsenz vor Ort schaffen. Afrika darf für Deutschland nicht nur ein zusätzlicher Absatzmarkt sein. Afrika muss ein echter Wirtschaftspartner werden.

Das zeigt auch das Beispiel China deutlich. Nur weil der deutsche Mittelstand begonnen hat, in China eigene Fabriken zu betreiben, sind die Wirtschaftsbeziehungen zu dem Land so eng und dauerhaft geworden. Die meisten deutschen Unternehmen sind mit Sicherheit – wegen der politischen, ökologischen und sozialen Risiken – nicht freiwillig nach China gegangen. Die meisten von ihnen hatten keine Wahl. Denn nachdem die großen Autohersteller begonnen hatten, in China Fabriken zu bauen, mussten ihre Zulieferer ihnen wohl oder übel folgen.

Den entscheidenden Schritt unternahm Carl H. Hahn, der 1982 an die Führungsspitze von Volkswagen berufen worden ist. Vielleicht war sein Horizont etwas weiter als der Blick anderer Manager damals, nachdem er schon von 1958 bis 1965 Präsident von Volkswagen of America war und das Überseegeschäft des Konzerns aufgebaut hatte. Wie auch immer, jedenfalls bewies Hahn Weitblick, als er zwei Jahren nach seiner Berufung an die Konzernspitze eine weitreichende Kooperation mit der damals noch tiefrot kommunistischen Volksrepublik China einging. Damals war der Übergang vom Kalten Krieg in die Entspannungspolitik zwischen der westlichen Welt und dem Ostblock kaum mehr als ein Jahrzehnt alt. Gerade einmal zehn Jahre zuvor, im Jahr 1972, hatten die Bundesrepublik und die Volksrepublik überhaupt erst diplomatische Beziehungen aufgenommen.

Viele, gerade in der Welt der Manager, waren geschockt über den Pakt, den Hahn mit den Kommunisten einging. Bestenfalls warfen sie ihm eine völlige Missachtung aller Vorsichtsregeln vor, dass er sich mit diesen politisch unberechenbaren und auf keinen Fall salonfähigen Kommunisten einließ. Hahn ließ sich von diesen Einwänden nicht beirren. Er sah vielmehr die enormen Chancen, die sich für einen Massenhersteller wie Volkswagen eröffneten, wenn das damals zum Teil noch bitterarme China sich auf dem Weg in Richtung Wohlstandsgesellschaft machte. 1984 unterzeichnete Hahn einen Vertrag mit der damaligen Shanghai Tractor Automobile Corporation (STAC), der China National Automotive Industry Corporation (CNAIC) und der Bank of China. Volkswagen verpflichtete sich, das Modell VW Santana in China herzustellen und dazu mit seinen Partnern ein Produktionswerk in Schanghai zu bauen. Die erste Montagestraße lief im Oktober 1985 an. Die STAC firmiert heute als SAIC, und auch sonst hat sich viel geändert. Doch der Santana ist heute immer noch das populärste Auto in China und das Riesenreich mittlerweile der größte Absatzmarkt für den VW-Konzern.

Volkswagen mussten nicht nur viele Mittelständler folgen, die sich dann im Umfeld des Werks Schanghai ansiedelten. Auch die VW-Konkurrenten Mercedes Benz und BMW mussten es dem Konzern aus Wolfsburg nachmachen. Im Jahr 1972, bei Aufnahme der diplomatischen Beziehungen, belief sich der deutsch-chinesische Handel auf gerade einmal 270 Millionen US-Dollar. Heute exportiert Deutschland Waren und Dienstleistungen im Wert von rund 67 Milliarden Dollar, während sich die Importe aus China auf 77 Milliarden Dollar belaufen.[24] Damit ist Deutschland mit großem Abstand Chinas wichtigster Handelspartner in Europa. Für Deutschland wiederum ist China der wichtigste Geschäftsfreund in Asien geworden und der drittwichtigste überhaupt. Autos und Autoteile sind immer noch das wichtigste Exportgut mit einem Anteil von 29 Prozent, gefolgt vom Maschinenbau mit 25 Prozent. Das alles ist nicht das Werk von Carl H. Hahn. Doch er gab die Initialzündung und schrieb das erste Kapitel einer Erfolgsgeschichte, die Deutschlands Unternehmer und Manager bisher nicht wiederholen konnten.

Für Afrika fehlt ein solcher Mann oder eine solche Frau in der deutschen Wirtschaft. Bisher ist niemand in Sicht, der beherzt eine Investition in Afrika auf den Weg brächte, die dann die anderen deutschen Unternehmen zwänge, ebenfalls nach Afrika zu gehen und dort zu investieren. Die Afrika-Strategie der deutschen Wirtschaft, so denn überhaupt vorhanden, wird von einem Klein-Klein dominiert, das den Chancen, die dieser Kontinent bietet, nicht gerecht wird. Die deutsche Wirtschaft kann sich nicht ernsthaft damit zufrieden geben, einen Anstieg des Handels mit Afrika von sagen wir 1,3 Prozent auf 1,7 Prozent als Entwicklung in die richtige Richtung zu feiern.

Angesichts der strukturellen Schwierigkeiten, die auf die deutsche Wirtschaft allein aufgrund der demographischen Entwicklung zukommen, wird sich eine fehlende Afrika-Strategie als fatales Versäumnis erweisen. Aus afrikanischer Perspektive geht es schon lange nicht mehr darum, nur den Handel mit Europa, Asien oder

Nord- und Südamerika zu intensivieren. Es geht vielmehr um den Sprung in das industrielle Produktionszeitalter.

Die Industrie des 21. Jahrhunderts – das steht ohne Zweifel fest – wird zum großen Teil auf dem afrikanischen Kontinent entstehen. Von »Verarbeitungskompetenz« spricht der ehemalige Bundespräsident Köhler und meint genau dies: dass in Afrika die Arbeitsplätze der Zukunft entstehen. »Mehr Verarbeitungskompetenz in Afrika muss für die deutsche Wirtschaft nicht von Nachteil sein, sondern könnte unsere Wirtschaft sogar stärken«, sagte Köhler nach einem Treffen mit dem Vorstand des Afrika-Vereins Ende 2012.[25]

»Ein Riese wacht auf«, schrieb das Londoner Wirtschaftsmagazin *The Economist* treffend im Februar 2014 über die entstehende Industrie in Afrika.[26] »Einen leisen Boom erlebt gerade die verarbeitende Industrie in Afrika«, heißt es in dem Bericht. »Noch dominieren Landwirtschaft und Dienstleistungen, unterstützt von den Rohstoffexporten, doch neue Industrien entstehen gerade in vielen afrikanischen Ländern.« Die Textilketten H&M aus Schweden und Primark aus Irland versorgten sich mit jeder Menge Textilien in Äthiopien. Der amerikanische Mischkonzern General Electric plane in Nigeria für 250 Millionen Dollar eine Fabrik, um dort elektrische Getriebe herzustellen. Der Süßigkeitenhersteller Madécasse aus New York stelle weitere Arbeitskräfte in Madagaskar ein, wo das Unternehmen Rohkakao zu teuer eingepackten Schokoriegeln verarbeitet. Die Liste der Beispiele ließe sich lange fortsetzen.

Durch die neue Wirtschaftspolitik in Peking, die den Akzent von Investitionen etwas mehr in Richtung Konsum verlagert, steigen in China die Löhne. Das macht viele Arbeitsplätze selbst in China schon zu teuer. Viele Unternehmen verlagern arbeitsintensive Tätigkeiten verstärkt ins Ausland – nach Vietnam beispielsweise und nach Afrika.

Der Aufstieg der asiatischen Schwellenländer während der 1990er Jahre hatte die afrikanische Industrie schwer getroffen. Viele Jobs wanderten über den Indischen Ozean nach Osten ab. Länder wie Nigeria oder Äthiopien, die eine gut laufende Textilindustrie hatten, wurden besonders beeinträchtigt. Doch nun kommen neue Arbeitsplätze aus dem mittlerweile erfolgreichen Osten über den Ozean zurück. »Im verarbeitenden Gewerbe greifen chinesische Firmen häufiger auf lokale Arbeitskräfte zurück und setzen dabei auf eigene Erfahrungen mit dem Aufbau der Industrie durch Firmen aus Taiwan oder Hongkong«, urteilt die Deutsche Bank.[27] »Da Lohnkosten in China steigen, dürfte es künftig wichtiger werden, über eine höhere Wertschöpfung auf afrikanischem Boden Lohnkostendifferenzen auszunutzen.« Wertschöpfung, verarbeitendes Gewerbe, Lohnkostendifferenzen – was die Autorin der Studie meint, ist relativ simpel: Weil die Löhne in Afrika noch niedrig sind, werden chinesische Unternehmen mehr Arbeitsplätze nach Afrika verlagern und verstärkt dort produzieren lassen.

Damit wird eine Dynamik in Gang gesetzt, die den Aufschwung in Afrika verstärken kann: Arbeitsplätze in der Industrie erhöhen die Einkommen besonders der städtischen Bevölkerung. Die Menschen bekommen ein regelmäßiges Einkommen ausbezahlt, von dem sie Miete, Nahrung, Kleidung und vor allem die Ausbildung ihrer Kinder bezahlen können. Es entstehen neue Märkte für Konsumgüter und Dienstleistungen, die wiederum weitere Arbeitsplätze entstehen lassen. Die Menschen werden mehr Dienstleistungen nachfragen. Sie müssen mit Bussen zu ihrer Arbeit fahren, sie müssen sich in Kantinen versorgen, sie brauchen spezielle Kleidung für ihre Arbeit. Sie können sich ärztliche Versorgung, Medikamente und Sparpläne für ihre Altersversorgung leisten.

Jene Unternehmen, die heute keine Arbeitsplätze in Afrika aufbauen, sind auch morgen nicht dabei, wenn die Früchte dieser Aufbaujahre zur Ernte anstehen. »Afrika ist in guter Position, um sich zu industrialisieren dank der richtigen Mischung an Zutaten«, zitiert der *Economist* den Weltbank-Ökonomen Wolfgang Fengler.[28] Eine günstige Demographie, die Urbanisierung, eine aufsteigende Mittelschicht und ein starker Dienstleistungssektor seien die Zutaten. Dieser Kampf ist noch nicht gewonnen. »Damit dies gelingt«, sagt Fengler weiter, »muss der Kontinent seine Investitionen in die Infrastruktur erhöhen und das Geschäftsklima verbessern, und viele afrikanische Länder haben in den vergangenen Jahren begonnen, diese Herausforderungen in Angriff zu nehmen.«

Ausblick: Das neue Asien

Afrika ist ein ungeschliffener Diamant. An vielen Stellen hat er Ecken und Kanten. Manches erscheint aus europäischer Sicht nicht rund. Das sollte weder überraschen noch stören. Bei einem Rohdiamanten ist die Oberfläche noch getrübt. Deshalb zeigt sich seine Qualität nur unter der Lupe. Genau darin besteht das größte Hindernis der Europäer bei ihrem Blick auf Afrika: Die meisten schauen aus großer Distanz auf die Oberfläche und können sich nicht vorstellen, wie der Kontinent einmal aussehen wird, wenn die Wirtschaftsdynamik, die ihn erfasst hat, an Fahrt aufgenommen hat.

In der entwickelten Welt herrscht das Bild eines Hungerkontinents: Afrika braucht unsere Hilfe. Afrika braucht Spenden, um Waisenhäuser zu finanzieren, Schulen, Krankenhäuser, Malarianetze ... Und es ist auch richtig: Afrika wird dauerhaft auf Mildtätigkeit angewiesen sein. Millionen von Menschen werden auch dort vom wirtschaftlichen Aufschwung nicht profitieren und ausgeschlossen sein. Doch ist es nicht auch in Europa so? Sind hier nicht auch viele Menschen trotz des allgemeinen Wohlstands darauf angewiesen, dass ihnen in Notlage mit Sozialhilfe und Hartz IV geholfen wird und dass freiwillige Helfer im Winter Obdachlose mit einer warmen Mahlzeit oder Wolldecken versorgen?

Afrika gleicht einem Vexierbild. Bei diesen optischen Täuschungen werden zwei verschiedene Motive in ein und demselben Bild versteckt. In einem berühmten Beispiel schauen sich zwei Gesichter als Scherenschnitt an. Die weiße Fläche zwischen den beiden Profilen bildet einen Weinkelch. Manchmal kommt es vor, dass ein Betrachter das zweite Motiv partout nicht erkennen kann. Er sieht entweder nur die beiden Gesichter oder nur den Kelch. Das andere Motiv bleibt ihm verborgen, obwohl es offensichtlich in das Bild eingearbeitet ist.

So verhält es sich auch mit Afrika: Von Europa aus gesehen, bietet sich das Bild eines von Konflikten, Krankheiten und Katastrophen zerrissenen Kontinents. Von Afrika aus betrachtet, präsentiert sich dieser Erdteil jedoch als Kontinent im Aufbruch. Von dort aus gesehen, ist Afrika eine Region der Zukunft, die mit unvergleichlicher Dynamik ihren Rückstand auf den Rest der Welt aufholen will. Von Europa aus gesehen, zeigt sich ein Kontinent, der hoffnungslos in Rückständigkeit erstarrt bleibt. Von Afrika aus betrachtet, ist die größte Sorge, dass der Aufschwung nicht rasch genug vorangeht – als hätte der Kontinent kaum noch Zeit, um zum Rest der Welt aufzuschließen, treiben sich die Unternehmer gegenseitig an, nicht lahm zu werden, nicht in Selbstgefälligkeit zu verfallen und ja nicht in ihren Anstrengungen nachzulassen.

Unter den vielen falschen Afrika-Klischees, die im Norden vorherrschen, sticht eines hervor: Europa müsse sich in Afrika nur deshalb engagieren, damit der Kontinent nicht in Armut versinkt und noch mehr Menschen in kleinen Holzbooten über das Mittelmeer fliehen und in Europa um Asyl bitten. Es wird vielmehr anders herum sein: In Zukunft wird Deutschland stärker auf Afrika angewiesen sein. Allerdings wird es nicht darum gehen, Menschen zu finden, die für uns jene Tätigkeiten übernehmen, die wir nicht übernehmen wollen. In Zukunft wird Europa mehr als in der Vergangenheit Fachkräfte aus Afrika brauchen, Ärzte, Krankenschwestern, Ingenieure, Facharbeiter oder Lehrer. Die Frage ist nur, wie lange sich

Europa seine restriktive Visumspolitik gegenüber afrikanischen Bewerbern und Studenten leisten kann.

Ohne Arbeitskräfte aus Afrika wird sich auf Dauer kaum der Wohlstand in Deutschland halten lassen. Der Anteil der Bevölkerung im arbeitsfähigen Alter wird gegenüber den Rentnern in den kommenden Jahrzehnten bedrohlich abnehmen. Dies bedeutet auch, dass deutsche Unternehmen in Zukunft stärker als bisher im Ausland fertigen lassen müssen – weil die Arbeitsplätze dort sein müssen, wo diejenigen leben, die sie einnehmen können, und weil die Fabriken dort stehen müssen, wo die Nachfrage nach den Produkten herrscht. Deutschland hat zwar eine Volkswirtschaft, die internationaler als viele andere ist. Sie wird sich in Zukunft aber noch stärker dem Ausland öffnen müssen.

Je mehr sich die wirtschaftlichen Rahmenbedingungen in Afrika verbessern, desto geringer wird der Anreiz für qualifizierte Arbeitskräfte dort sein, nach Europa zu kommen – vor allem, wenn andere Regionen der Welt ein attraktiveres Umfeld bieten. Der Wettbewerb um die besten Arbeitskräfte wird in Zukunft über die Kontinente hinweg geführt werden. Bisher hat Deutschland sich allerdings kaum in Richtung Afrika geöffnet. Während an Frankreichs Universitäten beispielsweise rund 110 000 Afrikaner studieren, liegt ihre Zahl in Deutschland bei rund einem Sechstel davon. Tendenziell trauen Deutsche Afrikanern weniger zu als die Menschen in anderen Nationen. Das liegt auch an der deutschen Einwanderungspolitik, die relativ wenige afrikanische Akademiker nach Deutschland lockt. Dadurch spiegeln die afrikanischen Gemeinden hierzulande nur sehr unvollkommen die tatsächlichen Begebenheiten in Afrika.

Die afrikanische Diaspora in Deutschland könnte gerade für die deutschen Unternehmen eine wertvolle Brücke zwischen den beiden Kontinenten bilden. Denn deutsche Wirtschaftsvertreter erkennen viel zu wenig, welches Potenzial schon mitten unter uns lebt und welchen Vorteil sie daraus ziehen könnten, die Talente unter den Afrikanern an ihr Unternehmen zu binden.

Bei allen Chancen, die unser Nachbarkontinent im Süden bietet, sollte nicht übersehen werden, vor welchen gewaltigen Aufgaben er steht. Der wirtschaftliche Aufschwung dort ist kein Selbstläufer, noch weniger eine Zwangsläufigkeit, die sich aus irgendwelchen ökonomischen Gesetzen ableitet. Vielmehr kann auch diesem Aufschwung durch widrige Umstände oder die falschen politischen Weichenstellungen ein Ende gesetzt werden, bevor er wirklich selbsttragend geworden wäre. Auf dieses Risiko haben Daron Acemoglu und James Robinson in ihrem Buch *Why Nations fail* hingewiesen.[1]

In Zukunft wird es mehr noch als in der Vergangenheit darum gehen, die Vorteile aus dem Aufschwung fairer zu verteilen, möglichst viele Menschen an ihm teilhaben zu lassen. Dazu braucht der Kontinent eine politische Klasse, die ihre Aufgabe nicht darin sieht, sich innerhalb kürzester Zeit so schamlos wie möglich zu bereichern und diese Pfründe möglichst auf Dauer zu sichern. Der Kontinent braucht vielmehr Politiker, die sich in den Dienst des Gemeinwohls stellen. Davon gibt es schon einige, zwar nicht unbedingt in jenen Ländern, in denen sie am stärksten vermutet würden. Doch es gibt sie. Und ihre Zahl wird in den kommenden Jahren wachsen, allein schon unter dem Druck der Zivilgesellschaft, die in vielen afrikanischen Ländern mit Macht entsteht.

Der Kontinent braucht Justizapparate, die Konflikte neutral schlichten und unvoreingenommen Recht sprechen. Afrika braucht funktionierende Verwaltungen mit gut ausgebildeten, anständig bezahlten, unbestechlichen Beamten. Der Kontinent braucht Rechtssysteme, die Rechte verlässlich sichern und vor allem auch die Rechte von Minderheiten schützen.

Und schließlich braucht Afrika mehr Wachstumszentren. Bisher hat die wirtschaftliche Dynamik auf dem Kontinent zu wenige Länder erreicht. Die kleinen Länder auf dem Kontinent dürfen nicht vom Aufschwung abgehängt werden. Dieses Risiko ist besonders für jene Länder groß, die weit von den Küsten im Inneren des Kontinents liegen und es deshalb schwer haben, eine konkurrenzfähige Exportwirtschaft aufzubauen. Auch die Länder, deren Einwohnerzahl relativ niedrig ist, werden große Schwierigkeiten haben, sich zu entwickeln, weil ihre Märkte so klein sind. Internationale Unternehmen werden nicht bereit sein, sich auf die lokalen Besonderheiten dieser beschränkten Märkte einzulassen. Deshalb ist es gerade für die kleineren Länder wichtig, dass in Afrika mehr integrierte Wirtschaftsräume entstehen, wie sie beispielsweise Kenia, Tansania, Uganda, Ruanda und Burundi mit der East African Community anstreben.

Auch die Länder, die zu Beginn des Jahrtausends von hohen Notierungen für Rohöl, Gold, Seltene Erden oder Industriemetalle profitiert haben, müssen mehr tun. Für sie lautet die Herausforderung, diese Gewinne zu nutzen, um eine wirtschaftliche Dynamik auszulösen. Sie haben bisher wie in einer Rentenökonomie gelebt: Ihren Reichtum haben diese Länder nicht selbst erwirtschaftet, sie haben ihn aufgrund der Knappheit von Rohstoffen erlangt. Sie leben wie jene Immobilieneigentümer, die nur so lange hohe Einnahmen haben, wie Wohnraum knapp ist. Die große Gefahr ist, dass diese Rohstoffländer ihre hohen Einnahmen nicht nutzen, um ihre Wirtschaft dauerhaft zu stärken.

Afrika wartet nicht auf die Europäer, noch weniger auf die Deutschen. Der Aufschwung auf diesem Kontinent findet zur Not eben auch ohne sie statt. Da hilft es auch wenig, die anderen Länder, die heute schon Geschäfte in Afrika machen, zu schelten. Besonders China wird im Norden gerne als neokolonialistisch dargestellt. Das Bild ist verzerrt. China ist vielmehr dabei, die eigene Erfolgsgeschichte in Afrika zu wiederholen: Auch China nutzte seine Rohstoffvorkommen, um den industriellen Take-off zu finanzieren. Vor mehr als 30 Jahren tauschte China seine Rohölvorkommen gegen japanische Technologie. So konnte das Land eine Exportwirtschaft aufbauen, die sich mit günstigen Produkten, wenn auch anfangs von minderer Qualität, auf den Weltmärkten durchsetzen konnte und so wertvolle Deviseneinnahmen erzielte. Es folgten Investitionen in Infrastruktur, in Fabriken, in Straßen, Seehäfen, Eisenbahnstrecken, Flughäfen – und zunehmend in Industrieprodukte, die auch höchsten Qualitätsansprüchen genügen.

All dies geschieht jetzt auch in Afrika – mit der Hilfe von Ländern wie China, Indien, Brasilien. Deutschland ist an dieser Bewegung viel zu wenig beteiligt und viel weniger, als es könnte. Zwar sind viele Organisationen wie die GIZ oder die DEG Invest vor Ort und leisten zum Teil bewundernswerte Arbeit. Während die GIZ technische Zusammenarbeit und klassische Entwicklungshilfe beispielsweise im Bereich des Gesundheitswesens, der Friedensarbeit oder der Berufsausbildung anbietet, ist die DEG der kommerzielle Arm der Bundesregierung, der gewinnorientiert Beteiligungen an vielversprechenden Unternehmen in Entwicklungsländern sucht oder deutsche Unternehmen finanziert, die in diese Länder expandieren wollen.

Das deutsche Engagement in Afrika ist somit immer noch staatlich geprägt. Die privaten Unternehmer im deutschen Mittelstand stehen abseits und schauen als Zaungäste zu – wenn sie überhaupt hinsehen, wenn sie überhaupt wahrnehmen, welch ein Aufschwung nach Asien nun den afrikanischen Kontinent erfasst. Es ist ja nicht so, dass deutschen Unternehmern und Managern Afrika gleichgültig wäre. Viele von ihnen engagieren sich privat mit großem Enthusiasmus in Afrika. Sie fördern dort Schulen, Musikorchester, Waisenkinder oder Krankenhäuser. Sie setzen sich für die bedrohte Tierwelt oder den Schutz von Regen- und Urwäldern ein. Viele von ihnen bringen dafür große persönliche Opfer und reisen regelmäßig dorthin, um selbst vor Ort zu helfen. Warum nur kommt diesen Unternehmern nicht der Gedanke, dass sie mit ihrem eigentlichen Geschäft in Afrika viel mehr bewirken könnten als mit ihren karitativen Engagements?

Afrika ist für Unternehmen kein einfacher Kontinent. Die sozialen, kulturellen, sprachlichen und religiösen Unterschiede zwischen den 54 offiziell anerkannten Staaten sind zum Teil enorm. Allein die Essgewohnheiten zwischen einer Ghanaerin und einer Kenianerin sind beträchtlich. Hinzu kommen eine unterschiedliche Vergangenheit und verschiedene politische Traditionen der einzelnen Länder. Auch wenn das koloniale Erbe im Laufe der Jahrzehnte verblasst, bestehen immer noch fundamentale Differenzen im politischen, schulischen und administrativen Erbe der ehemals britisch und der ehemals französisch dominierten Länder Afrikas. Manche Staaten wie Kamerun vereinen in einem einzigen Staatsgebilde die englische und die französische Tradition. Auch innerhalb Afrikas bestehen Vorurteile gegenüber den Vertretern anderer Völker oder Nationen, und sie stellen sich immer wieder zwischen die einzelnen Menschen und entzweien sie.

Auch sind die unternehmerischen Gepflogenheiten zwischen den einzelnen Ländern zum Teil immens unterschiedlich. So gelten nigerianische Unternehmer als besonders geschäftstüchtig. Sie seien auf den kurzfristigen Profit ausgerichtet, heißt es gern. Wie viele solcher Klischees und Vorurteile vereinfachen sie stark die Realität. Gerade in Nigeria finden sich viele bewundernswerte Unternehmer, die mit großer Beharrlichkeit über Jahrzehnte zielstrebig große Unternehmen aufgebaut haben. Aliko Dangote, den wir in diesem Buch kennengelernt haben, ist einer von ihnen. Es lassen sich viele andere Beispiele in Nigeria finden.

Afrika ist in seiner Vielfalt jedoch nicht schwieriger als irgendeine andere Region auf der Welt. Bei einem Engagement auf allen anderen Erdteilen ist es seit jeher gängige Praxis: Jedes Unternehmen muss sich auf die individuellen Gepflogenheiten, Bedürfnisse und regionalen Besonderheiten sämtlicher ausländischer Geschäftspartner einstellen. Wieso löst diese Selbstverständlichkeit im Fall von Afrika Verwunderung aus? Warum lenkt es den Fokus auf daraus resultierende Verständigungsschwierigkeiten? Auch in Brasilien muss sich ein deutscher Unternehmer gut überlegen, mit welchen Partnern vor Ort er sich einlassen will und welche er besser meiden sollte. Auch in China müssen sich deutsche Manager mit kulturellen Unterschieden oder anderen Gepflogenheiten vertraut machen, bevor sie auch nur ansatzweise hoffen können, von ihren Investitionen irgendetwas wiederzusehen. Viele Unternehmen mussten in China schmerzhaftes Lehrgeld bezahlen. Der französische Joghurtkonzern Danone beispielsweise begann sein China-Engagement mit einem teuren Missgriff bei der Wahl seines lokalen Partners. Das hat Danone nicht davon abgehalten, sich dennoch in China zu etablieren. Und es hat Danone nicht daran gehindert, nun die afrikanischen Märkte Schritt um Schritt für sich und seine Produkte zu öffnen.

Ist es nicht seltsam: Deutsche Unternehmen investieren in China. Chinesische Unternehmer investieren in Afrika. Deutsche Unternehmen machen jedoch einen Bogen um Afrika. Was sehen chinesische Manager, was die Deutschen übersehen? Noch wird der deutsche Diskurs über das chinesische Engagement in Afrika von Häme, Vorurteilen und Vorwürfen dominiert. Diese Einstellung ist überholt. So ist es nicht mehr richtig, zu behaupten, chinesische Straßen seien so schlecht, dass sie nach wenigen Jahren schon wieder repariert werden müssten. Auch ist es nicht richtig, dass chinesische Unternehmen per se schlechte Qualität nach Afrika liefern oder gar nur den Produktionsausschuss. Wie überall auf der Welt gibt es auch in China Unternehmen, die schlampig oder gewissenlos vorgehen, und Unternehmen, die um höchste Qualitätsstandards bemüht sind. In diesem Punkt unterscheidet sich China nicht von Deutschland oder irgendeinem anderen Land auf dem Erdball. Gerade die chinesische Wirtschaft hat in den vergangenen Jahren enorme Fortschritte gemacht und übertrifft in vielen Produkten die Qualität ihrer europäischen oder amerikanischen Wettbewerber. Das erkennen auch die afrikanischen Kunden chinesischer Produkte zusehends.

Auch in Afrika werden die Konsumenten kritischer, je mehr Erfahrungen sie sammeln und je besser sie informiert sind. Das wissen auch chinesische Handelsvertreter. Sie sehen sich zudem in vielen Wirtschaftsbereichen einer wachsenden Konkurrenz gegenüber. Sie müssen gegenüber Unternehmen aus Malaysia, Südkorea, dem Nahen Osten, aus Brasilien, Mexiko, Thailand, Indonesien oder Europa in Afrika wettbewerbsfähig sein. Es wird schwieriger für chinesische Unternehmen, in Afrika überteuerten Tand absetzen zu wollen. Es wird auch riskanter für sie. Gerade in Afrika sind die Verbraucher besonders marken- und qualitätsbewusst – sobald sie sich Marken und Qualität leisten können. Das jedoch ist mit steigendem Wohlstand immer mehr Afrikanern möglich.

Warum nur fällt es deutschen Unternehmern und Managern in Afrika so schwer, mit chinesischen Partnern zu kooperieren? In China haben die meisten von ihnen doch überwiegend gute Erfahrungen mit solchen Partnerschaften gemacht. Der afrikanische Kontinent mit einer Bevölkerung von mehr als einer Milliarde Menschen, mit all seinen Bodenschätzen und seiner unvorstellbaren Vielfalt ist doch groß genug, um allen Unternehmen, die dort wachsen wollen, genügend Geschäftsmöglichkeiten zu bieten.

Offenbar steht die koloniale Vergangenheit deutschen Managern immer noch im Weg. Afrika wird offenbar immer noch als ein Beutekontinent gesehen, den die Mächtigen der Welt unter sich aufteilen. Wettlauf um Afrika – mit diesem Schlagwort wurde die schnelle Kolonialisierung des Kontinents in den Jahren zwischen 1880 und 1914 bezeichnet. In dieser Zeit gewannen die Kolonien der europäischen Mächte immer mehr an Bedeutung, als die Kolonialherren begannen, die Rohstoffe des Kontinents zu plündern und zunächst Elfenbein, Kautschuk, Diamanten, Gold, Tee und Kaffee, später auch Holz, tropische Früchte, Kupfer und Zinn nach Europa zu schaffen. Die in den Gründerjahren stark boomenden Länder wie Deutschland, England, Frankreich oder auch Belgien forderten immer mehr Kolonialwaren.

Nun scheint ein neuer Wettlauf um Afrika eingesetzt zu haben, in dem sich die Europäer mit den Chinesen messen. Dieser Vorstellung nach geht es darum, China nicht widerstandslos die wirtschaftliche Kontrolle über Afrika und dessen immense Rohstoffvorkommen zu überlassen.

Nichts ist verkehrter als diese Vorstellung. Es geht in Afrika weder um einen Wettlauf noch darum, irgendwelche Länder zu erbeuten und wirtschaftliche Einflusssphären aufzuteilen. Doch überkommene Ideen haben manchmal ein zähes Leben und ein noch längeres Nachleben – sie geistern durch die Welt, auch wenn man sie schon längst tot und begraben wähnt. Die alte kolonialistische Sicht auf Afrika überdauert den Kolonialismus bis heute. Bis in die 1990er Jahre hinein bildete Afrika einen Schauplatz des Ost-West-Konfliktes zwischen dem von der Sowjetunion dominierten Ostblock und dem Westen. Jahrzehntelang finanzierten Geheimdienste Bürgerkriege in Ländern wie Namibia, Angola, Simbabwe oder Mosambik. Militärische Berater bildeten Guerillakämpfer rivalisierender Kriegsherren aus und schleusten Waffen in Konfliktgebiete, während Diplomaten im Hintergrund um Einflusssphären buhlten und Manager um Lieferverträge für Rohstoffe konkurrierten.

Diese Sicht überträgt sich nun auf China und die chinesische Afrikapolitik. Da ist dann in Zeitungsartikeln die Rede davon, dass »China den afrikanischen Kontinent aufrollt«[2]. Oder Journalisten beklagen: »Chinesische Investoren kaufen halb Afrika auf«.[3] Die chinesischen Unternehmer werden als »gierige Helfer«[4] dargestellt oder als »gefräßiger Drache«[5]. Sprache ist manchmal eben die Fortsetzung von Konflikten mit anderen Mitteln.

Diese Denkschablonen behindern den Blick auf das, was auf dem afrikanischen Kontinenten tatsächlich geschieht: In Afrika hat eine Wachstumsdynamik eingesetzt, wie sie vor wenigen Jahren undenkbar schien. Ein neuer Optimismus hat den Kontinent von Algier bis Kapstadt erfasst, wie er auf diesem Kontinent vielleicht nur ein einziges Mal geherrscht hat, nämlich unmittelbar nach dem Erlangen der Unabhängigkeit vieler Staaten in den 1960er Jahren.

Aus Sicht der Afrikaner findet dagegen derzeit tatsächlich ein Wettlauf statt. Allerdings wird er nicht um Afrika ausgetragen, sondern für Afrika. Nach den Jahrzehnten der politischen und wirtschaftlichen Starre wollen Tausende, Hunderttausende von afrikanischen Unternehmern nun das Versäumte nachholen. Sie wollen einen Kontinent aufbauen, auf dem die Menschen ein gutes Auskommen finden. Sie wollen für ihre Familien das Beste erreichen, eine gesicherte Zukunft, stabile Lebensverhältnisse, etwas Wohlstand und schlicht ein gutes Leben.

Chinesische Investoren sind ein Teil dieser Entwicklung. Sie konnten auf jenen Gebieten Erfolge verbuchen, die Europas Unternehmer und Politiker jahrzehntelang vernachlässigt haben. Sie stoßen in jene Marktlücken, für die sich Manager aus dem gesättigten Norden nicht interessiert haben.

Es ist Zeit für eine neue Sicht auf Afrika. Afrikaner sollten nicht länger als lästige Bittsteller gesehen werden, die hungrig an unsere Türen klopfen. Unser Blick auf Afrika sollte sich nicht länger auf darbende Waisenkinder und unbequeme, auf dem Mittelmeer treibende Boat People beschränken oder auf Putzfrauen und Straßenkehrer in unserem Stadtbild. Vielmehr sollten wir unsere Grenzen für Studenten, Auszubildende, Professoren, Ärzte und all die anderen jungen Talente öffnen, ihre Schulabschlüsse besser anerkennen – und dadurch auch anerkennen, welche Fortschritte das afrikanische Bildungssystem in den vergangenen Jahren bereits erlebt hat.

Es führt kein Weg an dieser Öffnung vorbei. Deutschland wird sich stärker zu Afrika hinwenden müssen, weil dort nicht die Probleme der deutschen Sozialsysteme herkommen, sondern weil dort ihre Lösung liegt.

Es ist Zeit, die vom Kolonialismus geprägten Denkweisen durch eine neue, unbefangene Sicht auf den Kontinent zu überwinden. Selbstverständlich treten chinesische Unternehmen häufig als Konkurrenten europäischer Unternehmen auf – das ist das Wesen des Wettbewerbs in einer freien Marktwirtschaft. Europäische Unternehmen werden sich in den kommenden Jahren daran gewöhnen müssen, dass sie die Märkte nicht mehr unter sich ausmachen, sondern dass sie gegen Unternehmen aus China, Indien, Brasilien, Indonesien, Saudi-Arabien oder künftig auch aus Afrika antreten müssen.

Afrika ist das neue Asien. Und deshalb ist nichts natürlicher, als dass asiatische Unternehmen sich auf diesem neuen Wachstumskontinent engagieren. Afrika ist groß genug für alle. Der Kontinent bietet allen Unternehmen, die dort agieren wollen, genügend Möglichkeiten, zu investieren, zu exportieren und Geschäft zu machen. Chinesen schätzen Deutsche für viele Tugenden. Warum nutzt die deutsche Wirtschaft nicht die hohe Meinung, die Chinesen von Deutschland haben, um gemeinsam Märkte in Afrika zu entwickeln, um gemeinsam Projekte voranzutreiben und gemeinsam auf diesem Kontinent zu wachsen?

Das mag utopisch klingen angesichts der kriegerischen Rhetorik, die in Deutschland über das chinesische Engagement in Afrika durchklingt. Doch der Weg, um Afrika zu erschließen, wird über die Bündelung von Kräften, Stärken, Erfahrungen und Kapital gehen. Kooperationen sind der Weg, um den Kontinent zum Nutzen aller zu entwickeln – Kooperationen zwischen deutschen Unternehmen und afrikanischen, chinesischen, anderen europäischen und amerikanischen Unternehmen, mit überstaatlichen Institutionen und internationalen Organisationen.

Die gewaltigen Investitionen in eine moderne Infrastruktur, die Afrika in den kommenden Jahrzehnten brauchen wird, wären auch eine hervorragende Gelegenheit, die deutsch-französische Freundschaft neu zu beleben, das »deutsch-französische Paar«, wie die Franzosen sagen. Airbus beispielsweise, dieser große Erfolg in der europäischen Industriegeschichte, war nur dadurch möglich, dass deutsche und französische Unternehmen ihre Stärken zusammenbrachten. Solche gemeinsamen Projekte könnten die deutsche und französische Wirtschaft auch in Afrika entwickeln, etwa in der Energieerzeugung – warum ist Desertec bis heute trotz aller Bemühungen, die Wüstenstrom-Initiative zu internationalisieren, ein weitgehend deutsches Projekt geblieben? Auch im Gesundheitswesen, der Bildung, im Bau von Kraftwerken und Staudämmen und vielen anderen Bereichen ließen sich die Kräfte bündeln.

Noch einmal: Der wirtschaftliche Aufstieg Afrikas hängt nicht davon ab, ob deutsche oder andere europäische Unternehmen sich in Afrika engagieren oder nicht. Die Frage lautet vielmehr: Will die deutsche Wirtschaft an dieser Erfolgsgeschichte mitschreiben? Bisher war die Antwort ein laues »Mal sehen«. Das ist keine Antwort. Die deutsche Wirtschaft wird sich nicht länger um die Frage drücken können, ob sie am Aufschwung Afrikas teilhaben will. Angesichts der Probleme, vor denen Deutschland steht und die sich bisher nur angedeutet haben, ist dies allerdings keine echte Frage. Die Wahl besteht schon lange nicht mehr.

Afrika steht erst am Anfang einer Geschichte, die eine noch größere Erfolgsstory als die Asiens werden kann. Was notwendig ist, um die historisch einmalige Möglichkeit Wirklichkeit werden zu lassen, ist weitgehend bekannt. Es geht nun darum, diese Chancen zu nutzen.

Literaturverzeichnis

ABB (2013): *ABB to power one of Africa's largest photovoltaic solar plants and supports renewables thrust.* Pressemitteilung vom 2. Mai 2013. http://www.mena.abb.com/cawp/seitp202/e9169eaf81ae2b5a44257b62002780d5.aspx, 29. Juli 2013.

ACEMOGLU, Daron, ROBINSON, James A. (2012): *Why Nations Fail: The Origins of Power, Prosperity, and Poverty.* Verlag Crown Business, New York, 2012.

AFRICAN DEVELOPMENT BANK (2012): *Urbanization in Africa,* 13. Dezember 2012. http://www.afdb.org/en/blogs/afdb-championing-inclusive-growth-across-africa/post/urbanization-in-africa-10143/

AFRIKA-VEREIN DER DEUTSCHEN WIRTSCHAFT (2013): *Wachstumsmarkt Afrika. Chancen für die deutsche Wirtschaft nutzen. Positionspapier des Afrika-Vereins der deutschen Wirtschaft e.V.,* Eigenverlag.

AGENCE FRANCE PRESSE (AFP) (2010): *»Inquiétudes« de l'ONU sur un projet de barrage géant en Ethiopie.* Nairobi, 19. März 2010, 17:01.

ALDEN, Chris (2009): *China in Africa.* 4th edition (2007). Zed Books, London.

ARMUT IN AFRIKA, G-8-FINANZMINISTER FEIERN HISTORISCHEN SCHULDENERLASS: Spiegel Online, 11. Juni 2005. http://www.spiegel.de/politik/ausland/armut-in-afrikag8-finanzminister-feiern-historischen-schuldenerlass-a-360131.html, 28. März 2013.

ASSERATE, Asfa-Wossen (2010): *Afrika. Die 101 wichtigsten Fragen und Antworten.* Verlag C.H. Beck, München.

BARTH, Heinrich (1858): Reisen und Entdeckungen in Nord- und Zentralafrika: 20 000 Kilometer durch Afrika. 1849 bis 1855. Herausgegeben von Heinrich Schiffers. Nachdruck. Edition Erdmann. 2012 (1977), Matrix-Verlag, Wiesbaden.

BATEMAN, Milford (2010): *Why Doesn't Microfinance Work? The Destructive Rise of Local Neoliberalism.* Zed Books.

BBC (2012): *Kenya Oil Discovery after Tullow Oil drilling*, 26. März 2012. http://www.bbc.co.uk/news/world-africa-17513488, 25. März 2013.
BBC (2014): Jacob Zuma's Nkandla residence: South Africa challenges report, 15. Mai 2014. http://www.bbc.com/news/world-africa-26853094, 6. Juni 2014.
BÉCHET, Eugène (1889): *Cinq ans de séjour au Soudan Français*. E. Plon, Nourrit et Cie, Imprimeurs-Éditeurs. Paris.
BESLIK, Sasja (2010): *White Paper – ESG Perspectives on Africa*. Nordea Savings & Asset Management, ohne Ort, 2010.
BINDSEIL, Reinhart (2010): *Im innersten Afrika. Ein Botschafter erlebt Bokassa I. und sein Kaisserreich*. Verlag Epubli, Berlin.
BIRNBAUM, Michael (2001): *Die schwarze Sonne Afrikas*. 2. Auflage (2000), Piper Verlag, München.
BIRNBAUM, Michael (2002): *Krisenherd Somalia. Das Land des Terrors und der Anarchie*. Wilhelm Heyne Verlag, München.
BOCKEL, Jean-Marie et al. (2013): *L'Afrique est notre avenir. Rapport d'information*. Autoren: Jean-Marie Bockel, Jeanny Lorgeoux, Kalliopi Ango Ela, René Beaumont, Robert Hue, Jean-Claude Peyronnet. Französischer Senat, Commission des Affaires Etrangères de la Défense et des Forces Armée, Nr. 104, 2013–2014.
BÖRSEN-ZEITUNG (2011): *Für ABB ist Afrika ein Milliardenmarkt*, 22. November 2011, S. 13.
BOUDET, Antoine (2014): Casino lance Cdiscount en Afrique avec Bolloré, in: *Les Echos*, 5. Juni 2014.
BRÄCHER, Michael, MAISCH, Michael (2013): Das Ende der Euphorie, in: *Handelsblatt*, 22. Juli 2013, S. 1.
BRAUNBERGER, Gerald (2013a): Rohstoffreichtum macht oft arm, in: *Frankfurter Allgemeine Sonntagszeitung*, 30. Juni 2013, S. 22.
BRAUNBERGER, Gerald (2013b): Das Anlagedilemma der Deutschen, in: *Frankfurter Allgemeine Zeitung*, 8. August 2013, S. 19.
BRAUTIGAM, Deborah (2011): *The Dragon's Gift. The Real Story of China in Africa*. Paperback edition (2009). Oxford University Press, Oxford.
BUHSE, Malte (2011): Keine Angst vor dem Alter, in: *Handelsblatt*, 25. Juli 2013, S. 13.
BUNDESREGIERUNG (2011): *Deutschland und Afrika. Konzept der Bundesregierung*. Herausgegeben vom Auswärtigen Amt, Referat für Öffentlichkeit, Berlin. http://www.auswaertiges-amt.de/cae/servlet/contentblob/581096/publicationFile/155311/110615-Afrika-Konzept-download.pdf, 16. März 2013.
BUNDESZENTRALE FÜR POLITISCHE BILDUNG **(ohne Datum):** Volksrepublik China, in: *Informationen zur politischen Bildung*, Heft 289. http://www.bpb.de/izpb/8840/kurze-geschichte-der-volksrepublik-china?p=2, 15. März 2013.
CARAMEL, Laurence: La République démocratique du Congo relance le barrage géant du Grand Inga, **in: Le Monde, 9. Juli 2013.**
CHINA'S AFRICAN POLICY (2006): in: *People Daily English*, 12. Januar 2006. http://english.peopledaily.com.cn/200601/12/eng20060112_234894.html
COLLIER, Paul (2008): *The Bottom Billion. Why the Poorest Countries Are Failing and What Can Be Done About It*. Oxford University Press, Oxford.

CROCOLL, Sophie und KUNTZ, Michael (2013): Die nächste Ära der Globalisierung, in: *Süddeutsche Zeitung*, 20./21. Juli 2013, S. 30 f.

DALAN, Marco, SEIDLITZ, Frank (2010): Bestechung bringt deutschen Firmen nur Ärger, in: *Die Welt*, 24. März 2010. http://www.welt.de/wirtschaft/article6913644/Bestechung-bringt-deutschen-Firmen-nur-Aerger.html, 24. Februar 2014.

DEHNENKAMP, Nele (2013): Warum Afrika interessant für deutsche Firmen wird, in: *Welt Online*, 8. Juli 2013. http://www.welt.de/wirtschaft/article117817670/Warum-Afrika-interessant-fuer-deutsche-Firmen-wird.html, 12. August 2013.

DELTOMBE, Thomas (2009): Les guerres africaines de Vincent Bolloré, in: *Le Monde diplomatique*, April 2009. http://www.monde-diplomatique.fr/2009/04/DELTOMBE/16970, 5. März 2014.

DENNY, Charlotte (2004): Suharto, Marcos and Mobutu Head Corruption Table With $50bn Scams, in: *The Guardian*, 26. März 2004 http://www.guardian.co.uk/world/2004/mar/26/indonesia.philippines, 12. Juni 2014.

DEUTSCHE BANK RESEARCH (2013a): *Ausblick Deutschland. Trendwachstum der Beschäftigung – auf längere Sicht negativ.* Reihe Aktuelle Themen Konjunktur, 1. August 2013.

DEUTSCHE BANK RESEARCH (2013b): *China in Afrika. Neue Herausforderungen abseits des Rohstoff-Supercycles.* Reihe Aktueller Kommentar, 29. Oktober 2013.

DEUTSCHES INSTITUT FÜR WIRTSCHAFTSFORSCHUNG (DIW) (2013): *Außenhandelsstruktur: Zunehmende Diversifizierung der deutschen Warenexporte.* DIW-Wochenbericht, 6. März 2013.

DRECHSLER, Wolfgang (2012): Der Staat mischt immer mit, in: *Handelsblatt*, 9. Januar 2012.

EASTERLEY, William (2006): *The White Man's Burden. Why the West's Efforts to Aid the Rest Have Done So Much Ill and So Little Good.* Oxford University Press, Oxford.

ECONOMIST, THE (2013a): *When giants slow down*, 27. Juli 2013. S. 17 ff.

ECONOMIST, THE (2014a): *Manufacturing in Africa: An awakening giant*, 8. Februar 2014.

ERLING, Johnny, PUTZIER, Konrad (2012): Expansion: Chinesische Investoren kaufen halb Afrika auf, *Welt Online*, 19. Juli 2012. http://www.welt.de/wirtschaft/article108336350/Chinesische-Investorenkaufen-halb-Afrika-auf.html, 11. März 2014.

ERNST & YOUNG (2013): Attractiveness Survey. Africa 2013. Getting down to Business, 2013. http://www.ey.com/Publication/vwLUAssets/Africa_Attract_2013_-_Getting_down_to_business/$FILE/Africa_attractiveness_2013_web.pdf, 27. Juli 2013.

ESPOSITO, John L. (2004): *Von Kopftuch bis Scharia. Was man über den Islam wissen sollte.* 3. Auflage, Reclam Verlag Leipzig.

ESSELBORN, Priya (2012): *China and India – Rivals in Africa.* Deutsche Welle, 9. Oktober 2012. http://www.dw.de/china-and-india-rivals-in-africa/a-16277724, 10. März 2013.

ECONOMIST, THE (2013a): *The world's fastest-growing continent: Aspiring Africa*, 28. Februar 2013.

ECONOMIST, THE (2013b): *Safe sex in Nigeria.* 15. Juni 2013, S. 53 ff.
FIDELITY (2013): *Ein Kontinent startet durch – 50 Jahre Afrikanische Union.* Marktkommentar, 23. Mai 2013.
FRANGOS, Alex, MCGROARTY, Patrick: Emerging Markets Caught in Crossfire, in: *Wall Street Journal Europe,* 3. Juli 2013, S. 11.
FRANKFURTER ALLGEMEINE ZEITUNG (2010): *Alterndes Deutschland nur mit Mini-Wachstum,* 3. Juli 2010, S. 11.
FRANKFURTER ALLGEMEINE ZEITUNG (2013a): *Deutsche Exportschlager: Autos, Maschinen, Chemie,* 8. März 2013, S. 13.
FRANKFURTER ALLGEMEINE ZEITUNG (2013b): *Deutschland verliert Exportanteile an China,* 6. Juni 2013, S. 10.
GERMANY TRADE & INVEST (2011): *Grünes Licht für die Kenia-Uganda-Bahn,* Pressemitteilung, 27. September 2011.
GOERGEN, Marc (Text), POL, Andri (Fotos) (2012): Die Löwen sind los, in: *Der Stern,* Nummer 24/201, 7. Juni 2012.
GRILL, Bartholomäus (2009): Korruption: Afrikas gierige Herrscher, in: *Die Zeit,* N° 45/2009, zitiert nach *Zeit.de,* 30. Oktober 2009. http://www.zeit.de/2009/45/Afrikas-Parasiten, 5. Juni 2014.
GRILL, Bartholomäus (2013a): Die Löwen brechen auf, in: *Der Spiegel,* Nummer 47/2013, 18. November 2013, S. 106 ff.
GRILL, Bartholomäus (2013b): Im Silicon Savannah, in: *Der Spiegel,* Nummer 48/2013, 25. November 2013, S. 118 ff.
GRILL, Bartholomäus (2013c): Die Zukunft ist weiblich, in: *Der Spiegel,* Nummer 49/2013, 2. Dezember 2013, S. 106 ff.
HAEFLIGER, Markus M. (2013): Äthiopien gräbt Ägypten das Wasser ab, in: *Neue Zürcher Zeitung,* 13. Juni 2013. http://www.nzz.ch/aktuell/international/uebersicht/aethiopien-graebt-aegypten-das-nilwasser-ab-1.18097922, 13. März 2014.
HARTWICH, Inna (2014): China: Gefräßiger Drache in Afrika, in: *Berliner Zeitung,* 9. Januar 2014. http://www.berliner-zeitung.de/politik/china-gefraessiger-drache-in-afrika,10808018,25838650.html, 11. März 2014.
HEIN, Christoph (2013): Wenn der Rolls-Royce am Bettler vorbeigleitet, in: *Frankfurter Allgemeine Zeitung,* 24. Juli 2013.
HILLER VON GAERTRINGEN, Christian (2010a): Das Risiko ist nicht größer als in China. Im Gespräch: Afrika-Investor Alastair Newton, in: *Frankfurter Allgemeine Zeitung,* 22. April 2010.
HILLER VON GAERTRINGEN, Christian (2010b): Wie Kreditgeschäfte die Freundschaft fördern können, in: *Frankfurter Allgemeine Zeitung,* 20. Mai 2010.
HILLER VON GAERTRINGEN, Christian (2010c): Die letzten Entdecker. Fondsmanager suchen ihre Chancen in Schwarzafrika und im Morgenland, in: *Frankfurter Allgemeine Zeitung,* 1. Dezember 2010.
HILLER VON GAERTRINGEN, Christian (2011a): Der Aufschwung im Schatten des Mount Kenya, in: *Frankfurter Allgemeine Zeitung,* 2. Mai 2011.
HILLER VON GAERTRINGEN, Christian (2011b): 2 Milliarden Euro Fonds-

volumen ist von den Unruhen betroffen, in: *Frankfurter Allgemeine Zeitung*, 1. Februar 2011.
HILLER VON GAERTRINGEN, Christian (2011c): Bob Geldof entdeckt den Finanzkapitalismus, in: *Frankfurter Allgemeine Zeitung*, 24. Juni 2011.
HILLER VON GAERTRINGEN, Christian, ARMBRUSTER, Alexander (2011d): Die griechische Krise wird zu hoch gehängt. Im Gespräch: Mark Mobius, Leiter des Aktiengeschäfts für Schwellenmärkte bei der Fondsgesellschaft Franklin Templeton, in: *Frankfurter Allgemeine Zeitung*, 14. Juli 2011.
HILLER VON GAERTRINGEN, Christian (2012a): Erstes Desertec-Projekt entsteht in Tunesien, in: *Frankfurter Allgemeine Zeitung*, 24. Januar 2012.
HILLER VON GAERTRINGEN, Christian (2012b): Kein höheres Risiko in Afrika, in: *Frankfurter Allgemeine Zeitung*, 6. Februar 2012.
HILLER VON GAERTRINGEN, Christian (2012c): Der Boden von Mali birgt noch jede Menge unentdeckte Schätze, in: *Frankfurter Allgemeine Zeitung*, 12. April 2012.
HILLER VON GAERTRINGEN, Christian (2012d): Afrika weckt das Interesse der Anleihe-Investoren, in: *Frankfurter Allgemeine Zeitung*, 29. Juni 2012.
HILLER VON GAERTRINGEN, Christian (2012e): Landwirtschaft muss nicht schmutzig sein, in: *Frankfurter Allgemeine Zeitung*, 2. August 2012.
HILLER VON GAERTRINGEN, Christian (2012f): Die Dynamik ist einfach höher. Im Gespräch: Carlos von Hardenberg, Fondsmanager bei Templeton, in: *Frankfurter Allgemeine Zeitung*, 23. August 2012.
HILLER VON GAERTRINGEN, Christian (2012 g): Die Selbständigkeit in Zeiten harter Finanzmärkte, in: *Frankfurter Allgemeine Zeitung*, 3. September 2012.
HILLER VON GAERTRINGEN, Christian (2012h): Bankgeschäfte in Lagos werden diskret betrieben, in: *Frankfurter Allgemeine Zeitung*, 20. Oktober 2012.
HILLER VON GAERTRINGEN, Christian (2013a): Das sagenhafte Reich voller Gold und Bodenschätze, in: *Frankfurter Allgemeine Zeitung*, 15. Januar 2013.
HILLER VON GAERTRINGEN, Christian (2013b): Zukunftstechnik: Desertec verliert seinen Initiator, in: *FAZ.NET* vom 30. Juni 2013. http://www.faz.net/aktuell/wirtschaft/unternehmen/zukunftstechnik-desertec-verliert-seinen-initiator-12266064.html, 28. Juli 2013.
HILLER VON GAERTRINGEN, CHRISTIAN (2014): Bob Diamond will Finanzgeschäfte in Afrika machen, in: *Frankfurter Allgemeine Zeitung*, 2. April 2014. Zitiert nach FAZ.NET vom 2. April 2014. http://www.faz.net/aktuell/finanzen/fonds-mehr/ueber-die-frankfurter-boerse-nach-botswana-bob-diamond-will-finanzgeschaefte-in-afrika-machen-12875185.html, 12. Juni 2014.
HINZ, Torben (2008): *China und Afrika – Strategische Partnerschaft oder Neokolonialismus.* Bachelor-Arbeit. E-Book: http://www.hausarbeiten.de/faecher/vorschau/120419.htm, 12. März 2013.
HUGON, Philippe (2009): *L'économie de l'Afrique.* Editions La Découverte, Collection Repères, 6e édition, Paris.
INDIA'S AFRICAN COMMUNITIES (ohne Datum): *BBC*, In Pictures. http://news.bbc.co.uk/2/shared/spl/hi/picture_gallery/06/africa_indiaos_african_communities/html/1.stm, 15. März 2013.

INDIA, AFRICA SET TRADE TARGET OF $90 BILLION BY 2015 (2012): *The Economic Times*, 17. Mai 2012.
http://articles.economictimes.indiatimes.com/2012-03-17/news/31204825_1_sacu-trade-target-india-africa-business-council, 25. März 2013.

INMAN, **Phillip** (2011): Mubarak family fortune could reach $70bn, says expert, in: *The Guardian*, 4. Februar 2011.
http://www.guardian.co.uk/world/2011/feb/04/hosni-mubarak-family-fortune, 1. April 2013.

INSTITUT FÜR WELTWIRTSCHAFT: *Rohstoffe bleiben teuer.* Pressemitteilung vom 2. November 2010.
http://www.ifw-kiel.de/medien/medieninformationen/2010/rohstoffe-bleiben-teuer, 25. März 2013.

INTERNATIONAL MONETARY FUND (2013): *Sub-Saharan Africa. Building Momentum in a Multi-Speed World.* Economic and Financial Surveys. Economic Outlook. Washington, Mai 2013.

ISCHINGER, **Caroline** (2013): Mehr Energie für Afrika, in: *Süddeutsche Zeitung*, 2. Juli 2013, S. 8.

JACKSON, **Tom** (2012): India To Double Trade Turnover With West Africa. In: *Ventures Africa*, 11. Juli 2012.
http://www.ventures-africa.com/2012/07/india-to-double-trade-turnover-with-west-africa/, 25. März 2013.

JEUNE AFRIQUE (2012a): *Foot, fric et frasques. Quand les rois du bling-bling perdent la tête.* N° 2697 du 16 au 22 septembre 2012.

JEUNE AFRIQUE (2012b): *Les 500 premières entreprises africaines.* Hors Série n° 29, Paris.

JIDENMA, **Nmachi** (2013): The real mobile revolution: Africa's smartphone future, in: *CNN*, 7. November 2013.
http://edition.cnn.com/2013/11/07/opinion/real-mobilerevolution-africa-smartphone/, 9. Februar 2014.

KAMKWAMBA, **William**, MEALER, **Bryan** (2010): *The Boy Who Harnessed the Wind. Creating Currents of Electricity and Hope.* (2009) Verlag Harper Perennial, New York.

KFW-BANKENGRUPPE (2011a): *KfW Entwicklungsbank finanziert größtes Geothermiekraftwerk in Afrika.* Pressemitteilung vom 4. Mai 2011.

KFW-BANKENGRUPPE (2011b): *Pressemitteilung der KfW* vom 15. Dezember 2011.
http://www.kfw.de/kfw/de/KfW-Konzern/Medien/Aktuelles/Pressearchiv/2011/20111215_55000.jsp, 25. März 2013.

KFW-BANKENGRUPPE (2011c): *Themendienst für die Presse*, Ausgabe 8–2011.
http://www.kfw.de/kfw/de/KfW-Konzern/Medien/Material_fuer_die_Presse/PDF-Dateien_Infodienst/2011/08–2011_Neue_Energien_aus_Afrika.pdf, 25. März 2013.

KIMMEL-FICHTNER, **Tatjana** (2011): Zur Sonne, zur Freiheit, in: *Die Zeit*, 29. September 2011, S. 36.

KNAUP, **Horand** (2010): Chinas Rolle in Afrika: Ansturm der gierigen Helfer, in: *Spiegel Online*, 9. Dezember 2010.
http://www.spiegel.de/politik/ausland/chinas-rolle-inafrika-ansturm-der-gierigen-helfer-a-728609.html, 11. März 2014.

KNAUP, Horand, SCHMITT Jörg (2011): »Staat im Staate«, in *Der Spiegel*, 4/2011, 24. Januar 2011.
KÖHLER, Horst (Hg.) (2010): *Schicksal Afrika*. Rowohlt Taschenbuch Verlag, Reinbek.
KONINGS, Piet (2007): China and Africa: Building a Strategic Partnership, in: *Journal of Developing Socities*, Nr. 23.
KRAPF, Johann Ludwig (1858): *Reisen in Ost-Afrika, ausgeführt in den Jahren 1837–55*. Kornthal, im Selbstverlag des Verfassers, zwei Theile. Faksimilie-Reprint von Fines Mundi, Saarbrücken (ohne Datum).
MAATHAI, Wangari (2006): *Unbowed. One Woman's Story*. Arrow Books, Dunstable (England).
MAATHAI, Wangari (2009): *The Challenge for Africa*. Arrow Books, London.
MAHAJAN, Vijay (2011): *Africa Rising. How 900 Million African Consumers Offer More Than You Think*. Pearson Education, (2009), Sixth Printing, New York.
MAKURA, Moky (2008): *Africa's Greatest Entrepreneurs*. Penguin Books, New York.
MANKELL, Henning (2008): *Der Chinese*. Roman. Deutschsprachige Ausgabe. Paul Zsolnay Verlag, Wien.
MAURY, Frédéric (2014): Bruno Wenn: »Nous voulons investir 500 millions d'euros par an en Afrique«, *Jeune Afrique*, 18. Februar 2014. http://economie.jeuneafrique.com/entreprises/entreprises/agro-industrie/21390-bruno-wenn-qnous-voulons-investir-500nmillions-deuros-par-an-enafriqueq.html, 3. März 2014
MBEKI, Moeletsi (2011): *Architects of Poverty: Why African Capitalism Needs Changing*. Kindle Edition (2009).
MCKINSEY (2012): *The rise of the African consumer. A report from McKinsey's Africa Consumer Insights Center*. October 2012.
MEADOWS, Dennis, MEADOWS, Donella, ZAHN, Erich (1972): *Die Grenzen des Wachstums. Bericht des Club of Rome zur Lage der Menschheit*, Deutsche Verlangsanstalt.
MEISLER, Stanley (2007): *Kofi Annan. A Man of Peace in a World of War*. John Wiley & Sons, Inc., Hoboken (New Jersey).
MICHEL, Serge (2013): Afrique: La France veut changer de stratégie, in: *Le Monde*, 17. Oktober 2013.
MICHELS, Eckard (2008): *Paul von Lettow-Vorbeck. Ein preußischer Kolonialoffizier*. Verlag Ferdinand Schöningh, Paderborn.
MOYO, Dambisa (2009): *Dead Aid. Why Aid is Not Working and How There is a Better Way for Africa*. Verlag Farrar, Straus and Giroux, New York.
MÜHLBERGER, Marion (2011): *Macroeconomic Outlook for Subsaharan Africa*. Deutsche Bank, DB Research. Powerpoint-Präsentation, München, 23. November 2011.
MÜLLER, Hans Christian (2013): China löst Frankreich ab, in: *Handelsblatt*, 27. Februar 2013, S. 9.
MÜLLER, Helmut (2011): *Afrika. Der geplünderte Kontinent*. Verlag Kremayr & Scheriau, Wien, 2011.
MUTUA, Alfred (2010): *How to Be Rich in Africa and Other Secrets of Survival*. GDC Books, Nairobi.
MWANGI, Rose (2006): *Kikuyu Folktales. Their Nature and Value*. Kenya Literature Bureau (1970). Nairobi.

MYRRHE, Anke (2011): Deutsche Unternehmen in Afrika: Jenseits der Revolution, in: *Tagesspiegel Online*, 18. März 2011. http://www.tagesspiegel.de/wirtschaft/deutsche-unternehmen-in-afrika-jenseits-der-revolution/3962130.html, 12. August 2013.

NEBE, Johannes Michael (Hg.) (2011): *Herausforderung Afrika. Gesellschaft und Raum im Wandel.* Nomos Verlag, Baden-Baden.

NIXON, Simon (2013): Die Schattenseiten der deutschen Erfolgsgeschichte, in: *Wall Street Journal Deutschland*, 4. August 2013. http://www.wsj.de/article/SB10001424127887324136204578641994115683524.html, 4. August 2013.

NJOKA, Mwenda (2013): Vast business empire built by the Kenyattas, in: *The Standard*, 3. Februar 2013. http://www.standardmedia.co.ke/?articleID=2000076469, 1. April 2013.

NSEHE, Mfonobong (2012): The African Billionaires 2012, in: *Forbes.com*, 7. März 2012. http://www.forbes.com/sites/mfonobongnsehe/2012/03/07/the-african-billionaires-2012/, 5. Juni 2014.

NSEHE, Mfonobong (2013a): in: 30 Under 30: Africa's Best Young Entrepreneurs, in: *Forbes.com*, 23. Februar 2013. http://www.forbes.com/sites/mfonobongnsehe/2013/02/23/30-under-30-africas-best-young-entrepreneurs/, 5. Juni 2014.

NSEHE, Mfonobong (2013b): The Senegalese Entrepreneur Selling African Recipes to Americans, in: *Forbes.com*, 22. März 2013. http://www.forbes.com/sites/mfonobongnsehe/2012/03/22/the-senegalese-entrepreneur-selling-african-recipes-to-americans/, 5. Juni 2014.

OBAMA, Auma (2010): *Das Leben kommt immer dazwischen. Stationen einer Reise.* Lübbe Verlag, Köln.

ODENTHAL, Frank (2012): In Marokko entsteht das weltweit größte thermische Solarkraftwerk, in: *VDI-Nachrichten*, 1. Juni 2012.

OECD (2012): *African Economic Outlook 2012.* Pocket Edition, Paris

OGUTU, Matthias A., KENYANCHUI, Simon S. (1997): *An Introduction to African History.* Nairobi University Press (1991), Nairobi.

OMIDYAR NETWORK (2013): *Accelerating Entrepreneurship in Africa. Understanding Africa's Challenges to Creating Opportunity-driven Entrepreneurship.* Developed in partnership with Monitor Group. Ohne Ort. http://www.omidyar.com/about_us/news/2013/04/25/omidyar-network-report-reveals-challenges-faced-african-entrepreneurs-and-0, 9. Mai 2013.

O'NEILL, Jim, STUPNYTSKA, Anna (2010); *How Exciting is Africa's Potential?* Goldman Sachs Asset Management, Strategy Series, 14. Oktober 2010.

ORLIK, Tom (2013): Chinese Resist Economic Prod Despite Slowing, in: *Wall Street Journal Europe*, 11. Juli 2013, S. 12.

PERKINS, John (2006): *Confessions of an Economic Hit Man.* Paperback Edition (2004), Ebury Press, London.

PESNOT, Patrick (2011): *Les dessous de la Françafrique.* Nouveau Monde Editions, Paris.

PETERS, Freia (2002): Goldfieber eines Niedersachsen, in: *Die Welt*, 21. Juli 2002. http://www.welt.de/print-wams/article605306/Goldfieber-eines-Niedersachsen.html, 6. März 2014.

POLMAN, Linda (2010): *War Games. The Story of Aid and War in Modern Times.* Penguin Books., New York.

PREQIN (2014): *Africa Deals hit $4bn in 2013*, 6. Februar 2014. https://www.preqin.com/item/africa-deals-hit-4bn-in-2013/102/8330, 10. Juni 2014.

PRIVATE EQUITY INTERNATIONAL (2012): *Wendel weighs into African towers infra*, 30. Oktober 2012.

PRUNIER, Gérard (2009): *Africa's World War. Congo, the Rwandan Genocide, and the Making of a Continental Catastrophe.* Oxford University Press, Oxford (England).

RAPP, Tobias (2005): Cui bono außer Bono, in: *die tageszeitung (taz)* vom 2. Juli 2005. http://www.taz.de/1/archiv/archiv/?dig=2005/07/02/a0139, 29. März 2013.

RICHES-FLORES, Véronique (2010): *African Acceleration*, Société Générale Cross Asset Research, Oktober 2010.

ROBERTSON, Charles (2012): *The Fastest Billion. The Story Behind Africa's Economic Revolution.* Renaissance Capital, London.

ROLAND BERGER STRATEGY CONSULTANTS (2012): *Global Topics: P2012, Inside Africa, 8 Billion.* Eigenverlag, München.

RYBAK, ANDRZEJ (2012): Zu Besuch in der teuersten Stadt der Welt, in: *Financial Times Deutschland*, 7. Juli 2012. http://www.ftd.de/luxus/genuss/:luanda-zu-besuch-in-der-teuerstenstadt-der-welt/70059621.html, 25. März 2013.

SACHS, Jeffrey D. (2005): *The End of Poverty. Economic Possibilities for Our Time.* Penguin Books, New York.

SCHEEN, Thomas (2006): Weltwirtschaft: China rollt den afrikanischen Kontinent auf, in: *Frankfurter Allgemeine Zeitung*, 12. Mai 2006.

SCHEEN, Thomas (2014): Nigeria überholt Südafrika als stärkste Volkswirtschaft, in: *Frankfurter Allgemeine Zeitung*, 7. April 2014, zitiert nach FAZ.NET: http://www.faz.net/aktuell/wirtschaft/wirtschaftspolitik/afrika-nigeria-ueberholt-suedafrika-als-groesste-volkswirtschaft-12882878.html, 5. Juni 2014.

SEITZ, Volker (2011): *Afrika wird armregiert oder Wie man Afrika wirklich helfen kann.* DTV Premium (2009), 5. aktualisierte und erweiterte Auflage (2009), Deutscher Taschenbuch Verlag, München.

SHAXSON, Nicholas (2007): *Poisoned Wells. The Dirty Politics of African Oil.* Palgrave Macmillan, Basingstoke (England).

SHIKWATI, James (2007): *Africans Are Not Beggars.* Booker Rising vom 18. Juli 2007 http://www.bookerrising.net/2007/07/james-shikwati-commentary-africans-are.html, 28. März 2013.

SIGNER, David (2014): Armut trotz Wachstum: Glanz und Elend Afrikas, in: *Neue Zürcher Zeitung*, 8. Februar 2014. http://www.nzz.ch/meinung/kommentare/glanz-und-elend-afrikas-1.18238524, 9. Februar 2014.

SINN, Hans-Werner (2010): Wer vom Euro profitiert. Ifo Standpunkt Nr. 120, 4. November 2010. http://www.cesifo-group.de/de/ifoHome/policy/Viewpoints/Standpunkte-Archiv/stp-2010/Ifo-Viewpoint-No--120--Has-Germany-Profited-from-the-Euro-.html, 10. August 2013.

SMITH, David (2011): India starts Trade Talks with African Countries in Effort to Rival China, in: *The Guardian*, 23. Mai 2011.
http://www.guardian.co.uk/world/2011/may/23/india-trade-talks-africa-china, 15. März 2013.

SMITH, Wilbur (2006): *Men of Men*, St Martins Press, Auflage: Reprint (1981).

SPALINGER, Andrea (2012): Die BRICS wollen eine eigene Bank. Dem Plan der Schwellenländer stellen sich zahlreiche Hürden, in: *Neue Zürcher Zeitung*, 29. März 2012.
http://www.nzz.ch/aktuell/wirtschaft/uebersicht/die-brics-wollen-eigene-bank-1.16157027, 30. März 2013.

SPEITKAMP, Winfried (2006): *Deutsche Kolonialgeschichte*. Reclam Verlag, Ditzingen.

SPIEGEL ONLINE (2013): *Katastrophe vor Lampedusa: »Meine Freunde konnten nicht schwimmen«*, 6. Oktober 2013.
http://www.spiegel.de/panorama/lampedusa-katastrophe-der-fluechtlingeaus-eritrea-a-926324.html, 5. Juni 2014.

STOCKER, Frank (2012): Wenn die Welt nicht mehr wächst, in: *Welt am Sonntag*, 29. Januar 2012, S. 41.

SÜDDEUTSCHE.DE (2012): *Merkel sagt Unterstützung im Kampf gegen Boko Haram zu*. 19. April 2012.
http://www.sueddeutsche.de/politik/nigerianischer-praesident-besucht-berlin-merkel-sagt-unterstuetzung-im-kampf-gegen-boko-haram-zu-1.1336946, 5. Juni 2014.

SUN NEWS, The (2013): *Lagos Traffic Congestion Cable car to the rescue – Dapo Olumide*, 25. März 2013,
http://sunnewsonline.com/new/business/lagos-traffic-congestion-cable-car-to-the-rescue-dapo-olumide/, 27. Juli 2013.

SURVIVAL INTERNATIONAL (2010): *Chinesische Bank will Staudamm in Äthiopien finanzieren*. Mitteilung vom 16. Juni 2010.
http://www.survivalinternational.de/nachrichten/6100, 27. Juli 2013.

TAGESSPIEGEL (2009): *Claus Daun, Daun & Cie AG: »Ich fühle mich zu Hause«*, 3. Mai 2009.
http://www.tagesspiegel.de/wirtschaft/claas-daun-daunund-cie-ag-ich-fuehle-mich-zu-hause/1502520.html, 6. März 2014.

THÉBAULT, Vincent (coord.), POURTIER, Roland (dir.), DUGOT, Philippe, HENRIET, Jean-Michel, LOISON, Gérard, MUTIN, Georges, POURTIER, Roland (2009): *Géopolitique de l'Afrique et du Moyen-Orient*, Editions Nathan, Paris.

THIELKE, Thilo (2008): *Kenia. Reportagen aus dem Inneren eines zerrissenen Landes*. Verlag Brandes & Apsel, Frankfurt am Main.

TRANSPARENCY INTERNATIONAL (2013): *Corruption Perception Index 2013*, 3. Dezember 2013.
http://www.transparency.de/Tabellarisches-Ranking.2400.0.html, 12. Juni 2014.

TULLOW OIL (2010): *First Oil*. Pressemitteilung vom 15. Dezember 2010.
http://www.tullowoil.com/ghana/index.asp?pageid=53, 25. März 2013.

UNITED NATIONS DEVELOPMENT PROGRAMME (UNDP) (2011): *Protecting the Public Purse: Fighting Corruption for MDG Acceleration. Sectorial Approach to Support the*

Implementation of UNCAC Preventive Measures, 27. Oktober 2011. http://www.unodc.org/documents/treaties/UNCAC/COSP/session4/side-events/Concept_Agenda_Special_event_at_CoSP-IV_MDGs_Revised.pdf, 21. Februar 2014.

UNITED NATIONS DEVELOPMENT PROGRAMME (UNDP) (2013): *Human Development Report 2013. The Rise of the South: Human Progress in a Diverse World*, New York, 14. März 2013. http://issuu.com/undp/docs/hdr_2013_en, 1. April 2013.

WELT KOMPAKT, Die (2012): *Berlin schließt Rohstoff-Abkommen mit Kasachstan.* 9. Februar 2012. http://www.welt.de/print/welt_kompakt/print_politik/article13858342/Berlin-schliesst-Rohstoff-Abkommen-mit-Kasachstan.html, 5. Juni 2014.

WELTBANK (ohne Datum): *The Enhanced HIPC Initiative – Overview.* http://web.worldbank.org/WBSITE/EXTERNAL/TOPICS/EXTDEBTDEPT/0,,contentMDK:21254881~menuPK:64166739~pagePK:64166689~piPK:64166646~theSitePK:469043,00.html, 5. Juni 2014.

WERNER, Kathrin (2012): Afrikaner lassen Desertec alt aussehen, in: *Financial Times Deutschland*, 20. Februar 2012.

WILSON, Dominic, DALY, Kevin, BURGI, Constantin, CARLSON, Stacy: *Fulfilling Africa's Potential. Goldman Sachs Global Economics, Commodities and Strategy Research*, in: *Global Economics Weekly*, 19. Januar 2011.

WIRTSCHAFTSWOCHE (2013): *Interview Joachim Fels: »Das Modell funktioniert nicht mehr«*, Nr. 31, 29. Juli 2013, S. 26 f.

WITCHALL, Clint (2013): Silicon Savannah. A new technology center in Nairobi beckons the African diaspora, in: *Slate.com*, 10. November 2013. http://www.slate.com/articles/health_and_science/new_scientist/2013/11/silicon_savannah_ibm_s_new_africa_lab_in_nairobi_kenya.html, 5. Juni 2014.

WUILBERCQ, Emiline (2014): Nigeria: les poupées »Queens of Africa« font de l'ombre à Barbie, in: *Jeuneafrique.com*, 22. Januar 2014. http://www.jeuneafrique.com/Article/ARTJAWEB20140122105546/commerce-interview-mattel-jouet-nigeria-nigeria-les-poupees-queens-of-africafont-de-l-ombre-a-barbie.html, 5. Juni 2014.

ZICK, Tobias (2013): Aufholtour durch Afrika, in: *Süddeutsche Zeitung*, 27. Juni 2013, S. 9.

Nachweise

Ein überholtes Bild

1 Polman (2010).

1 Der Exportriese Deutschland zeigt Schwächen

1 Robertson (2012), S. 4.
2 Nixon (2013).
3 Statisches Bundesamt, https://www.destatis.de/DE/ZahlenFakten/GesellschaftStaat/Bevoelkerung/Geburten/Tabellen/GeboreneGestorbene.html;jsessionid=857B9C786DE9A62F286B133E7A805E5E.cae2, 7. August 2013.
4 http://www.oecd.org/berlin/47696460.pdf, 4. August 2013.
5 Frankfurter Allgemeine Zeitung (2010).
6 Zitiert nach Stocker (2012).
7 Orlik (2013).
8 Frangos, McGroarty (2013).
9 Brächer, Maisch (2013).
10 Wirtschaftswoche (2013).
11 Economist (2013a), S. 19.
12 Alle Zahlen nach: Statistisches Bundesamt, https://www.destatis.de/DE/Publikationen/Thematisch/Aussenhandel/Gesamtentwicklung/ZusammenfassendeUebersichtenJvorlaeufig.html, 9. August 2013.
13 Deutsches Institut für Wirtschaftsforschung (2013).
14 Zitiert nach Müller, Hans Christian (2013).
15 Deutsches Institut für Wirtschaftsforschung (2013).
16 Alle Zahlen nach: Statistisches Bundesamt, a. a. O.
17 Zitiert nach Frankfurter Allgemeine Zeitung (2013a).
18 Zitiert nach Müller, Hans Christian (2013).
19 Zitiert nach Müller, Hans Christian (2013).
20 Zitiert nach Frankfurter Allgemeine Zeitung (2013b).
21 Birnbaum (2002), S. 187 f.
22 Robertson (2012), S. 8.

2 Afrikas neue Partner

1 Siehe dazu auch: Brautigam (2011).
2 *Die Welt* vom 4. Februar 2013.
3 Deutsche Bank Research (2013b), S. 1.
4 Deutsche Bank Research (2013b), S. 1.

5 Brautigam (2011), S. 152.
6 Brautigam (2011), S. 154.
7 Brautigam (2011), S. 156.
8 KfW-Bankengruppe (2011b).
9 KfW-Bankengruppe (2011c).
10 http://www.ngenergypartnership.de
11 Brautigam (2011), S. 1.
12 Brautigam (2011), S. 1.
13 Deutsche Bank Research (2013b), S. 1.
14 Brautigam (2011), S. 218.
15 Deutsche Bank Research (2013b), S. 1.
16 Gespräch des Autors mit einem Vertreter der deutschen Wirtschaft in Nairobi im November 2012.
17 Mankell (2008), S. 433 ff.
18 Mankell (2008), S. 495.
19 Brautigam (2011), S. 23.
20 Brautigam (2011), S. 23.
21 Zitiert nach: Baumgart, S. 30.
22 Baumgart (2011), S. 37.
23 Baumgart (2011), S. 32.
24 Baumgart (2011), S. 34.
25 Zitiert nach Brautigam (2011), S. 42.
26 Bundeszentrale für politische Bildung, Heft 289.
27 *Die Welt* vom 15. Juli 2011.
28 Alden (2009), S. 8.
29 Brautigam (2011), S. 53.
30 Brautigam (2011), S. 53.
31 Zitiert nach Alden (2009), S. 10.
32 China's African Policy, in: *People Daily*.
33 Bundesregierung (2011).
34 Alden (2009), S. 8.
35 Deutsche Bank Research (2013b), S. 1.
36 Alden (2009), S. 8.
37 Deutsche Bank Research (2013b).
38 www.afraso.org
39 http://en.wikipedia.org/wiki/Africa-India_relations
40 http://en.wikipedia.org/wiki/Africa-India_relations
41 http://en.wikipedia.org/wiki/Africa-India_relations
42 http://en.wikipedia.org/wiki/Africa-India_relations
43 Smith (2011).
44 Smith (2011).
45 Smith (2011).
46 Esselborn (2012).
47 Esselborn (2012).
48 Esselborn (2012).
49 Smith (2011).
50 Esselborn (2012).
51 Afraso, 2013.
52 Smith (2011).
53 *India, Africa set Trade Target of $90 billion by 2015.*
54 *India, Africa set Trade Target of $90 billion by 2015.*
55 Jackson (2012).
56 Jackson (2012).
57 *India, Africa set Trade Target of $90 billion by 2015.*
58 Gespräch des Autors mit einem Vertreter der DEG.

3 Ein Kontinent voller Zuversicht

1 Mutua (2010), S. 10.
2 Mutua (2010), S. 10.
3 Wilson, S. 2.
4 Riches-Flores, S. 2.
5 OECD (2012), S. 9.
6 Mühlberger, S. 1.
7 OECD (2012), S. 11.
8 Hiller von Gaertringen (2012d).
9 Wilson, S. 3.
10 Wilson, S. 4.
11 O'Neill, S. 2 f.
12 O'Neill, S. 3.
13 http://worldpopulationreview.com/continents/africa-population/, 5. Juni 2014.
14 CIA World Factbook. https://www.cia.gov/library/publications/the-world-factbook/geos/ni.html, 5. Juni 2014.
15 Scheen (2014).
16 Goergen, Pol (2012).
17 Grill (2013a), (2013b), (2013c).
18 Roland Berger, S. 16.

19 Roland Berger, S. 17.
20 Roland Berger, S. 17.
21 Gespräch mit dem Autor Ende März 2013.
22 Barth.
23 Hiller von Gaertringen (2013a).
24 Smith (2006).
25 Hiller von Gaertringen (2012d).
26 Hiller von Gaertringen (2012c).
27 Gespräch mit dem Autor, zitiert nach Hiller von Gaertringen (2012c).
28 Riches-Flores, S. 7.
29 Tullow Oil.
30 http://www.oilinuganda.org/categories/facts-faqs/uganda-oil-facts-faqs, 25. März 2013.
31 BBC (2012).
32 Institut für Weltwirtschaft (2010).
33 Rybak.
34 OECD (2012), S. 16.
35 http://rohstoffallianz.com
36 Welt Kompakt (2012).
37 Süddeutsche.de (2012).
38 Vortrag vor der Afrika-Runde in Frankfurt am 4. Februar 2013.
39 Armut in Afrika: G8-Finanzminister feiern historischen Schuldenerlass.
40 Armut in Afrika: G8-Finanzminister feiern historischen Schuldenerlass.
41 Weltbank (ohne Datum).
42 Hiller von Gaertringen (2012d).
43 Hiller von Gaertringen (2012d).
44 Denny (2004).
45 Shikwati (2007).
46 Rapp (2005).
47 Rapp (2005).
48 Perkins, S. 3.
49 Riches-Flores, S. 10.
50 Mühlberger, S. 3.
51 Riches-Flores, S. 10.
52 CIA World Factbook. https://www.cia.gov/library/publications/the-world-factbook/geos/ni.html, 5. Juni 2014.
53 CIA World Factbook. https://www.cia.gov/library/publications/the-world-factbook/geos/ke.html, 5. Juni 2014.
54 CIA World Factbook. https://www.cia.gov/library/publications/the-world-factbook/geos/sf.html, 5. Juni 2014.
55 Hiller von Gaertringen (2012d).
56 OECD (2012), S. 22.
57 Sachs (2005), S. 65
58 Roland Berger, S. 17.
59 Riches-Flores, S. 2.
60 OECD (2012), S. 22.
61 Spiegel Online (2013).
62 In: Nebe (2011), S. 193 ff.
63 OECD, S. 15.
64 http://data.worldbank.org/topic/education, 28. März 2013.
65 Gespräch mit dem Autor, 6. Februar 2014 in Kigali, Ruanda.

4 Junge Unternehmer für den Kontinent

1 Signer (2014).
2 Signer (2014).
3 http://www.88mph.ac/nairobi/, 6. Juni 2014.
4 http://mydoorhandle.com, 6. Juni 2014.
5 Witchall (2013).
6 Nsehe (2013a).
7 http://www.ecopost.co.ke, 8. Februar 2014.
8 http://helveticsolar.com/index.php/about-helveticsolar/our-team, 8. Februar 2014.
9 Nsehe (2013b).
10 Wuilbercq (2014).
11 BBC (2014).
12 Grill (2009).
13 OECD (2012), S. 15.
14 Mbeki (2011), Vorwort.
15 Hiller von Gaertringen (2011b).
16 Nsehe (2013b).
17 Makura, S. 129.

18 Makura, S. 139.
19 Nsehe (2012).
20 Siehe Fußnote 96.
21 Gespräch mit dem Autor im Sommer 2012.
22 Makura (2008), S. 50 ff.
23 Kamkwamba, Mealer (2010).
24 Makura (2008), S. 15.
25 Jeune Afrique (2012), S. 74.
26 Omidyar Network (2013), S. 8.
27 http://www.bransoncentre.org/SouthAfrica/home.html, 2. Mai 2013.
28 Jeune Afrique (2012), S. 92.
29 Volkswagen: Fact Book 2013. http://www.volkswagenag.com/content/vwcorp/info_center/de/publications/2013/03/Factbook2013.bin.html/binarystorageitem/file/Factbook_2013.pdf, 9. Mai 2013.

5 Afrikas neue Mittelschicht

1 Jeune Afrique (2012b), S. 13.
2 http://worldpopulationreview.com/continents/africa-population/, 9. Februar 2014.
3 Zitiert nach: McKinsey (2012), S. 2.
4 Beobachtet auf einer Reise nach Ruanda im Februar 2014.
5 Jeune Afrique (2012b), S. 11.
6 Economist (2013a).
7 Fidelity (2013), S. 1.
8 Siehe auch Mahajan (2011), S. 117 f.
9 Fidelity (2013), S. 2 unter Berufung auf Angaben von Vodafone.
10 Jeune Afrique (2012b), S. 80.
11 Fidelity (2013), S. 2.
12 http://www.imali.biz/announce-63–5704.html, 9. Februar 2014.
13 Gespräch mit dem Autor am 6. Februar 2014.
14 Jidenma (2013).
15 Präsentation auf der Konferenz »Frontier Markets in Africa« von Leonardo Ventures, Paris, 29. Mai 2013.
16 McKinsey (2012), S. 18.
17 www.rainfin.com, 31. Mai 2013.
18 https://www.zidisha.org, 31. Mai 2013.
19 http://www.ventures-africa.com/2012/07/the-10-richestbankers-in-kenya/, 1. Juni 2013.
20 Gespräch mit dem Autor im Sommer 2012.
21 Jeune Afrique (2012b), S. 164 f.
22 Fidelity (2013), S. 1.
23 Zitiert nach Mahajan, S. 77 f.
24 McKinsey (2012), S. 2.
25 McKinsey (2012), S. 9.
26 McKinsey (2012), S. 1.
27 Jeune Afrique (2012a), S. 31.
28 Zitiert nach Mahajan, S. 148 f.
29 Economist (2013a), Special Report, S. 4.
30 McKinsey (2012), S. 3.

6 Veraltetes Klischee

1 Auftritt vor dem Internationalen Club Frankfurter Wirtschaftsjournalisten am 25. November 2013.
2 Gespräch mit dem Autor, 23. Mai 2012.
3 http://www.transparency.de/Tabellarisches-Ranking.2400.0.html, 21. Februar 2014.
4 Knaup, Schmitt (2011), S. 66 f.
5 Gespräch mit dem Autor, Ende Mai 2012 in Lagos.
6 *Frankfurter Neue Presse* vom 7. Dezember 2012.
7 http://www.transparency.de/Tabellarisches-Ranking.2400.0.html, 21. Februar 2014.
8 UNDP (2011), S. 2.
9 Moyo (2009, S. 58.
10 Moyo (2009), S. 43 f.
11 Moyo (2009), S. 52.
12 Moyo (2009), S. 57 f.
13 Zitiert nach Braunberger (2013a).
14 Braunberger (2013a).
15 Economist (2013b).
16 Dalan, Seidlitz (2010).

17 http://www.transparency.de/Tabellarisches-Ranking.2400.0.html, 21. Februar 2014.
18 www.ipoc.org, 21. Juli 2013.
19 Acemoglu, Robinson (2012).
20 Deutsche Übersetzung: http://www.ohchr.org/EN/UDHR/Documents/UDHR_Translations/ger.pdf
21 http://www.worldbank.org/en/country/rwanda/overview, 24. Februar 2014.
22 Prunier (2009).
23 Bob Geldof als Gast der Afrika-Runde e. V. am 26. September 2011 in Frankfurt am Main.
24 Hein (2013).
25 African Development Bank (2012).
26 Drechsler (2012).

7 Aufstrebende Kapitalmärkte

1 Gespräch mit dem Autor, 23. Mai 2012.
2 OECD (2012), S. 15.
3 Hiller von Gaertringen (2010c).
4 Hiller von Gaertringen (2012f).
5 Mühlberger, S. 11.
6 Johannesburg Stock Exchange, *Market Profile*, January 2014. 6. Juni 2014.
7 World Federation of Exchanges (WFE): *Key Market Indicators*, August 2013. http://www.world-exchanges.org/files/WFE%20Key%20Market%20Indicators_Aug%202013.pdf, 2. März 2014.
8 Maury (2014).
9 IFC, Zahlen für 2012. http://www.ifc.org/wps/wcm/connect/region__ext_content/regions/sub-saharan+africa/investments/investments, 3. März 2014.
10 Proparco, Zahlen für 2012. http://www.proparco.fr/Accueil_PROPARCO/PROPARCO/proparco_en_2012, 3. März 2014.
11 http://www.privateequityafrica.com/analysis/4404/, 30. März 2013.
12 Hiller von Gaertringen (2011c).
13 http://www.8miles.com/news_item.php?id=8, 3. März 2014.
14 http://www.vital-capital.com/portfolio-8miles/8miles.html, 3. März 2014.
15 http://www.privateequityafrica.com/analysis/fundraising-falls-flat-at-1–3bn/, 30. März 2013.
16 Hiller von Gaertringen (2011b).
17 Hiller von Gaertringen (2011b).
18 http://www.swfinstitute.org/swfs/china-africa-development-fund/, 30. März 2013.
19 Spalinger (2012).
20 http://www.cnbc.com/id/100596232, 30. März 2013.
21 Gespräch mit dem Autor in Kigali, 6. Februar 2014.

8 Investitionen in den Aufschwung

1 http://www.geographic.org/geographic_names/name.php?uni=10481890&fid=4300&c=nigeria, 10. Juni 2014.
2 Sun News (2013).
3 Zick (2013).
4 Ischinger (2013).
5 Robertson, S. 179.
6 Zitiert nach Robertson, S. 182.
7 Ernst & Young (2013), S. 19.
8 http://www.ngenergypartnership.de, 28. Juli 2013.
9 International Monetary Fund (2013), S. 59.
10 International Monetary Fund (2013), S. 62.
11 Haefliger (2013).
12 AFP (2010).
13 Survival International (2010).
14 Caramel (2013).
15 Transparency International (2013).
16 Caramel (2013).
17 Börsen-Zeitung (2011).
18 ABB (2013).
19 Beslik (2010), S. 11.

20 Kimmel-Fichtner (2011).
21 KfW-Bankengruppe (2011a).
22 Zitiert nach Robertson, S. 182.
23 Germany Trade & Invest (2011).
24 http://www.riftvalleyrail.com/example-pages/executivemanagement, 29. Juli 2013.
25 Private Equity International(2012).
26 http://www.wendelgroup.com/en/news_18.html, 2. August 2013.
27 Zitiert nach: http://www.wendelgroup.com/en/news_18.html, 2. August 2013.
28 Crocoll/Kuntz (2013).
29 Crocoll/Kuntz (2013).

9 Eine Party ohne die Deutschen

1 http://africanbuilding.com/index.php/infrastructure/transportation/26-transportation/255-lamu-port-tender-awarded-to-a-chinese-firm, 5. März 2014.
2 Germany Trade & Invest: *Deutscher Handel mit Afrika lässt Raum für Verbesserung*, 1. März 2013. http://www.gtai.de/GTAI/Navigation/DE/Trade/maerkte,did=770428.html, 5. März 2014.
3 http://www.afrikaverein.de/nachrichten/nachrichten-imueberblick/oeffentliche-nachrichten/date/2012/12/03/article/horst-koehler-fordert-mehr-engagement-deutscher-unternehmen/, 7. März 2014.
4 Deltombe (2009).
5 Deltombe (2009).
6 Boudet (2014).
7 http://www.danone.com/fr/pour-tous/mission-strategie/notre-strategie/une-presence-internationale/, 5. März 2014.
8 Bockel et al. (2013).
9 Michel (2013).
10 Peters (2002).
11 Tagesspiegel (2009).
12 Peters (2002).
13 Peters (2002).
14 Gespräch mit dem Autor am 12. Februar 2012.
15 Handelsblatt, 12. August 2013.
16 Hiller von Gaertringen (2014).
17 Meadows, Meadows, Zahn (1972).
18 Odenthal (2012).
19 http://www.dii-eumena.com/de/ueber-uns/mission-vision.html, 7. März 2014.
20 Odenthal (2012).
21 Hiller von Gaertringen (2012a).
22 Hiller von Gaertringen (2013b).
23 Müller (2013).
24 http://www.auswaertiges-amt.de/sid_11B3CA46065B7FEB8A9CED766EB0136E/DE/Aussenpolitik/Laender/Laenderinfos/China/Bilateral_node.html#doc334538bodyText3, 7. März 2014.
25 http://www.afrikaverein.de/nachrichten/nachrichten-imueberblick/oeffentliche-nachrichten/date/2012/12/03/article/horst-koehler-fordert-mehr-engagement-deutscher-unternehmen/, 7. März 2014.
26 Economist (2014a).
27 Deutsche Bank Research (2013b).
28 Economist (2014a).

Ausblick: Das neue Asien

1 Acemoglu, Robinson (2012).
2 Scheen (2006).
3 Erling, Putzier (2012).
4 Knaup (2010).
5 Hartwich (2014).